古代歷史文化研究輯刊

五 編

王明蓀 主編

第 6 冊

漢人的鬼魂觀研究

許朝榮 著

國家圖書館出版品預行編目資料

漢人的鬼魂觀研究／許朝榮 著 — 初版 — 新北市：花木蘭文
化出版社，2011〔民100〕
目 2+168 面：19×26 公分
（古代歷史文化研究輯刊 五編：第 6 冊）
ISBN：978-986-254-420-4（精裝）
1. 鬼靈　2. 漢代
618　　　　　　　　　　　　　　　　　　　100000575

ISBN-978-986-254-420-4

9 789862 544204

古代歷史文化研究輯刊
五 編 第 六 冊　　　　　　ISBN：978-986-254-420-4

漢人的鬼魂觀研究

作　　　者　許朝榮
主　　　編　王明蓀
總 編 輯　杜潔祥
印　　　刷　普羅文化出版廣告事業
出　　　版　花木蘭文化出版社
發 行 所　花木蘭文化出版社
發 行 人　高小娟
聯絡地址　新北市永和區中正路五九五號七樓之三
　　　　　　電話：02-2923-1455／傳真：02-2923-1452
電子信箱　sut81518@gmail.com
初　　　版　2011 年 3 月
定　　　價　五編 32 冊（精裝）新台幣 56,000 元

漢人的鬼魂觀研究

許朝榮　著

作者簡介

許朝榮，1981 年年出生於臺灣彰化。嘉義大學史地學系、史地研究所碩士班歷史組畢業。曾任高中歷史教師，現任國中歷史教師。

提　要

　　上至皇帝，下至黎民百姓終難免一死，因此死亡為社會每個階層人士所必經之路。於中國傳統祭祀系統之中，概略分為三大類，分別為「天神」、「地祇」與「人鬼」。與天神、地祇相比，鬼為人死後所變者，與人曾經共同生活過，有共同的回憶，具有血脈相連的生命親切感。當佛教在中國普遍流行後，特別是唐朝佛教中國化以後，鬼世界已成為一揉合佛與中國傳統概念的想像。「輪迴」為佛教所擁有之概念，人死後依據生前所行因果決定下輩子的生活。但是，在中國傳統概念中，人死後是否亦有輪迴之概念？若無，那死後的鬼世界將是一個什麼樣的世界？

　　綜合以上所言，本論文所欲探究之主題有：

1、「鬼」字於秦漢時期的用法為何？

2、秦漢時人觀念中，如何界定生與死？

3、既然鬼為人所變者，那鬼的各項特徵為何呢？人死後的世界是何種面貌的世界？一般「人鬼殊途」情況下，人與鬼如何溝通？

4、基於什麼原因，讓鬼介入生人生活？介入之後又將對人產生什麼影響？人又是如何回應鬼的介入？

誌　謝　辭

　　對於這本「鬼話連篇」的論文得以完成，首先必須感謝指導教授詹士模老師。老師除引領我進入秦漢史的學習領域，並允許我以這「旁門左道」的「鬼」作為碩士論文的研究主題。在論文寫作期間，老師更是對本文草稿細心閱讀並提供豐碩的中國大陸研究訊息，為本文的寫作增添新穎的參考資料。另外，兩位口試委員丁煌教授、邱炫煜教授，對於論文細心仔細的閱讀，並對當中的錯誤一一指出，特此感謝。

　　研究所就讀與論文寫作期間，還要感謝在生活、歷史研究提供協助的同學們，惠然、鈺淨、慧芬、世偉、偉朕、家永、長廷、心蓓、嘉閔、伊真、真的很謝謝你們。還有遠在外地工作的建忠、鈺中，也謝謝你們常常聽我大吐苦水。

　　此外，還要感謝義峰高中的張天來董事長、余國樑校長以及學校各位同事。對剛踏入教職的菜鳥老師提供教學、帶班的經驗分享外，也在研究所上課期間，替我處理許多雜務。也由於任職學校的支持，才得以使我在沒有經濟壓力之下完成研究所學業。

　　最後，要感謝家人的支持。謝謝爸媽在農忙，朝旂在工作之餘，還要撥空關心自己的論文進度，擔心自己是否可以順利畢業。因為你們的支持，讓我可以完成論文。謝謝你們。

朝榮　謹致
2008 年 7 月

目

次

附　圖

附　表

第一章 緒 論

第一節　問題的提出

　　中國傳統的歷史學研究，著重於帝王將相的政治史研究。忽略了建構社會文化的基礎——黎民百姓。誠如王學典在研究梁啓超「新史學」概念時所提及：

> 梁曾說過：「於今日泰西通行諸學科中，為中國所固有者，惟史學。」但為何他們又稱中國「無史」呢？因為他們心目中的「史」是「民史」而非「君史」，是「國家史」而非「朝廷史」，是「社會史」而非「貴族史」。〔註1〕

杜正勝於〈新史學之路——兼論臺灣五十年來史學發展〉一文亦對「新史學」詮釋：

> 不過我還是表示了對沈溺於史料和過度重視社會經濟的不滿，也批判史觀學派背離史學的本質，主張在新材料、新工具之外，還要嘗試新領域，尋找新課題。〔註2〕

何謂新課題？何謂新領域？杜正勝將歷史學研究分為三大領域，分別為：物質的、社會的、精神的，並且主張新的歷史學課題研究，必須盡量包含二到

〔註1〕 王學典，〈新史學和新漢學：中國現代史學的兩種型態及其起伏〉，《史學月刊》2008年第6期（2008年6月），頁14～15。

〔註2〕 杜正勝，〈新史學之路——兼論臺灣史學發展五十年〉，《新史學》第十三卷第三期（2002年9月），頁34。

三個領域，形成有機的聯繫；並且由於歷史研究不應該脫離人群，所以應以社會為主軸。〔註3〕

　　基於杜正勝「史學的對象不能脫離人群，所以應以社會為主軸」與梁啓超、王學典「民史」的概念。筆者設想透過對死後所變者——鬼的研究，認識漢代時人對死後生活的概念。以及漢代時人如何在生與死，人與鬼之間產生交互作用與互動。生活於中國傳統社會中的多數人相信，在神的天上世界、人的地上世界外，尚有一個為鬼所佔據的地下世界。只是鬼的地下世界為何？漢代時人透過自己所認知的概念，建構他們想像中的地下世界，從人的角度設想鬼的種種。誠如龔韻蘅所說：

> 生死境地在重複與錯落的拉鋸間，往往蘊藏著樸素的哲學思維極複
> 雜的社會因子。是故，死後世界觀的統合與剖析，有助於對特定民
> 族或時代的深層認識，為貫穿世俗接即與菁英份子、物質文明與精
> 神文化的普遍概念。〔註4〕

上至皇帝，下至黎民百姓終難免一死，因此死亡為社會每個階層人士所必經之路。於中國傳統祭祀系統之中，概略分為三大類，分別為「天神」、「地祇」與「人鬼」。與天神、地祇相比，鬼為人死後所變者，與人曾經共同生活過，有共同的回憶，具有血脈相連的生命親切感。當佛教在中國普遍流行後，特別是唐朝佛教中國化以後，鬼世界已成為一揉合佛與中國傳統概念的想像。「輪迴」為佛教所擁有之概念，人死後依據生前所行因果決定下輩子的生活。但是，在中國傳統概念中，人死後是否亦有輪迴之概念？若無，那死後的鬼世界將是一個什麼樣的世界？

　　綜合以上所言，本論文所欲探究之主題有：

1、「鬼」字於漢朝時期的用法為何？

2、漢代時人觀念中，如何界定生與死？

3、既然鬼為人所變者，那鬼的各項特徵為何呢？人死後的世界是何種面貌的世界？一般「人鬼殊途」情況下，人與鬼如何溝通？

4、基於什麼原因，讓鬼介入生人生活？介入之後又將對人產生什麼影響？人又是如何回應鬼的介入？

〔註3〕 杜正勝，〈新史學之路——兼論臺灣史學發展五十年〉，頁34。
〔註4〕 龔韻蘅，《兩漢靈冥世界觀探究》（台北：文津出版社有限公司，2006年4月），頁1。

第二節　研究史回顧

一、關於死後世界

　　人死後是個什麼樣的世界呢？由於人死無法復生，對於這樣的問題，不論當下或過去都是不可知。但是，可以從一些資料得知生人對於死後世界的想像。余英時曾爲文探討中國死後世界觀的轉變。其所探討之時間段限在佛教盛行中國之前。在此，他認爲漢武帝是個關鍵。在武帝之前，人死魂與魄分離，魂是向天上進發，魄通地。至於最下層的世界則是一個與「黃泉」、「九泉」觀念有關的「水府」世界。但武帝之後，由於神仙思想盛行，魂魄的歸宿也隨之改變。天上成爲神仙的世界，不再是魂的去處。死後的魂只能到地下世界去，進入《太平經》中所稱之「土府」。〔註5〕

　　具聖姬在《漢代人的死亡觀》一書的第三章〈漢代人所理解的死後存在的歸處〉中認爲：基於「死後如生」的觀念，漢代人是由生的角度去設想死後的世界。因此，死後一個較明確的世界是與泰山或與泰山相關的「蒿里」、「梁父」有關。人死後爲鬼，聚居泰山，由泰山府所管理。除泰山府君外，死後世界亦有與之相關的冥神，如地下主、蒿里、梁父等基本上整個死後世界的行政結構是以人世間政治體系爲模型所建立，其中官職大致由地下二千石之郡守，下至鄉、里父老、亭長等基層管理者。〔註6〕

　　龔韻蘅於《兩漢靈冥世界觀探究》一書中認爲，兩漢靈冥世界與人間世界的關係，完全是陰陽學說中，陰陽關係的再現。人間的地上世界與眾鬼的地下世界，兩者所呈現的是一種「拓印式的關係」。即從表面上看來，秦漢時人觀念中的冥界試圖建構出與人間相似甚至相同的樣貌，但是在顯像之前，卻已經通過反置的程序。因此顯像之後，漢代時人觀念中的冥界不免與人間有所差異。〔註7〕

　　康韻梅《中國古代死亡觀之探討》，雖然其重點爲探討中國兩漢及其之前的死亡觀念。但是，當中亦有對死後世界略作討論。在其論述中認爲，死爲

〔註5〕余英時，〈中國古代死後世界觀的演變〉，收入氏著《中國思想傳統的現代詮釋》（台北：聯經出版事業公司，1989 年 3 月，），頁 123～143

〔註6〕〔韓〕具聖姬，《漢代人的死亡觀》（北京：民族出版社，2005 年 1 月），頁 99～106。

〔註7〕龔韻蘅，《兩漢靈冥世界觀探究》（台北：文津出版社有限公司，2006 年 4 月），頁 211～214。

生的延續，如此導致死後世界與現實世界相去不遠。換句話說，死後並無一個美好的天堂，亦無懲惡的地獄。〔註8〕

二、關於鬼（含厲鬼）

　　關於「靈鬼」的研究，當以錢穆作為初端。錢穆於《靈魂與心》一書中，探討中國的宗教信仰與靈鬼觀念。這些主題可見於該書〈中國民族之宗教信仰〉與〈中國思想史中之鬼神觀〉。〔註9〕

　　蒲慕州認為要將「鬼」的概念放在其所產生的文化脈絡中來思考。在《周禮》以來所建立的整套官方宗教系統下，鬼的概念即被此一宗教系統所限制，成為地下官僚制度的一部份。漢代人死為鬼的概念在社會各階層均被接受，同時人們也不以為鬼是絕大的威脅，因為人可以用各種法術去控制鬼的危害。另外，知識份子在討論鬼概念或者陳述鬼故事時，主要著眼於鬼在這世界可以發生的實際功能，例如：道德訓誡、政治統治。〔註10〕另外，池田末利也曾為文討論靈鬼觀念，在〈古代中國における靈鬼觀念の成立〉一文中指出，死者的靈鬼對待生人的態度可能是好意，也可能具有惡意。靈鬼對生人之所以具有恐怖、害怕的心理，在於鬼的不可見以及對屍體的厭惡與害怕（害怕具有傳染性）。古代中國，祖先與天神共存於天，對人是具有賜福降禍的作用。〔註11〕

　　至於溝通人與鬼的巫，最早討論的則是瞿兌之的〈釋巫〉，該文之中探討巫的職能、功能、社會地位與活動。〔註12〕之後，對漢朝巫者作一全面探討者當屬林富士。在其《漢代的巫者》中，分別就巫的含意、漢代巫者的政治社會地位、職事、巫術觀念、社會影響力、活動範圍等層面逐一探討。

〔註8〕　康韻梅，《中國古代死亡觀之探究》（台北：國立臺灣大學出版委員會，1994年6月），頁245。

〔註9〕　錢穆，〈靈魂與心〉（台北：聯經出版事業公司，1976年2月），頁33～51、59～110。

〔註10〕蒲慕州，〈中國古代鬼論述的形成（先秦至漢代）〉，收入蒲慕州編，《鬼魅神魔——中國通俗文化側寫》，頁37、39。蒲慕州《追尋一己之福——中國古代的信仰世界》（台北：麥田出版社，2004年10月），頁173～225。

〔註11〕池田末利，〈古代中國における靈鬼觀念の成立〉，收入氏著《中國古代宗教史研究——制度と思想》（東京：東海大學出版會，1989年8月），頁218。

〔註12〕瞿兌之，〈釋巫〉，收入杜正勝編《中國上古史論文選集》（台北：華世出版社，1979年11月），頁991～1010。

〔註13〕

　　關於厲鬼，指的是那些死後不得埋葬之鬼。也就是說，厲鬼其實是生人對死者不能經歷一個正常生命階段轉換所產生的一種反應。蒲慕州認為人死後若得不到適當的葬禮，就會成為厲鬼返回人間作祟。因為凶死或不尋常的死亡會造成社會人際關係之間的突然斷裂，人由生到死的轉換也無法順利完成。這樣的情況，可以視為「源於一個社群中照顧其成員之死亡的共同需要，而此一需要又與祖先崇拜有關。人死後若沒有經過葬禮等正當儀式，將無法進入祖先行列，而成為厲。這是社群集體意識的表現，因為照顧個別死者，使其在死後世界獲得適當位置，其實是社群延續其集體生命的方式。〔註14〕

　　林富士認為「厲」在古典文獻中往往含有「疾病」、「罪惡」與「惡鬼」三層意思。當「厲」用來指鬼魂時，其意涵有二，分別是：指那些沒有後代子嗣供養的死者。其次，是指那些橫死、冤死的亡魂。〔註15〕李豐楙則是透過對死亡的兩組對立性結構來說明「厲」的意義。他說：

> 中國人有關終極關懷所表現的死後世界，可歸納為兩組對立性結
> 構，一是自然與非自然，一是正常與非正常。……自然終結是指年
> 齡（得享天年）、處所（死得其所，如壽終正寢、內寢）、狀態（形
> 軀完具）俱為正常；與之相反的夭亡、橫逆及形殘之類則為非自
> 然。……按照他界結構圖就可發現瘟神疫鬼都屬不安定的冤魂、怨
> 魂所凝結的冤氣、不正之氣。〔註16〕

　　江志宏則從社會學角度切入，認為厲的的出現代表社會上對於「不完整處理死亡情況」的認知，鬼不再是單純的生命終結狀態，……而是有賴於喪葬儀式的認證……厲所指涉的就是生命終結的處理方式，此一方式關係到生命在跨越陰陽兩界時，能否獲得適當定位以進入另一個新位置。〔註17〕

〔註13〕林富士，《漢代的巫者》（台北：稻鄉出版社，2004年7月）。

〔註14〕蒲慕州，〈中國古代鬼論述的形成（先秦至漢代）〉，頁35～36。

〔註15〕見林富士，《孤魂與鬼雄的世界——北臺灣的厲鬼信仰》（台北：台北縣立文化中心，1995年6月），頁15

〔註16〕李豐楙，〈行瘟與送瘟——道教與民眾瘟疫觀的交流與分歧〉，收入漢學研究中心編《民間信仰與中國文化國際研討會論文集》（台北：漢學研究中心，1994年4月），頁380。

〔註17〕江志宏，《臺灣傳統常民社會的明幽二元思維——普渡、祭厲與善書》（台北：稻鄉出版社，2005年5月），頁121～122

三、魂　魄

　　金文上常見「嚴」與「翼」。池田末利透過文字學的探究，認爲此二字相當於「魂」與「魄」。「魂」由「鬼」「云」二字組成，其原意爲鬼上昇回轉之意。「魄」由「鬼」與代表聲符的「白」組合而成，指的是暴露在外發白的鬼骼。〔註18〕余英時認爲從《左傳》當出現多次「天奪其魄」的說法，可以推知「魄」產生的時間相當早，並且是中原地區原生的概念。至於「魂的觀念也許是從南方傳來的」。〔註19〕

第三節　研究方法與各章要旨

　　綜觀上述前人的研究成果，受資料侷限以及中國傳統史學忽略等因素，該主題在學界當中依舊屬於專走偏鋒的「旁門左道」。只是這「旁門左道」，僅僅是從另外一個角度與異於以往的資料來透視當時的社會文化情況。如吳蕙芳所言：

> 在就社會文化史而言，新的研究重點是對庶民思想、通俗文化的探討，而現有研究成果的切入點往往是文學作品或宗教材料，前者如話本、小說、寶卷、戲曲等，後者則包括善書、經卷、陰騭文、功過格等。〔註20〕

但對於研究秦漢時期的「鬼」，除《太平經》一書外，符合吳蕙芳所言者可謂寥寥無幾。因此，在本論文的研究中，筆者採用之資料除《史記》、《漢書》、《後漢書》與《三國志》等正史外，亦使用漢朝時人著作，如王充之《論衡》、應劭之《風俗通義》、王符《潛夫論》等。此外亦使用其他資料，茲將所採用之資料稍作列舉說明：

（一）筆記小說類

　　本論文所使用的筆記小說，主要爲干寶的《搜神記》。干寶爲晉朝之，人距離本論文之研究時間尚近。且書中亦記載相當中多則漢朝時期的鬼故事。

〔註18〕池田末利，〈魂魄考──思想の起源と發展〉，收入氏著《中國古代宗教史研究──制度と思想》，頁203～205。

〔註19〕余英時，〈中國古代死後世界觀的演變〉，收入氏著《中國思想傳統的現代詮釋》（台北：聯經出版事業公司，1989年3月），頁123～143。

〔註20〕吳蕙芳，〈新社會史研究：民間日用類書的應用與展望〉，《政大史粹》第二期（2000年6月），頁4。

故以此作為之料來源當屬適切。

　　漢朝前後有許多書籍現今已亡佚，因此在資料使用上僅能依賴漢朝以後所編的類書。而本論文所使用之類書以《太平廣記》為主。該書為北宋太宗太平興國（西元 976～983）年間李昉等人所編，收集中國自先秦到北宋初年的稗官野史與小說，依照類別、年代順序予以編排。唐朝以前的書籍，現今多已散佚，一些比較重要者多依賴《太平廣記》才得以保存。沈宗憲於《宋代的鬼與死後世界傳說》中提到：

> 關於作為比較的前代記載，係以《太平廣記》「鬼」部資料為限，主要著眼於該書既經有計畫地收集與整理前代資料，自反映出一套對前代文化的看法。〔註21〕

基於上述理由，本論文將以存於《太平廣記》中，且時間記載為秦漢的鬼故事作為資料來源之一。

（二）考　古

　　地下考古資料對於研究秦漢史而言，無疑是相當重要的資料。粗略估計，至少有一萬座秦漢墓已被確定，這些墓葬分佈於整個漢帝國，時間跨越超過四百五十年。〔註22〕因此可供研究者使用也是相當多，但其發掘報告散見《文物》、《考古》和各有關之期刊中。〔註23〕魯惟一認為：

> 由於在佛教傳入中國之前就以流行關於來世的種種信仰，這些墳冢的殉葬物品非常豐富。他們包括珍貴的玉器和銅器；銅、漆或陶質器皿；用於宗教目的的工具和象徵性物體；能保證死後過的愉快的護符、或者樂器。〔註24〕

加上當時有「事生如死」的觀念，以及兩漢以降的厚葬風氣，因此透過出土於漢墓的隨葬器物，瞭解當時人們心中的鬼概念，是可行且必然之作法。

（三）簡　牘

　　現今出土的秦漢簡牘相當多，從早期的流沙墜簡、居延漢簡，到 1975 出

〔註21〕　沈宗憲，《宋代的鬼與死後世界傳說》（台北：國立臺灣大學歷史研究所碩士論文，1991 年 10 月），頁 68。
〔註22〕　〔英〕崔瑞德、魯惟一編，楊品泉等譯，《劍橋中國秦漢史》（北京：中國社會科學出版社，2006 年 12 月），頁 7。
〔註23〕　林劍鳴，《新編秦漢史》（台北：五南圖書出版股份有限公司，2003 年 2 月），頁 33～34。
〔註24〕　〔英〕崔瑞德、魯惟一編，楊品泉等譯，《劍橋中國秦漢史》，頁 7。

土的睡虎地秦簡，甚至最近出土的孔家坡漢簡，都是研究秦漢史不可多得的第一手資料。當中有些文書是爲了幫助死者來世生活，有的可能與死者在世時的特定職業有關。〔註25〕告地策〔註26〕、遣策以及買地券的主要作用都是替死者（也就是鬼），爭取在彼世生活的安定。因此，以告地策等簡牘作爲研究鬼的資料之一，當屬正確無誤。

　　本論文以秦漢時人觀念中的「鬼」爲探究核心，透過正史、類書等文獻資料的爬梳與整理，搭配考古出土的實物、墓葬形式與告地策、遣策、日書等簡牘資料，冀望瞭解研究動機中所提出的各項困惑。

　　本文除第一章緒論、第五章結論外，各章論述重點於章節配置後略作介紹。關於本文之章節配置，如下所示：

第一章　緒　論
　　第一節　問題的提出
　　第二節　研究史回顧
　　第三節　研究方法與各章要旨
第二章　「鬼」的字義探原

〔註25〕〔英〕崔瑞德、魯惟一編，楊品泉等譯，《劍橋中國秦漢史》，頁8。

〔註26〕關於「告地策」一詞，乃由黃盛璋定名。他於〈雲夢龍崗六號秦墓木牘與告地策〉一文中列舉六要點：

自七十年代前期至今（1999年）二十年間，發表爲我揭出的告地策有六件，湖北四件，湖南、江蘇各一件，地區原皆爲楚地，以出土尚待公布的還有幾件，以湖北最多，應有楚俗因素。

目前已發表最早的告地策爲爲雲夢龍崗秦墓。其次江陵古郢城外王家臺一五號秦墓頭端一件木牘。

邗陽胡場漢墓告地策爲西漢中期宣帝本始三（西元前71）年，今後還會不斷發現新的。我考證取代告地策的是買地券，兩者分界就是前、後漢間。

告地策目的是向地下登報戶籍，所書年、月、日是死時，亦即地上削籍，地下著籍之時，不是下葬，更不是告地策文移批發日。

告地策模仿地上制度文移格式，有戶籍在鄉的由鄉吏將申請轉交縣，由丞批發；侯家由家丞主辦交移；刑徒犯人，要僞造「免爲庶人」或獄事已復，並令自上。凡此蓋皆依當時制度。

告地策登報戶籍，包括人口名籍、財物簿。漢初奴婢在人口名籍內登報，財物簿全爲隨墓主人入殉之衣器用物，作爲財產登報，根本不是遣策，沿誤了多年，禮經遣策之名與時全都不對頭了。

參見黃盛璋，〈雲夢龍崗六號秦墓木牘與告地策〉，收入中國文物研究所、湖北省文物考古研究所編，《龍崗秦簡》（北京：中華書局，2001年8月），頁154。

　　第二章　釋「鬼」：一字多義為中國文字的特色。「鬼」字亦此，從甲骨文以降即呈現多元情況。本章擬就以時間順序為線索，分析「鬼」字於甲骨文、金文、東周典籍以及漢朝時期的用法，最後確立論文之探討對象。

　　第三章　由生入死，從人到鬼：本章著重之重點有四，其一、生死界定。探討漢朝時人觀念中，何為「生」，何為「死」。其二、探究鬼所生活的地下世界是何種情況的世界。特重管理眾鬼的地下行政組織與簿籍文書。其三、探究漢朝時人觀念中，鬼在地下世界生活的情況。其四、將範圍縮小，著眼於鬼的外貌、鬼的聲音以及鬼的個性。

　　第四章　人鬼互動：論述漢朝時期生人與鬼之間的互動情況。重點有四，其一、以空間的角度來探究人鬼溝通情況，並且關心人鬼如何克服空間障礙。其二、當鬼現身地上世界介入生人生活時，將對生人產生何種影響。其三、基於何種原因，使鬼介入生人生活。其四、因鬼介入使生人生活產生影響，人們將如何回應。

　　本文行文過程，為使論述結果更簡明扼要，在概念論述後將試著以示意

圖的方式呈現論述結果。此外也將於文章適當處插入圖表。圖主要在於將行
文中的實物具體化；表在於比較差異。並且利用註釋明白指出該圖表之出處，
若無註釋說明者，即是筆者自繪之圖表。

第二章　「鬼」的字義探原

　　「鬼」字原義爲何，向來爲許多文字研究者探究的議題。歸納起來，大概有以下幾種說法：

（一）類人動物說

　　持此說者有章炳麟與沈兼士。章炳麟於《小學答問》說：

> 古言鬼者，初非死人神靈之稱。鬼宜即夔。《說文》言：「鬼頭爲甶。」禺頭與鬼頭同，何甶象鬼。且鬼頭何因可見，明鬼即是夔。夔既猴身，其字上象有角，下即夒字。夒亦母猴，則夔特母猴有角者爾。……《訓釋》云：「鬼之爲言歸也。」則夔歸鬼同聲。魖爲耗鬼，亦是獸屬，非神靈也。韋昭說：「夔爲山繅。」後世變作山魈。魈亦獸屬，非神靈。……故鬼即夔字，引伸爲死人神靈之稱。〔註1〕

沈兼士繼承其說法，認爲「鬼」字原始意義疑爲一種類似人類的動物——禺，後由類人之獸引伸爲異族人種之名。再由具體的鬼，引伸爲抽象的畏，及其他譎怪諸形容詞。最後，由實物之名借以形容人死後所想像之靈魂。〔註2〕

（二）巫祝說

　　此說認爲，鬼乃是頭帶面具進入恍惚入神狀態的巫祝。持此論點爲鄭宇：

> 「鬼頭」甶很顯然就是巫祝進行祭祀活動時裝飾了頭部形象。……

〔註1〕　章炳麟，《小學答問》（台北：廣文書局，1970年10月），頁36～37。

〔註2〕　沈兼士，〈鬼字原始意義之試探〉，收入氏著《沈兼士學術論文集》（北京：中華書局，1986年12月），頁199。

「鬼」字下半部呈人跪狀。如前所說,「鬼」乃活人戴上鬼頭面具,
坐在神的位置,是與天神地祇並列的人鬼,及「鬼」取象于戴著面
具進入、神弄鬼狀態的巫祝。〔註3〕

此外,加藤常賢也有類似之所法:

爲使似于死者而加上長毛,以此附於臂上而置於几上之形也。長毛
之頭及臂,乃欲祭之死者之神頭也。謂之魌頭。……字義人蒙死者
之魌頭佝僂而在神之座之意也。魌頭爲死者之頭,故謂死者爲鬼也。

古者謂天神、地祇、人鬼,鬼者謂人之死者之神之意也。〔註4〕

加藤常賢與鄭宇兩人均認爲鬼是人頭帶面具的形象。差別在於,加藤常賢認
爲面具其實就是死者之頭,作爲祭祀時死者的象徵,鄭宇則以爲面具是巫者
在進行儀式時所裝飾的頭部形象。支持此種說法者亦有日本著名漢學家池田
末利。〔註5〕

(三)屍體葬地說

持此論點者爲程邦雄,他認爲「鬼」並非一單純的象形字,而當屬六書
之中的會意字。所會之意乃「人死屍葬於田地」之意。他說:

(鬼)諸字上部均爲「田」字,下部均爲人形,這人形有正面直體
型,有側面曲體形,有男人之形,也有女人之形。……而上部的「田」,
不當是「類人異獸」、「巨首異物」、「人頭面」的象形,而是田土的
田。古田土相通。……它是一個會意字,會人死屍體葬於地下,這
就是鬼字構形之用意。〔註6〕

對於這樣的說法,若根據加藤常賢的論證,鬼字上部的「田」並非田地之「田」,
而是「由」字的變體。如此一來,程邦雄所謂的「它是一個會意字,會人死
屍體葬於地下,這就是鬼字構形之用意。」即無立論的根基。因爲程邦雄無
法舉出在甲骨文中,是否有以「由」字代「田」的例證。而《說文解字》對

〔註3〕 鄭宇,〈釋「鬼」〉,《晉中學院學報》第 24 卷第 1 期(2007 年 2 月),頁 13。
〔註4〕 周法高,《金文詁林補》(台北:中央研究院歷史語言研究所,1997 年 5 月),
　　　　頁 2979～2980。
〔註5〕 〔日〕池田末利,〈中國における祖神崇拜の原初型態──「鬼」の的本義〉,
　　　　收入氏著《中國古代宗教史研究──制度と思想》(東京:東海大學出版會,
　　　　1989 年 8 月),頁 155～158。
〔註6〕 程邦雄,〈「鬼」字形義淺探〉,《華中理工大學學報》(1997 年第 3 期),頁 102
　　　　～104。

於「由」的說明即清楚提到「鬼頭也。象形。凡由之屬皆從由。」﹝註7﹞所以，「由」不應該是田的變體才是。故，此說當誤才是。

（四）太陽圖騰說

持此說法者為唐善純。他說：

> 鬼，《說文》釋為「人所歸」此乃音訓，是漢代人的理解。在甲骨文中是北方民族的族稱，在突厥語中意為太陽。甲骨文中的鬼上部為人頭，下部為人腿，人面上有十字。北方阿爾泰人有黥面的習俗，因而在臉上留有刀傷。另外，圓內有「十」字，也是古代中亞太陽圖騰的標誌。……商周時期，鬼方民族始終為中原華夏族的勁敵，故「鬼」轉義為可怖。如此看來，「鬼」是由以太陽為圖騰的民族名演變而來。﹝註8﹞

對於這樣的說法，筆者認為論證相當薄弱且不妥。此說並未從中國傳統文獻與文字學著手進行討論，僅從田野調查資料來進行推斷。再說，在佛教傳入中國之前，鬼的未必是一個恐怖的象徵。商、周時期，鬼神常常並稱。且鬼除了兇惡恐怖的一面外，也有助人或者跟神一樣的性質。

（五）仿人說

此說認為鬼為人死後所變者，故鬼字有人的成分。但鬼又與人不同，故在其頭部作為區別。姑且稱之為仿人說。支持此說有徐中舒以及李孝定兩人。徐中舒於《甲骨文字典》中即提到：

> 象人身而巨首之異物，以表示與生人有異之鬼。……殷人神鬼觀念已相當發展。鬼從人身明其皆從生人遷化，故許慎所釋與殷人觀念近似。﹝註9﹞

而李孝定《金文詁林讀後記》也提到相似之觀點。他說：

> 鬼字古文作🦹，當是全體象形，鬼神之為物，雖曰視之而弗見，聽之而弗聞，然人死為鬼，蓋先民既有之觀念，其製字也，遂仿人字為之，「人」字古作「𠂉」，其上圓者顱也，鬼字仿人，又必欲有以

﹝註7﹞ 〔東漢〕許慎撰，〔清〕段玉裁注，魯實先正補，《說文解字注》（台北：黎明文化事業股份有限公司，2002年），頁436。

﹝註8﹞ 唐善純，《中國神秘文化》（南京：河海大學出版社，1992年10月），頁5。

﹝註9﹞ 徐中舒，《甲骨文字典》（成都：四川辭書出版社，1998年10月），頁1021～1022。

別之，則惟變異其頭部之形狀，⋯⋯鬼之與人，其形相類，欲於頭
部示其區別，亦覺不易，古文虛實無別，則鬼字不得作〔鬼〕，於是就
字而變化之，遂作〔鬼〕耳。〔註10〕

本章僅將鬼字起源的說法稍做整理，並不打算進入起源的討論之中。故，擬
將從甲骨文、金文、東周、秦漢四個時期為時間脈絡，討論這四時期鬼字用
法。並且於本章最後，對於本論文所欲討論之「鬼」作一界定。

第一節　甲骨文中的「鬼」

　　中國甲骨文，從文字的形式上看，已經脫離最原始的圖畫型態。這也表
示，中國最早的文字應該不是甲骨文。若此，根據李孝定的說法，中國的文
字起源最早可向前追溯到史前的陶文。〔註11〕但是，史前的陶文數量過少，
在分析上無法形成有效的樣本。因此，要探討「鬼」的字義，就必須從目前
發現最早且文字數量較多的甲骨文著手。容庚也在《金文編》一書中說到：

　　今由《說文》而上溯金文，由金文而上溯甲骨文，則其沿革之跡，
　　固昭然可考。〔註12〕

藉由容庚的說法，也就更加可以確認：要研究「鬼」字的意義及其用法，勢
必從甲骨文入手，其次探討金文中的鬼字，最後才進入許慎《說文解字》以
及漢朝典籍中來釐清鬼字的意義。

　　「鬼」字在甲骨文中的寫法有相當多種。徐中舒《甲骨文字典》中所收錄
的寫法有「鬼」、「鬼」、「鬼」、「鬼」、「鬼」、「鬼」等六種。〔註13〕
于省吾《甲骨文字詁林》中收錄之寫法有二，分別為「鬼」與「鬼」。〔註14〕
李孝定《甲骨文字集釋》收錄鬼字寫法多達十三種，依序為：「鬼」、「鬼」、「鬼」、
「鬼」、「鬼」、「鬼」、「鬼」、「鬼」、「鬼」、「鬼」、「鬼」、「鬼」、「鬼」。〔註15〕

〔註10〕 李孝定，《金文詁林讀後記》（台北：中央研究院歷史語言研究所，1992年），
　　　　頁348。
〔註11〕 李孝定，〈再論史前陶文和漢字起源問題〉，《中央研究院歷史語言研究所集刊》
　　　　第五十期第三分（1979年9月），頁431～483。
〔註12〕 容庚編著，張振林、馬國權摹補，《金文編》（北京：中華書局，1985年7月），
　　　　序頁24。
〔註13〕 徐中舒，《甲骨文字典》，頁1021。
〔註14〕 于省吾主編，《甲骨文字詁林》（北京：中華書局，1999年），頁353。
〔註15〕 李孝定，《甲骨文字集釋》（台北：中央研究院歷史語言研究所，1991年3月），

一般對古文字有所專精的學者，例如：徐中舒〔註16〕、李孝定、于省吾、葉玉森〔註17〕、屈萬里、張秉權、孫海波、黃盛璋〔註18〕等，都認爲這些甲骨文字應該就是「鬼」字無誤。從甲骨文「鬼」字的字型結構來看，鬼字是由「由」與「儿」兩部分所組成。此與現今通行的鬼字結構有所差別。現今「鬼」字由小篆「鬼」演化來而，主要由「由」、「儿」以及「厶」三個部分所組成的，此三個部分即是從許愼《說文解字》流傳至今。這樣的說法也可從羅振玉說法中得到映證。

> 羅振玉曰：「許書（許愼的《說文解字》）謂鬼字厶，卜辭及古全文皆無之。」〔註19〕

然而，或因「鬼」字所在的文句位置不同，或因根據不同的甲骨卜辭，或因同字而異形，〔註20〕亦或許學者對同一卜辭的解讀差異，故造成此字的解釋呈現意見紛歧的情況。總體來說，大至有下列這些說法：

一、人死後所變者

將鬼解釋爲神鬼之鬼，這樣的說法與後來東漢許愼《說文解字》所謂的「人有所歸爲鬼」的說法一致，于省吾認爲這就是鬼字的本義。〔註21〕在甲骨文中當作神鬼之鬼使用的卜辭是存在的，例如：「貞亞多鬼夢亡疾」〔註22〕、「貞多鬼夢□言見」〔註23〕、「庚辰卜貞多鬼夢不至禍」〔註24〕、「今月鬼寧」〔註25〕、「貞祟鬼于兕告」。〔註26〕殷商的祭祀對象分爲三大類，分別是：天

頁 2903。

〔註16〕 徐中舒，《甲骨文字典》，頁 1021～1022。

〔註17〕 李孝定、于省吾、葉玉森等三人說法可參見李孝定，《甲骨文字集釋》，頁 2903～2904。

〔註18〕 屈萬里、張秉權、孫海波、黃盛章等四人說法可參見于省吾主編，《甲古文字詁林》，頁 353、頁 357～360。

〔註19〕 李孝定，《甲骨文字集釋》，頁 2903。

〔註20〕 朱岐祥透過對虎、美、鬼三字的字形比較，認爲甲骨文有意識透過字形的正立形和立形作爲人名和族名的區別方法。參見朱岐祥，《甲骨文字學》（台北：里仁書局，2002 年 9 月），頁 161。

〔註21〕 于省吾主編，《甲骨文字詁林》，頁 353。

〔註22〕 于省吾主編，《甲骨文字詁林》，頁 353。

〔註23〕 于省吾主編，《甲骨文字詁林》，頁 353。

〔註24〕 徐中舒，《甲骨文字典》，頁 1022。

〔註25〕 馬薇廎，《增訂薇廎甲骨文原》（台北：馬薇廎，1991 年 4 月），頁 501。

〔註26〕 在小屯南地甲骨文中，也曾出現單一的「鬼」字，但僅有一字，無法判斷其含意，故只在註釋當中提及。姚孝遂、肖丁，《小屯南地甲骨考釋》（北京：

神、地祇、人鬼。商人對於人鬼的祭祀可以說最為頻繁隆重。而受祭的主要之鬼為商王的先公、先王與先妣。這些大都與商代世系有著密切的關聯性。

二、解釋為方國（族）名

鬼字若用在民族或者方國上，主要是指「鬼方」。「鬼方」一詞出現在殷墟第一期武丁時代以及第四期武乙、文武丁時代的卜辭。〔註27〕在甲骨文中，以「鬼」當作一方族群之名，是屬於不見本義的借用族名。〔註28〕例如卜辭中即有提到「己酉卜賓鬼方易亡禍五月」〔註29〕、「乙巳卜賓貞鬼隻羌一月」。〔註30〕陳夢家與饒宗頤則認為卜辭中意指鬼方的「鬼」，即是《易》「震用伐鬼方，三年，有賞於六國」與《詩經》「覃及鬼方」兩語中的鬼方。〔註31〕至於周原甲骨文中出現的「鬼吏，呼宅商西」一語。〔註32〕朱岐祥認為認為鬼吏之鬼，即是鬼方之意。他說：

> 鬼，古方國名。《竹書紀年》：「周王季伐西落鬼戎，俘廿翟王。」此言以鬼為吏，並呼令之宅居商地，可見當為鬼戎已賓服於周以後的事。〔註33〕

從後代出土的考古資料或者相關文獻，有學者認為鬼方分佈於今日山西省中部到陝西省北部一帶。〔註34〕若是以商都為中心，鬼方則在其西北方。〔註35〕

三、解釋為人名者

甲骨文中，將鬼解釋為人名的卜辭有「王勿從鬼」、「王占曰茲鬼卜惟」、「壬辰卜貞為鬼」、「允惟鬼眾周」。〔註36〕「己酉卜丙貞鬼方易囚」或者「丁

中華書局，1985年8月），頁362、364。詹鄞鑫，《神靈與祭祀——中國傳統宗教綜論》（南京：江蘇古籍出版社，2000年1月），頁127。
〔註27〕 張秉權，《甲骨文與甲骨學》（台北：國立編譯館，1988年9月），頁349。
〔註28〕 甲骨文中族名的用字是大量借用動物、植物、兵器、彝器等具字類字。……其中，甚至有全不用本義，只見借用為族名的，如角、裘、土、鬼。參見朱岐祥，《甲骨文字學》，頁158～159。
〔註29〕 徐中舒，《甲骨文字典》，頁1022。
〔註30〕 徐中舒，《甲骨文字典》，頁1022。
〔註31〕 于省吾主編，《甲骨文字詁林》，頁354。
〔註32〕 朱岐祥，《周原甲骨研究》（台北：臺灣學生書局，1997年7月），頁9。
〔註33〕 朱岐祥，《周原甲骨研究》，頁9。
〔註34〕 趙誠編著，《甲骨文簡明辭典——卜辭分類讀本》（北京：中華書局，1999年），頁140。
〔註35〕 張秉權，《甲骨文與甲骨學》，頁350。
〔註36〕 以上甲骨卜辭參見張秉權，《甲骨文與甲骨學》，頁334。

卯貞王令鬼□俎於□」這兩句卜辭，學者將鬼字解釋爲人名。至於是指何人之名呢？徐中舒卻無明言，張秉權則認爲是指鬼方首領之名。〔註37〕張秉權將甲骨文中「人地同名」的情況又細分爲「單純的人地同名」以及「複雜的人地同名」兩類。至於鬼字，則爲其劃入後者。

四、解釋爲鬼方的人民

孫海波認爲甲骨卜辭中的「□鬼」就是指將虜獲的鬼方之人，當作祭祀之用的祭品。這種用法與「卯羌」之例相同。〔註38〕

五、解釋爲惡劣、不吉之義

于省吾在解釋「□若茲鬼」時將「□鬼」與「□吉」視爲對文，認爲此句之「鬼」字爲一形容詞，具惡劣之義。若此，則「鬼」字具有不吉、惡劣意向是相當明顯。〔註39〕

六、解釋爲畏的假借字

郭沫若對於「庚辰卜貞多鬼□不至囚」這一卜辭中鬼字解釋爲畏的假借字，是害怕、懼怕的意思。這樣的用法和《周官》中的「懼夢」相同。〔註40〕池田末利在〈古代中國における靈鬼觀念の成立──文字學的考察を主として〉一文中及明確指出，由於鬼方等醜陋民族的聯想，使的「鬼」具有「畏」之意。〔註41〕

從對甲骨文中「鬼」字的分析可知「鬼」字在甲骨文當中的含意相當豐富。從名詞、動詞到形容詞均有。上述的第一到第四種解釋，不論其將鬼解釋爲何物，均可確定鬼在此處是當作名詞使用。而第五種解釋，則是將鬼字當作形容詞，表示惡劣或者是不吉之意。第六種才將鬼字當作動詞來解釋，有懼怕之意。而在本文中所要討論的僅僅是甲骨文「鬼」字中的第一種解釋，也就是神鬼之鬼。

〔註37〕于省吾主編，《甲骨文字詁林》，頁360。
〔註38〕于省吾主編，《甲骨文字詁林》，頁354。
〔註39〕于省吾主編，《甲骨文字詁林》，頁354。
〔註40〕于省吾主編，《甲骨文字詁林》，頁354。
〔註41〕池田末利，〈古代中國における靈鬼觀念の成立──文字學的考察を主として〉，收入氏著《中國古代宗教史研究──制度と思想》（東京：東海大學出版會，1989年8月），頁241。

第二節　金文中的「鬼」

　　根據學者研究，西周的金文中，「鬼」字屬於二級次級常用字，出現頻率為三。〔註42〕金文中的鬼字寫法有三種，分別是「 」、「 」和「 」。〔註43〕從字形結構上來看這三個字，可以發現金文中的鬼字是無現代鬼字中的「厶」。也就是說，金文中的鬼字是由「甶」和「儿」兩個部分所組成。至於現代鬼字中的「厶」則為後來所加，至於為何所加？加藤常賢認為是為了表示聲音所加之聲符。〔註44〕金文中的鬼字有四種意義，分別是：

一、人死後所變者

　　在金文之中，確實有將鬼字解釋為人死後所變者，例如：「恭夤鬼神，畢恭」。〔註45〕只是，解釋為神鬼之鬼時，在金文中加有示字旁，寫為「 」。郭沫若認為，金文中的鬼就是「嚴」，亦指人死後其不滅之靈，具有降福祐於子孫的能力。〔註46〕

二、解釋為方國之名

　　出土於陝西岐山縣的小盂鼎，是屬於西周早期的青銅器。其上約有文字三百九十字，當中鬼方兩字連用有兩處，分別是「旂佩鬼方」和「告曰王令盂以□□伐鬼方」。〔註47〕拆解此兩個「鬼」字，實屬從戈從甶。〔註48〕而白川靜認為，出現在這個周初器物上的鬼字就是隗，而隗方即《易經》高宗伐

〔註42〕張再興利用金文資料庫、漢字結構統計分析系統、字頻斷代統計分析系統等電子計算機技術，對西周金文進行分析。依據文字出現頻率，將西周文字分為常用字（出現十次以上者）、次級常用字（出現三次以上十次以下）以及罕用字（出現三次以下者）。其中次級常用字又細分為一級次級常用字（出現五次以上十次以下）與二級次級常用字（出現三次以上五次以下者）。參見張再興，《西周金文文字系統論》（上海：華東師範大學出版社，2004年1月），頁10、16、21。

〔註43〕周法高，《金文詁林補》，頁2977。

〔註44〕周法高，《金文詁林補》，頁2978。

〔註45〕中國社會科學院考古研究所，《殷周金文集成釋文》第三卷（香港：中文大學中國文化研究所，2001年10月），頁325。張世超、孫凌安、金國泰、馬如森，《金文形義通解》（京都：中文出版社，1996年3月），頁1683。

〔註46〕郭沫若，〈周彝中之傳統思想考〉，收入《郭沫若全集·考古編》第五卷（北京：科學出版社，2002年10月），頁30～32。

〔註47〕中國社會科學院考古研究所編，《殷周金文集成釋文》第二卷（香港：中文大學中國文化研究所，2001年1月），頁415～417。

〔註48〕容庚編著，張振林、馬國權摹補，《金文編》，頁653。

鬼方之鬼方。〔註 49〕若真如白川靜所說，則金文繼承甲骨文將鬼字釋爲方國名的用法。

三、解釋為人名

在金文之中，有將「鬼」解釋爲人名的。例如：「鬼乍父丙寶壺」。〔註 50〕

四、解釋為畏字同義

李孝定認爲「畏字從鬼，其義亦相因」。〔註 51〕這也就是說，鬼字和畏字的含意是可以相互轉換使用。現代畏字含意，含有令人畏懼、害怕之意。但是在金文時期畏字是否具有同樣含意呢？若有，則鬼字也就具有畏懼、害怕之意。若無，則鬼字又當如何解釋呢？在戴家祥等人所編之《金文大字典》中，對於「龏盟鬼神」中的鬼字做這樣的解釋，認爲：

> 此字當爲從示從畏，乃是威之變體，威神猶云明神、大神也。……
> 古鬼畏同字，《說文》九篇，「畏，惡也。」畏忌形于心裡動態，故
> 畏忌之爲加旁從心。鬼神之鬼存乎神到設教，故鬼神之鬼，加旁從
> 示。……蓋「龏盟鬼神」猶大雅蕩云：「恭敬明神」。〔註 52〕

此外，池田末利也持相同論點認爲，「鬼」字原有醜惡形狀之含意。之所如此，在於鬼最初是指人頭戴醜陋的鬼頭面具。因此，不論是前述之甲骨卜辭或者是此處所述之金文，鬼都具有令人畏懼之意。而金文中「鬼」更是直接與「畏」字通用，具有畏懼的意義。〔註 53〕

通過上面的討論，我們可以很清楚的看到，鬼字從甲骨文演變到金文，其字義已有轉變。在甲骨文中，鬼字可以當作「死後所變者」、「方國之名」、「人名」、「鬼方的人民」、「惡劣、不吉之義」、「畏的假借字」等六種解釋。但是進入金文時期，鬼字的含意減少爲四種，其中僅餘「死後所變者」、「方國之名」、「畏的假借字」和「人名」。至於「鬼方的人民」、「惡劣、不吉之義」

〔註 49〕周法高，《金文詁林補》，頁 2977。
〔註 50〕張世超、孫凌安、金國泰、馬如森等，《金文形義通解》，頁 1684。中國社會
科學院考古研究所編，《殷周金文集成釋文》第五卷（香港：中文大學中國文
化研究所，2001 年 10 月），頁 403。
〔註 51〕李孝定，《金文詁林讀後記》（台北：中央研究院歷史語言研究所，1992 年 12
月），頁 349。
〔註 52〕戴家祥等，《金文大字典》（上海：學林，1999 年 5 月），頁 3153。
〔註 53〕池田末利，〈古代中國における靈鬼觀念の成立——文字學的考察を主とし
て〉，收入氏著《中國古代宗教史研究——制度と思想》，頁 241。

則消失不見於金文之中。

第三節　東周典籍中的「鬼」

一、人死後所變者

在東周時期各種典籍中,「鬼」字的用法其實是相當多樣的,時作刑罰解,時指一方之侯。在這麼多樣的用法中,以指稱人死後所變者這樣的說法最為常見。是東周時期,諸家學者對人鬼的態度相去甚遠。

關於東周時期人死後所變之鬼,學者最常引用的例子即是《左傳》伯有故事:

> 鄭人相驚以伯有,曰:「伯有至矣。」則皆走,不知所往。鑄刑書之歲二月。或夢伯有介而行,曰:「壬子,余將殺帶也。明年壬寅,余又將殺段也。」及壬子,駟帶卒,國人益懼。齊燕平之月。壬寅,公孫段卒,國人愈懼。其明月,子產立公孫洩及良止以撫之,乃止。子大叔問其故,子產曰:「鬼有所歸,乃不為厲,吾為之歸也。」……及子產適晉,趙景子問焉,曰:「伯有猶能為鬼乎?」子產曰:「能。人生始化曰魄,既生魄,陽曰魂,用物精多,則魂魄強,是以有精爽,至於神明。匹夫匹婦強死,其魂魄猶能馮依於人,以為淫厲。況良霄,我先君穆公之冑,子良之孫,子耳之子,敝邑之卿,從政三世矣。鄭雖無腆,抑諺曰,蕞爾國。而三世執其政柄,其用物也弘矣,其取精也多矣,其族又大,所馮厚矣,而強死,能為鬼,不亦宜乎。」〔註54〕

在伯有的故事中,伯有被殺而變成鬼,並返回鄭國進行報復。最後,子產為伯有立後,使其享有祭祀,以撫平伯有冤鬼。在子產的解釋中,人死後所變者稱為「鬼」。依照死亡之後祭祀的有無又分為兩類:一是有所歸者,稱為鬼;另一種無所歸者,稱為厲。死後乏祀而為厲的情況,不僅僅適用於貴族階級,對於一般的匹夫匹婦也一體適用。如此子產才說「匹夫匹婦強死,其魂魄猶

〔註54〕〔周〕左丘明傳,〔晉〕杜預注,〔唐〕孔穎達正義,《春秋左傳正義》,《春秋左傳正義》(北京:北京大學出版社,1999 年 12 月)卷四十四〈昭公七年〉,頁 1247～1249。

能馮依於人，以爲淫厲。」強死，也就是指那些不得好死，無法壽終正寢之人，都有可能淪爲淫厲而爲禍一方。在《左傳》的觀念中，那些享有後代祭祀，晉升爲祖先之鬼，爲後代提供保護而擁有比較正面的形象。例如《左傳》卷二十四〈宣公十五年〉：

> 初，魏武子有嬖妾，無子。武子疾，命顆曰：「必嫁是。」疾病則曰：「必以爲殉。」及卒，顆嫁之，曰：「疾病則亂，吾從其治也。」及輔氏之役，顆見老人結草以亢杜回。杜回躓而顛，故獲之。夜夢之曰：「余，而所嫁婦人之父也。爾用先人之治命，於是以報。」。〔註55〕

相反的，厲通常都是負面的影響。例如《左傳》卷二十六〈成公九年〉：

> 晉侯夢大厲，被髮及地，搏膺而踊曰：「殺余孫，不義。余得請於帝矣。」壞大門及寢門而入。公懼，入于室。又壞戶。公覺，召桑田巫。巫言如夢。公曰：「何如？」曰：「不食新矣。」〔註56〕

關於鬼對生人的影響，在往後的篇章中會有論述，在此不論。

被太史公司馬遷認爲「博而寡要，勞而少功」〔註57〕的儒家，班固認爲是出自於司徒之官，主要的功用在協助人君順陰陽明教化。〔註58〕儒家著重於當世，對於人的關注也是著重當世，對於人死後的彼世則採取敬而遠之、存而不論的態度。《論語》中記載子路與孔子的對話。《論語》卷六〈先進〉：

> 季路問事鬼神。子曰：「未能事人，焉能事鬼？」敢問死。曰：「未知生，焉知死？」〔註59〕

此處，孔子將「人」與「鬼」對比，「生」和「死」並列。顯示孔子認爲生爲人，死乃爲鬼，鬼爲人死後所變。此一觀念，在《禮記》中更顯而易見。《禮記》卷四十七〈祭義〉：

> 眾生必死，死必歸土，此之謂鬼。骨肉斃於下，陰爲野土。〔註60〕

〔註55〕《春秋左傳正義》卷二十四〈宣公十五年〉，頁671～672。

〔註56〕《春秋左傳正義》卷二十六〈成公九年〉，頁742～743。

〔註57〕〔漢〕司馬遷撰，〔南朝宋〕裴駰集解，〔唐〕司馬貞索隱，〔唐〕張守節正義，《史記》（北京：中華書局，1997年9月）卷一百三十〈太史公自序〉，頁3289。

〔註58〕〔東漢〕班固，《漢書》（北京：中華書局，2006年1月）卷三十〈藝文志〉，頁1728。

〔註59〕〔魏〕何晏注，〔宋〕邢昺疏，《論語注疏》（北京：北京大學出版社，2000年12月）卷十一〈先進〉，頁164。

〔註60〕〔漢〕鄭玄注，〔唐〕孔穎達疏，《禮記正義》（北京：北京大學出版社，2000年12月）卷四十七〈祭義〉，頁1546。

「眾生必死」此處的眾生並非指所有有生命的萬物，而專指人。孔穎達說：

> 「死必歸土」者，言萬物死者必歸於土，此一經因而言物，實是本說人也。〔註61〕

「鬼」，「歸」也；「陰」同「蔭」。人死後埋在於土中，最後導致骨肉斃於地下，依陰於地爲野澤土壤，此乃歸土之形，故謂鬼也。

《墨子》〈明鬼篇〉是希望透過鬼神，達到教化百姓的功用。也因此，〈明鬼篇〉中有著人死爲鬼的故事，例如被周宣王殺而不辜的杜伯、被燕簡公殺而不辜的莊子儀。

《列子》一書，有學者認爲該書爲後世僞作，有人認爲並非僞書，而蕭登福綜合前人說法，認爲原始的《列子》成書於春秋末至戰國初年之間。至於當中有關佛教觀點，乃爲後人所增添。〔註62〕既然《列子》當中佛教的思想屬於後人所增添，在引用過程中，只要避免引用到佛教的思想，即可以當作東周時期的資料。《列子》中，亦提到鬼爲人死後所變這樣的一個觀點。《列子》卷一〈天瑞篇〉：

> 精神者，天之分；骨骸者，地之分。屬天清而散，屬地濁而聚。精神離形，各歸其眞，故謂之鬼。鬼，歸也，歸其眞宅。黃帝曰：「精神入其門，骨骸反其根，我尚何存？」〔註63〕

《列子》認爲，人之所以生乃是天的精神與地之骨骸相互結合而成，即是書中所謂的：

> 清輕者上爲天，濁重者下爲地，沖和氣者爲人，故天地含精，萬物化生。〔註64〕

當人死亡之時，精神離形，精神回歸於天，骨骸返回地，而形成鬼。故將鬼解釋爲「歸」，精神骨骸各歸本位眞宅。這樣的說法，與鄭國子產「鬼有所歸，乃不爲厲」說法不謀而合。

〔註61〕《禮記正義》卷四十七〈祭義〉，頁 1546。

〔註62〕認爲《列子》一書爲僞作者，如陳三立、馬敍倫、顧實、陳旦、梁啓超、楊伯峻；認爲該書並非僞作者，如〔日〕武內義雄、岑仲勉、嚴靈峯。蕭登福則羅列出七個理由來說明《列子》一書中雖雜有佛家物事，但係後人所增入，《列子》並非僞書。參見蕭登福，《列子探微》（台北：文津出版社，1990 年 3 月），頁 10、18、52～54。

〔註63〕楊伯峻，《列子集釋》（台北：華正書局有限公司，1990 年 9 月）卷一〈天瑞篇〉，頁 20～21。

〔註64〕楊伯峻，《列子集釋》卷一〈天瑞篇〉，頁 8。

二、星宿名

　　《呂氏春秋》認爲天有九野，地有九州。所謂九野就是指中央鈞天、東方蒼天、東北變天、北方玄天、西北幽天、西方顥天、西南朱天、南方炎天、東南陽天。而輿鬼就是組成南方炎天七星當中的一顆星。《呂氏春秋》卷十三〈有始〉：

> 天有九野，地有九州，土有九山，三有九塞……。

> 何謂九天？中央曰鈞天……東方曰蒼天……東北曰變天……北方曰玄天……西北曰幽天……西方曰顥天……西南曰朱天……南方曰炎天，其星輿鬼、柳、七星。……東南曰陽天。〔註65〕

爲何《呂氏春秋》要將南方之天稱爲炎天？高誘認爲：

> 南方五月建午，火之中也。火曰炎上，故曰炎天。輿鬼，南方宿，秦之分野。〔註66〕

陳奇猷則更配合當今天文學對星體的稱呼，用以解釋這段話。陳奇猷說：

> 鬼宿爲二十八宿之一，朱鳥七宿之第二宿。其四星均屬巨蟹座（Cances）。〔註67〕

　　鬼宿又稱爲輿鬼，是由四顆恆星所組成的，大約在赤道北二十度，黃道經過鬼宿南方六度處。屬於中國四方聖獸的朱雀之一。鬼宿由四顆星所組成，形成一類似П字形。在П字形中，有所謂的積屍氣。因此，鬼宿在古代的星占中主管死喪之事。在古人認知中，所謂積屍氣就是一團雲氣，而這一團雲氣就是鬼氣，是一種不祥之氣。若以現今的天文望遠鏡來觀察，不論是積屍氣、雲氣或者是鬼氣，其實就是著名的巨蟹星團。星團，還是由許多恆星所組成的，只不過因爲恆星光線微弱、距離太遠，投射在天幕上又叢聚在一起，令古人分辨不清，故稱之爲氣。

三、方　國

　　《詩經》〈大雅〉提到「覃及鬼方」。陳夢家與饒宗頤則認爲卜辭中意指鬼方的「鬼」，《易》所言的「震用伐鬼方，三年，有賞於六國。」，與《詩經》

〔註65〕陳奇猷校釋，《呂氏春秋校釋》（台北：華正書局有限公司，1989年）卷十三〈有始〉，頁657～658。

〔註66〕《呂氏春秋校釋》卷十三〈有始〉，頁664。

〔註67〕《呂氏春秋校釋》卷十三〈有始〉，頁664。

中「覃及鬼方」相同。〔註68〕所指的就是殷商高宗所討伐之方國。

四、鬼　侯

　　殷商紂王在位時期以西伯昌（文王）、鬼侯、鄂侯爲三公。《戰國策》卷二十〈趙策三〉說到：

> 昔者，鬼侯、鄂侯、文王，紂之三公也。鬼侯有子而好，故入之於紂，紂以爲惡，醢鬼侯。〔註69〕

《史記》卷〈殷本紀〉將「鬼侯」作爲「九侯」。鬼侯雖位居紂所封之三公，但最後下場卻是相當悲慘。《禮記注疏》卷三十一〈明堂位〉說：

> 昔殷紂亂天下，脯鬼侯以饗天下諸侯。是以周公相武王以伐紂。
> 〔註70〕

第四節　漢朝的「鬼」字義

一、人死後所變者

　　綜觀漢朝主要典籍，將鬼字解釋爲人死後所變者，其實不在少數。但是這些資料過於分散，僅僅將這些資料作爲輔證之用。要瞭解一個字的意思，還是必須依賴當時的字書。據此理由，對於這個部分的討論，主要還是以當時候的字書，許慎《說文解字》爲主要資料。許慎《說文解字》云：

> 人所歸爲鬼。從儿，由象鬼頭。从厶。鬼陰气賊害故从厶。凡鬼之屬皆从鬼。〔註71〕

從文中的「人所歸爲鬼」看，許慎開宗明義就說了，鬼是人死後所變者。將鬼視爲人死後所變者的說法，其實是《爾雅》中「鬼之爲言歸」〔註72〕以及《左傳》中子產對於鬼解釋的延續。子產說：

〔註68〕于省吾主編，《甲骨文字詁林》，頁354。

〔註69〕張清常、王延棟《戰國策箋注》（天津：南開大學出版社，1993年3月）卷二十〈趙三〉，頁505。

〔註70〕〔漢〕鄭元注，〔唐〕賈公彥疏《禮記注疏》（台北：新文豐圖書出版公司，2001年）卷三十一〈明堂位〉，頁1438。

〔註71〕〔東漢〕許慎撰，〔清〕段玉裁注，魯實先正補，《說文解字注》，頁434。

〔註72〕〔晉〕郭璞注，〔宋〕邢昺疏，《爾雅注疏》（北京：北京大學出版社，2000年12月）卷四〈釋訓第三〉，頁128。

子產立公孫洩及良止以撫之，乃止。子大叔問其故。子產曰：「鬼有
所歸，乃不爲厲。吾爲之歸也。」〔註73〕

所以，從上述引文，可以清楚看到子產爲了平撫伯有之鬼，立公孫洩以及良
止來祭拜伯有之鬼。因此，此處的「歸」該是指人死後有人祭拜的意思。

　　若僅從《說文解字》來說明，人死後所變者爲漢朝鬼字的一種解釋，這
樣的立論基礎似乎稍嫌薄弱。如果可以有實例或者是故事可以證明漢朝確實
有這樣的觀念，應當就更爲完備了。《風俗通義》正好提供了這樣的故事。《風
俗通義》卷九〈怪神〉：

汝南汝陽西門亭有鬼魅，賓客宿止，有死亡，其厲厭者，皆亡髮失
精，尋問其故，云：「先時頗已有怪物，其後，郡侍奉掾宜祿鄭奇來，
去亭六七里，有一端正婦人，乞得寄載，奇初難之，然後上車，入
亭，趨至樓下，吏卒檄，白：『樓不可上。』奇曰：『我不惡也。』
時亦昏冥，遂上樓，與婦人棲宿，未明發去。亭卒上樓掃除，見死
婦，大驚，走白亭長。亭長擊鼓會諸廬吏，共集診之，乃亭西北八
里吳氏婦新亡，以夜臨殯，火滅，火至失之；家即持去。奇發行數
里，腹痛，到南頓利陽亭加劇，物故，樓遂無敢復上。」〔註74〕

而《漢書》中，魏其侯、灌夫以及田蚡的故事，也是個鮮明的例證。田蚡作
〈飛揚〉毀謗竇嬰，如此毀謗之語最後傳入漢景帝耳中，導致竇嬰在十二月
時棄市於渭城。隔年春天：

春，（田）蚡疾，一身盡痛，若有擊者，謼服謝罪。上使視鬼者瞻之，
曰：「魏其侯與灌夫共守，笞欲殺之。」竟死。〔註75〕

　　從田蚡的故事，即可以明顯得知，魏其侯、灌夫在死後即成爲所謂的鬼。
也因爲成爲鬼，才能夠爲「視鬼者」所見，甚至見到兩鬼守在田蚡身旁，對
其施暴，最後導致田蚡死亡。王充《論衡》卷二十三〈訂鬼篇〉主要的寫作
目的在反駁當時一般人信鬼的觀念。對於當時人對所謂的遇鬼現象提出種種
自認爲合理的解釋，因此可從《論衡》窺見漢朝時人信鬼情況。與田蚡死前
「魏其侯與灌夫共守，笞欲殺之」的情況相同，《論衡》當中亦有相同事例。

〔註73〕《春秋左傳正義》卷四十四，頁1247。
〔註74〕〔漢〕應劭撰，王利器校注，《風俗通義校注》（台北：明文書局，1982年3
月）卷九〈怪神〉，頁425。
〔註75〕《漢書》卷五十二〈竇田灌韓傳〉，頁2393。

《論衡》卷二十三〈訂鬼篇〉：

> 病者因劇身體痛，則謂鬼持箠杖毆擊之，若見鬼把椎鏁
> 繩纆立守其旁，病痛恐懼，妄見之也。初疾畏驚，見鬼之來；疾困恐死，見鬼
> 之怒；身自疾痛，見鬼之擊，皆存想虛致，未必有其實也。〔註76〕

引文中的「妄見之也」、「皆存想虛致，未必有其實也」是王充對於遇鬼情況
所做的解釋。除此之外，均可視爲當時人對鬼的看法。這樣的看法與《漢書》
記載相同，都認爲鬼對人是有所爲害的，可以「持箠杖毆擊之」、「鬼把椎鏁
繩纆立守其旁」進而導致人因劇身體痛出現病症。

在《漢書》當中，也有這樣的記載，書中文句所陳述的是「鬼」，但是卻
以神記之。《漢書》卷二十五〈郊祀志〉上：

> 神君者，長陵女子，以乳死，見神於先後宛若。宛若祠之其室，民
> 多往祠。平原君亦往祠，其後子孫以尊顯。及上即位，則厚禮置祠
> 之內中，聞其言，不見其人云。〔註77〕

這位曾經被漢武帝外祖母平原君所祭拜，武帝即位後也給予「置祠之內中」
的神君，其實生前只不過是個平凡的長陵女子。因爲產乳而死，死後曾經顯
現於宛若，而被立祠祭拜。從文中，我們可以很清楚的看到，這位神君其實
就是長陵女子因爲產乳死後所變者，也就是所謂的鬼。從此例中可以看見，「名
爲神實爲鬼」或「原爲鬼後爲神」的情況。

劉如意，高祖九（西元 198）年的時候被立爲趙隱王，封王後四年，高祖
崩。呂后當政，引劉如意進入長安，以鴆殺害。到了高后八年的時候，高后
就遇到劉如意之鬼前來報復。《漢書》卷二十七〈五行志〉中：

> 高后八（西元前 180）年三月，祓霸上，還過枳道，見物如倉狗，
> 撠高后掖，忽而不見。卜之，趙王如意爲祟。遂病掖傷而崩。〔註78〕

這段資料，特別需要注意的是「見物如倉狗」一句中的「物」字。此字到底
是作爲物件來解釋呢？還是另有其他的解釋？僅僅從《漢書》中是判斷不出
來的。因此，特別需要借住《漢書》的注釋來理解。《漢書》卷二十五〈郊祀
志〉中對於李少君的描述：

〔註76〕黃暉，《論衡校釋》（北京：中華書局，1990 年 3 月）卷二十三〈訂鬼篇〉，頁
931～932。
〔註77〕《漢書》卷二十五〈郊祀志〉，頁 1216。
〔註78〕《漢書》卷二十五〈五行志〉，頁 1397。

少君者，故深澤侯人，主方。匿其年及所生長。常自謂七十，能使物，卻老。……少君言上：「祠竈皆可致物，致物而丹沙可化爲黃金。」〔註79〕

對於「能使物」中的物字，如淳注曰：「物謂鬼物也」〔註80〕而顏師古也將「祠竈皆可致物」中的物字解釋爲鬼物。因此，從兩人的對於物的解釋，可以推論呂后所見之如倉狗之物就是鬼物，也就是人死後所變者。趙隱王劉如意被呂后鴆殺後，死後所變之鬼，對呂后進行報復行動。變化成如倉狗之物，用戟拘持呂后的腋下，使呂后受傷，最後導致死亡達到報復目的。

因此，根據上述如淳以及顏師古兩人將「物」解釋爲「鬼物」的說法。加上呂后以及趙隱王劉如意間的故事，可以得到這樣的概念。除了以「鬼」、「神君」來作爲人死後所變者的代名詞外，另外也以「物」解釋「鬼物」用來描述人死後所變者。

二、星宿名

《史記》卷二十七〈天官書〉提到「輿鬼，鬼祠事，中白者爲質。」〔註81〕對於此句的說明，晉灼曰：「輿鬼五星，其中白者爲質」〔註82〕但是孔穎達的《史記正義》，確有不同的文字陳述。孔穎達說：

輿鬼四星，主祠事，天目也，主視明察姦謀。東北星主積馬，東南星主積兵，西南星主積布帛，西北星主積金玉。隨其變占之。中一星爲積屍，一名質，主喪死祠祀。〔註83〕

鬼宿或稱爲輿鬼，屬於四靈之中的朱雀，代表朱雀的眼睛，主要是執掌「視明察姦謀」。只是對於同樣都是輿鬼，晉灼說有由五星所組成，孔穎達卻說是由四星所組成，難道當中一人說法有誤？其實不然，若再次仔細閱讀兩人之文句，即可發現兩人說法其實是一樣的。晉灼所指的輿鬼四星，是指位居「質」這一顆星東北、西北、東南以及西南四角的四顆星。而孔穎達所謂的輿鬼五星，是將居中的「質」也算進去，故五顆。因此，兩人所說並無出入。而「質」也叫做「積屍」，在古人看來都是同一顆恆星。如果以現今的科學技術觀察，

〔註79〕 《漢書》卷二十五〈郊祀志〉，頁 1216。
〔註80〕 《漢書》卷二十五〈郊祀志〉，頁 1217。
〔註81〕 《史記》卷二十七〈天官書〉，頁 1302。
〔註82〕 《史記》卷二十七〈天官書〉注引晉灼《集解》，頁 1302。
〔註83〕 《史記》卷二十七〈天官書〉注引孔穎達《正義》，頁 1302。

其實「質」不應該是一顆恆星，而是由三十六顆小星所組成的，也就是現今天文學上著名的巨蟹星團。由於距離過於遙遠，三十六顆小星看起來模模糊糊，很像天上的雲氣，因此「質」也叫做「積屍氣」。這樣的說法，可以從瀧川龜太郎所引的陳子龍的話來證明。陳子龍說：

> 舊傳鬼宿中積屍氣如雲耳，近測得兩大星，中間實有三十六小星，
> 此皆古人儀器未精之故。〔註84〕

漢代自董仲舒提倡天人感應之說後，這樣的概念流行於兩漢四百餘年，特別是東漢一朝。如此也造就了兩漢有許多讖緯書籍的出現，例如：《河圖》、《河圖帝覽嬉》等等。讖緯相信，天上的星象是會影響到地上的人事，這些人事包含了天災、兵禍甚至於君臣的死亡。從孔穎達的註釋中，可以理解到，「輿鬼」除了主「視明察姦謀」外，也主「喪死祠祀」。所以，當天上輿鬼一星發生變化時，地上多半會有死喪之事的出現。《河圖》即提到：

> 辰星犯輿鬼，爲國有憂，大臣誅。
>
> 辰星暈輿鬼、柳，不出一年，周武王死，明年女主以印發自死。
>
> 客星犯輿鬼，在鈇鑕者，將相誅死，貴臣廢斥。〔註85〕

此外，《河圖帝覽嬉》、《河圖聖洽符》與《河圖表紀》等讖緯之書亦有類似說法。茲將史料徵引如下。

> 輿鬼暈，二夕七連，其國近臣欲逆交兵，見血宮中，其半周。
>
> 填星入輿鬼，大人當其災。
>
> 五星入輿鬼，奸臣專，爭天子位，宮殿戰見血，期百九十日。〔註86〕

三、殷高宗所討伐之方國

在漢朝典籍中，將鬼方解釋爲殷高宗所討伐之方國是可以看見的。例如《漢書》卷六十四上〈嚴助傳〉提到：

> 臣恐變故之生，姦邪之作，由此始也。《周易》曰：「高宗伐鬼方，
> 三年而克之。」鬼方，小蠻夷；高宗，殷之盛天子也。以盛天子伐

〔註84〕〔日〕瀧川龜太郎，《史記會注考證》（台北：萬卷樓，1993年）卷二十六〈天官書〉，頁475。

〔註85〕〔日〕安居香山、中村璋八輯，《緯書集成》（石家莊：河北人民出版社，1994年12月），頁1237、1237、1249。

〔註86〕安居香山、中村璋八輯，《緯書集成》，頁1121、1201、1246。

小蠻夷，三年而後克，言用兵之不可不重也。〔註87〕

此處鬼方即明白指出爲《周易》所記載殷高宗武丁所伐之方國——鬼方。此一說法，亦可由石刻史料佐證。東漢桓帝建和元（西元 147）年二月所立的武斑碑即出現「武丁克伐鬼方」〔註88〕一詞。於東漢靈帝中平二（西元 185）年所立的曹全碑也出現「懿明后，德義章。貢王庭，征鬼方。」〔註89〕對於鬼方這一個方國是否存在，已經可以由甲骨文的發掘證實了。「己酉卜賓鬼方易亡禍五月」〔註90〕、「乙巳卜賓貞鬼隻羌一月」。〔註91〕陳夢家與饒宗頤均認爲卜辭中所陳的鬼方就是殷高宗所討伐的鬼方。至於，漢朝時期，漢朝周圍外族的國家是否有一個國家稱爲「鬼方」呢？馮家昇在《禹貢》半月刊中的文章提到：

> 匈奴之名始見於《史記》，《山海經》、《逸周書》爲後人追記，不足爲憑。其見於冊籍者異名繁多……各書所載，金文所記，匈奴異名，竟有三十二種之多，亦云繁矣。鬼方、鬼戎、畏夷、隗國、媿氏、混夷、混戎、繩夷、繩戎、昆夷、昆戎、犬戎、……至《史記》而匈奴之名始爲定稱。〔註92〕

因此，根據馮家昇的研究，其實漢朝的匈奴與殷商時期的鬼方是同一民族，只是漢人對於他們的稱呼不一樣，才會造成現在人們以爲鬼方與匈奴是兩個不同的民族。

四、與薪連用，爲刑罰名

「鬼薪」一詞，根據瀧川龜太郎《史記會注考證》的說法，最早記載的文獻典籍爲《史記》卷六〈秦始皇本紀〉。〔註93〕應劭對於鬼薪的解釋則是「取

〔註87〕《漢書》卷六十四〈嚴助傳〉，頁 2784。

〔註88〕高文，《漢碑集釋》（開封：河南大學出版社，1985 年 8 月），頁 77。

〔註89〕高文認爲，曹全碑中的「鬼方」一詞，除可當作殷高宗所伐之方國——鬼方來解釋外，還有兩種解釋。第一、借稱爲曹全所爭討的疏勒。這樣的說法，可與《後漢書》卷八十七〈西羌傳〉：「及殷室中衰，諸夷皆叛，至于武丁，征西羌鬼方，三年乃克。」一事相驗證。第二、解釋爲遠方。此說法與《詩》〈蕩〉：「覃及鬼方。」毛傳云：「鬼方，遠方也。」相同。參見高文，《漢碑集釋》，頁 489、503。

〔註90〕徐中舒，《甲骨文字典》，頁 1022。

〔註91〕徐中舒，《甲骨文字典》，頁 1022。

〔註92〕馮家昇，〈匈奴民族及其文化〉，《禹貢》第 7 卷第 5 期（1937 年），頁 21～22。

〔註93〕《史記》卷六〈秦始皇本紀〉，頁 227。

薪給宗廟，爲鬼薪。」〔註94〕如淳則說：「律說，鬼薪作三歲。」〔註95〕因此，從兩人對於鬼薪的解釋，可以清楚知道，鬼薪是秦朝的一種刑法。被處罰者，必須爲宗廟收集材薪，處罰時間長達三年之久。堀毅也認爲鬼薪的內容大概與被罷免的官吏採伐上林苑荊棘相似。〔註96〕從文字中，也可以推敲出，鬼薪一詞的由來。因爲所收集之材薪是供應宗廟所需，宗廟所供奉者則是皇家列祖列宗。也就是說，宗廟所祭祀者就是皇家成員死後所變者，當然也是屬於鬼。因此，此種處罰被稱爲鬼薪。不過，後來對於處於鬼薪者，不僅僅是收集材薪而已。根據洛陽出土刑徒墓的考古報告，東漢時期，被處以鬼薪、完城旦等刑罰的刑徒，被押送到屬於司隸校尉、將作大匠等管轄的工地。他們負擔替帝王貴族修築陵墓、宮苑、府第、太學、築城、治水挖河、開鑿棧道、修路造橋、冶鐵採銅、造瓦、伐木、漕運等等。〔註97〕

　　漢朝有許多制度都是秦朝的延續。鬼薪此種處罰，是否也持續在漢朝出現呢？根據班固《漢書》的記載，惠帝時曾規定「上造以上及內外公孫耳孫有罪當刑及當爲城旦舂者，皆耐爲鬼薪白粲。」〔註98〕處罰的對象以皇室成員以及受封王侯爲主，受封的王侯當然也包含著異姓功臣在內。《漢書》卷二十三〈刑法志〉更是明文記載：

> 罪人獄已決，完爲城旦舂，滿三歲爲鬼薪白粲。鬼薪白粲一歲，爲
> 隸臣妾。隸臣妾一歲，免爲庶人。〔註99〕

此處的隸臣妾是對於已經完成鬼薪或者是白粲等勞務一年之人的稱呼。因此，身份屬於隸臣妾者，表明了此人曾經受過鬼薪或者是白粲的處罰。

　　這樣的處罰，是否只是具文，還是確實有實施呢？根據《漢書》卷十五〈王子侯表〉以及卷十六〈高惠高后文功臣表〉記載，將西漢一朝曾經受過鬼薪處罰者整理如下表：

〔註94〕　《史記》卷六〈秦始皇本紀〉，頁229。

〔註95〕　《史記》卷六〈秦始皇本紀〉，頁229。

〔註96〕　〔日〕堀毅著，林劍鳴譯，《秦漢法制史論考》（北京：法律出版社，1988年8月），頁173。

〔註97〕　中國科學院考古研究所洛陽工作隊，〈東漢洛陽城南郊的刑徒墓地〉，收入洛陽師範學院河洛文化國際研究中心編《洛陽考古集成·秦漢魏晉南北朝卷》（北京：北京圖書館出版社，2007年3月），頁605。

〔註98〕　《漢書》卷二〈惠帝紀〉，頁85。

〔註99〕　《漢書》卷二十三〈刑法志〉，頁1099。

表2-1 西漢鬼薪受罰一覽表

	號 諡	名 字	處罰起始時間	原 因	出處〔註100〕
王子侯	畢梁侯	劉嬰	元封四年	首匿罪人	頁 447。
	離石侯	劉綰	（元封二年）正月壬戌	上書謾	頁 453。
高惠高后文功臣	成敬侯	董朝	元狩三年	爲濟南太守與城陽王女通	頁 551。
	曲成圉	蟲皇柔	元鼎二年	爲汝南太守知民不用赤側錢爲賦	頁 560。
	柏至靖侯	許福	元鼎二年	爲姦	頁 580。
	杜衍嚴侯	王舍	（孝文）二十四年	有罪	頁 582。
	平棘懿侯	林辟彊	孝文五年	有罪	頁 585。

從上表可以清楚看出，西漢一朝鬼薪這種處罰方式並非只是具文，而是確實有在執行的。處罰的對象，有王子侯亦有異姓功臣。至於平民，傳統史料文獻則無紀錄。但根據出土的考古資料，在東漢時期鬼薪施行對象已包含平民，且鬼薪寫法也異於史書，而寫作「鬼新」。這些刑徒墓磚上面所刻的資料包含該刑徒的部屬、無任或五任、獄名或郡名、刑名、死亡日期，並且註明屍體在此。茲從考古報告中舉出四例：

　　五任南陽魯陽鬼新胡生代路次元初六年閏月十四日死。

　　右部無任勉刑潁川潁陰鬼新范雍不能去留官□致醫永初元年六月廿

　　五日物故死在此下。

　　右部無任東海郯鬼新張便永初元年六月四日物故死在此下。

　　右部無任陳國陳鬼新虞少永初元年六月四日物故死在此下。〔註101〕

可見，東漢時期鬼薪一刑罰除了書寫方式異於史籍，施行對象也擴及來自於平民的刑徒。

五、姓

　　將「鬼」字當作一人之姓，在《史記》、《漢書》以及《後漢書》中，並

〔註100〕此表所標明之出處頁碼爲班固《漢書》的頁碼，特此說明。

〔註101〕中國科學院考古研究所洛陽工作隊，〈東漢洛陽城南郊的刑徒墓地〉，收入洛陽師範學院河洛文化國際研究中心編，《洛陽考古集成·秦漢魏晉南北朝卷》，頁 600、612。

無記載當代人有以鬼爲姓者。但若就典籍的記載而言，確實有以「鬼」爲姓名組成元素者。《漢書》卷二十五〈郊祀志〉：

> 卿有札書曰：「黃帝得寶鼎晃侯，問鬼臾區，鬼臾區對曰：『黃帝得寶鼎神策，是歲己酉朔旦冬至，得天之紀，終而復始。』」〔註102〕

但這個名字到底是單姓還是複姓？若爲單姓，則可以確定有過以鬼爲姓之人。若爲類似「司馬」等複性，此人就是姓「鬼臾」名區。根據學者研究：

> 鬼罕見姓。相傳黃帝時有臣子鬼臾區（一作鬼容區），商代有鬼侯。鬼姓皆出于此。〔註103〕

確實有姓鬼之人，其根源即出自於鬼臾區。以鬼爲姓，在漢朝也是可以被接受的。

六、疾病、瘟疫的來源

應劭《風俗通義》卷八〈祀典〉提到「今人卒得鬼刺痱，悟，殺雄雞以傅其心上。」〔註104〕應劭並未說明此處的「鬼」來源爲何，所以不能確定此處之鬼是人死後所變者。但是這邊的鬼，確實是可以引發疾病，使人死亡。因此，將此處的鬼解釋爲瘟疫的來源，應該是更爲恰當的。王利器在註釋此句時，引《御覽》卷八八四〈志怪〉中「夏侯弘的故事」加以說明：

> 夏侯弘忽行江陵，逢一大鬼，提弓戟急走，小鬼數百從之，弘畏懼，下路避之，大鬼過後，抓一小鬼，問：「此是何物？」曰：「廣州大殺。」弘曰：「以此矛戟何爲？」曰：「以此殺人，若中心腹者輒死，中餘者不至於死。」弘曰：「治此病者有方不？」鬼曰：「殺烏雞薄心即差。」弘曰：「今欲行何？」鬼曰：「當荊、揚二州。」爾時，此二州皆行心腹病，略無不死者；弘在荊州，教人殺烏雞薄之，十得八九。今中惡用烏雞，自弘之由也。〔註105〕

引文中的鬼有大鬼、小鬼。大鬼爲領袖，在前帶頭，小鬼數百跟隨其後。這

〔註102〕《漢書》卷二十五〈郊祀志〉，頁 1227～1228。

〔註103〕陳明遠、汪宗虎，《中國姓氏大全》（北京：北京出版社，1987 年 7 月），頁 117。

〔註104〕〔漢〕應劭撰，王利器校注《風俗通義校注》卷八〈祀典〉，頁 375。

〔註105〕此事雖晉時之事，但王利器認爲此乃先民累積之經驗方，故可視爲晉之前的事例。參見〔漢〕應劭撰，王利器校注《風俗通義校注》卷八〈祀典〉注引《御覽》，頁 376。

些類似行軍列隊，有組織有目標的散播疾病的大鬼、小鬼是無法看出是人死後所變的，因此將這種說法獨立出來。

　　將鬼解釋為疾病或者是瘟疫的來源，這樣的說法其實不是漢朝突然出現的。我們可以在秦朝的一些資料中找到類似的觀念。例如在睡虎地秦墓竹簡中的《日書》就可以看到這樣的觀念：

> 一宅中毋（無）故而室人皆疫，或死或病，是是棘鬼在焉，正立而貍（埋），其上則旱淳，水則乾。……一宅之中毋（無）故而室人皆疫，多耆（夢）米（寐）死，是是匃〔註106〕鬼貍（埋）焉，其上毋（無）草，如席處。〔註107〕

〈日書〉當中的棘鬼、匃鬼均可以使居住在同一房間的人無緣無故的生病或者死亡。而且從引文當中，棘鬼或是匃鬼的概念比較接近《風俗通義》中夏侯弘所遭遇的大鬼。若《日書》和《風俗通義》中夏侯弘的故事兩者相互對比，不難從【表2-1】發現兩者有許多相似之處，甚至可以將夏侯弘的故事當作是〈日書〉棘鬼故事的演進型。

表2-1　《日書》《風俗通義》引病之鬼比較表

	《日書》棘鬼之故事	《風俗通義》夏侯弘的故事
病源	棘鬼、匃鬼	大鬼、小鬼
鬼的個數	單一。因為只有一個，因此無所謂類似行軍的組織。	多數，大鬼一個，小鬼數百。有類似軍隊行軍的組織。大鬼為領導者，小鬼為跟隨者。大鬼似將，小鬼類兵。
為病地區是否可移動	從「正立而貍（埋）」一句可以清楚發現，棘鬼、匃鬼是無法移動的。也就是說，棘鬼、匃鬼導致人們生病的範圍是固定的。	從「逢一大鬼，提弓戟急走」一語可以清楚看到，大鬼、小鬼是可以移動的。也就是說，因為大鬼、小鬼而導致人們生病的範圍是會改變的。可以從廣州移動到荊、揚二州。
為病地區的範圍	範圍較小，導致生病的範圍僅僅以一房一室為限。	範圍較大，導致生病的範圍不僅僅為一房一室，範圍擴大到一州至兩州。

〔註106〕根據《睡虎地秦墓竹簡‧日書甲種》的註釋，「匃」這個字疑為「包」字。另一說，認為此為「孕」字。參見睡虎地秦墓竹簡整理小組，《睡虎地秦墓竹簡》（北京：文物出版社，2001年12月），頁216。

〔註107〕睡虎地秦墓竹簡整理小組，《睡虎地秦墓竹簡‧日書甲種》，頁212。

七、爲動物所裝變者

應劭的《風俗通義》有相當生動的故事描述。《風俗通義》卷九〈怪神〉記載：

> 司空南陽來季德停喪在殯，忽然坐祭牀上，顏色服飾，聲氣熟是也，孫兒婦女，以次教誡，事事條貫，鞭撻奴婢，皆得其過，飲食飽滿，辭訣而去，家人大哀割絕，如此三四，家益厭苦。其後飲醉形壞，但得老狗，便朴殺之，推問里頭沽酒家狗。〔註108〕

> 北部督郵西平郅伯夷，年三十所，大有才決，長沙太守郅君章孫也，日晡時到亭，勑前導人，錄事掾白：「今尚早，可至前亭。」曰：「欲作文書，便留。」吏卒惶佈，言當解去，傳云：「督郵欲於樓上觀望，亟掃除。」須臾便上，未冥樓鐙，階下復有火，勑：「我思道，不可見火，滅去。」吏知必有變，當用赴照，但藏置壺中耳。既冥，整服坐誦六甲、孝經、易本記、臥有頃，更轉東首，絮巾結兩足幘冠之，密拔劍解帶，夜時，有正黑者四五尺，稍高，走至柱屋，因覆伯夷，伯夷持被掩足，跳脫幾失，再三，徐以劍帶繫魅腳，呼下火上，照視老狐正赤，略無衣毛，持下燒殺，明旦發樓屋，得所髡人結百餘，因從此絕。〔註109〕

由動物所變之鬼，在漢朝並不會突然的出現。若往前追溯到秦朝，亦可發現相同事例。《睡虎地秦墓竹簡‧日書甲種》即有類似的記載：

> 犬恒夜入人室，執丈夫，戲女子，不可得也，是神狗僞爲鬼。〔註110〕

只是故事內容以及文字生動程度遠遠不及《風俗通義》當中的那條「飲食飽滿」、「如此三四」的「里頭沽家狗」或者那條爲劍帶繫腳、被火照視的老狐。

若將睡虎地秦簡當中「神狗僞爲」之鬼以及《風俗通義》當中的「里頭沽家狗」相互印證，不難得到些許的資訊。這些由動物所變之鬼，基本上還是含有深刻的動物生理需求。這些生理需求不外乎吃、喝以及性生理需求。爲了達到這些基本的生理需求，這些動物所變之鬼也是會耍些小小的手段，例如「以次教誡，事事條貫」、「執丈夫」。

〔註108〕〔漢〕應劭撰，王利器校注，《風俗通義校注》卷九〈怪神〉，頁416～417。

〔註109〕〔漢〕應劭撰，王利器校注，《風俗通義校注》卷九〈怪神〉，頁427～428。

〔註110〕睡虎地秦墓竹簡整理小組，《睡虎地秦墓竹簡‧日書甲種》，頁212。

八、遠　方

　　將「鬼方」解釋爲遠方，在漢朝是個相當特殊解釋。一般而言，鬼方所指者爲殷商時殷高宗武丁所征伐之方國。做此解釋的例子可以上溯到到甲骨文。甲骨文以下之金文、甚至到了東周以及兩漢時期都有這樣的解釋。漢朝典籍之所以會談及方國的「鬼方」，並非漢朝與此一外族有所接觸。而是漢朝人在談論殷商歷史時，對於歷史中出現的方國加以陳述。這樣的事例在嚴助對漢武帝的建言即被提及。《漢書》卷六十四上〈嚴助傳〉：

> 臣恐變故之生，姦邪之作，由此始也。《周易》曰：「高宗伐鬼方，
> 三年而克之。」鬼方，小蠻夷；高宗，殷之盛天子也。以盛天子伐
> 小蠻夷，三年而後克，言用兵之不可不重也。〔註111〕

從引文中可以看見，在漢朝大臣的眼中，鬼方所指的是殷商武丁時的一個方國，一個被視爲蠻夷的方國。如果將「鬼方」解釋爲方國，那鬼方就是一個名詞。此外，在《漢書》卷二十七〈五行志〉也提及「鬼方」一詞：

> 野木生朝，野鳥入廟，敗亡之異也。武丁恐駭，謀於忠賢，修德而
> 正事，內舉傅說，授以國政，外伐鬼方，以安諸夏……。〔註112〕

顏師古在解釋這句話時寫到「鬼方，絕遠之地，一曰國名。」〔註113〕也就是說，顏師古認爲這在這一句當中，鬼方有兩種解釋，一爲非具體所在的絕遠之地；另外一種爲國名，指的就是一個具體的國家。但若再次仔細閱讀上述長引文，文中提及武丁因爲天生敗亡之異象，因此對內尋求忠賢之臣，而有「內舉傅說」之舉動。對外則有「外伐鬼方」以安諸夏的行爲。從文中內、外並舉；傅說、鬼方同陳，或許可以做這樣的推斷，鬼方所指的應該也是個具體的名詞。因此，鬼方的本義就是指殷高宗所討伐之方國。由於鬼方距離諸夏的距離相當遙遠，所以將鬼方的含意加以延伸，指的是絕遠之地。

　　有了上述的理解後，就不難解釋應劭對《漢書》卷八十一〈匡衡傳〉中的解釋了。《漢書》卷八十一〈匡衡傳〉：

> 此成湯所以建至治，保子孫，化異俗而懷鬼方也。今長安天子之都，
> 親承聖化，然其習俗無以異於遠方，郡國來者無所法則，或見侈靡

〔註111〕《漢書》卷六十四上〈嚴助傳〉，頁2784。
〔註112〕《漢書》卷二十七〈五行志〉注引（顏）師古曰，頁1411。
〔註113〕《漢書》卷二十七〈五行志〉，頁1411。

　　而放效之。〔註114〕

應劭將「鬼方」二字解釋為形容詞的遠方，應該就是從將鬼方解釋為絕遠之地轉化而來。因此，從這段的討論，我們可以得到一個結論：鬼方最剛開始是當作名詞使用，指的是殷高宗時所討伐的方國。因為這一個方國，位在諸夏之外，距離相當遙遠，因而將鬼方引伸為「絕遠之地」，不過還是同樣當作名詞使用。最後，將鬼方轉化成形容詞，再次延伸解釋為遠方。因此，將鬼方解釋為遠方可以說是本義的二次轉換。

　　透過本章的探究可知，從甲骨文時代到秦漢時期，鬼字用法可說是相當多元。為了簡化探究結果，特將鬼字用法整理如下表。

表2-2　鬼字用法一覽表

	甲骨文	金　文	東　周	秦　漢
死後所變者	✓	✓	✓	✓
族名/方國名	✓	✓	✓	✓
人名	✓	✓		
鬼方人民	✓			
惡劣、不吉	✓			
畏的假借	✓	✓		
星宿名			✓	✓
鬼侯			✓	
刑罰名				✓
姓				✓
瘟疫、疾病來源				✓
為動物所裝變者				✓
遠方				✓

從上表可以發現，秦漢時期鬼字用法多達八種之多。蒲慕州在〈中國古代鬼論述的形成（先秦至漢代）〉一文中，對於人鬼做一詮釋。他說：

　　〈詰〉篇中有幾十處提到鬼字，可以用來指稱動物、人、或者無生
　　物性的靈魂。……這種情況顯示，在當時一般人的概念中，鬼的概
　　念包含了各種來源惡靈。……依本文的旨趣，我們主要關心的是「人

――――――――――――――

〔註114〕《漢書》卷八十一〈匡衡傳〉注引應劭曰，應劭曰：『鬼方，遠方也。』頁
　　　　　3335、3337。

鬼」，也就是人死爲鬼，或者有人形、人性的鬼。〔註115〕
根據蒲慕州的說法，漢朝時期多達八種的鬼字用法，僅有「人死後所變者」、「爲動物所裝變者」、「疾病瘟疫的來源」等三種符合具有人形或人性的特點。「人死後所變者」即是所謂的人鬼，「爲動物所裝變者」通常稱之爲「魅」而「疾病瘟疫的來源」通常稱之爲「疫厲」。據此，在漢朝人的觀念中，鬼應當有廣義之鬼以及狹義之鬼。廣義之鬼，除了人鬼之外，凡具有人形或人性者，均可稱爲鬼。包含由動物轉化爲人形、具有人性的「魅」以及由疫厲、動物、植物、無生物等人形化而來者。狹義之鬼，專指人死後所變者，也就是所謂的「人鬼」。對此，王充在《論衡》之中即明白道出當時一般人的概念，「夫鬼者，人謂死人之精神。」〔註116〕

　　狹義之鬼，又可以依照死亡當時的狀態以及死後祭祀之有無分爲兩種：壽終正寢或死後享有祭祀者，即可順利進入地下世界繼續彼世的生活；若不得好死或者死後乏祀者，則停留在地上世界爲禍，稱之爲「厲」。若以示意圖表示，則如【圖2-1】所示。

　　文獻資料中，經常出現動物化爲人形或者假借人形的情況，例如：睡虎地秦簡中的「神狗」、《搜神記》中假扮來季德「里頭沽酒家狗」。據此，本篇論文所要討論的對象，主要是指「人鬼」，但因廣義之鬼具有人鬼的人形與人性，而爲當時一般人所混淆，而誤認爲是人鬼。因此，在往後的探討中，凡是具有人形、人性者，均視爲人鬼看待。也正如此，文獻之引用或多或少都會牽涉到廣義之鬼，這是必須事先說明的。

圖2-1　鬼分類示意圖

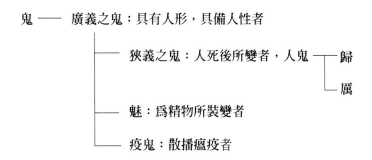

鬼 ── 廣義之鬼：具有人形，具備人性者

　── 狹義之鬼：人死後所變者，人鬼 ─┬─ 歸
　　　　　　　　　　　　　　　　　　└─ 厲

　── 魅：爲精物所裝變者

　── 疫鬼：散播瘟疫者

〔註115〕蒲慕州，〈中國古代鬼論述的形成（先秦至漢代）〉，收入蒲慕州編《鬼魅神魔
　　　　——中國通俗文化側寫》（台北：麥田出版事業部，2005年6月），頁29～31。
〔註116〕黃暉，《論衡校釋》，卷二十〈論死篇〉，頁874。

第三章　由生入死　從人到鬼

　　生與死是個相對且互斥的概念。因此古來論述死亡命題時，往往先界定生命的本質。〔註1〕也就說，只有在確定人的生命是由什麼條件構成的情況下，才能探討生命條件喪失後的死亡。因此，本章第一節所欲探討者，著重於漢朝時人認知中生與死的觀念。第二節所關心者為人死後的世界，將重點擺放在管理眾鬼的地下行政組織以及記載眾鬼基本資料的「簿籍」。在地下組織之中，又以「天帝使者」為主要觀察重點。第三節重點在於探討漢朝時人觀念中，人死為鬼，鬼在地下世界是過著何種生活。最後將焦點縮小到鬼的特徵，探討漢朝時人觀念中，鬼的樣貌、聲音與個性。

第一節　氣、簿籍與生死

　　人之所以出生，在現今的觀念中，當為男女雙方交合後，精子與卵子結合形成胚胎，在母體子宮經過十個月發育後出生。中國古代，當然也有交配的行為，精卵結合的情況。只是當時之人並不理解，而以另一套理論解釋人的「生」。杜正勝認為中國生命的觀念，可以分成三個時期，分別是：〔註2〕

　　第一階段：殷商～西周時期。在這一個階段中，時人認為個人生命的來

〔註1〕　王健文，〈「死亡」與「不朽」：古典中國關於「死亡」的概念〉，《成功大學歷史學報》第廿二號（1996年12月），頁168。

〔註2〕　杜正勝，〈從眉壽到長生——中國古代生命觀的轉變〉，《中央研究院歷史語言研究所集刊》第六十六本第二分（1995年6月），頁1、56。杜正勝，《從眉壽到長生——中國古代生命觀的轉變》（台北：三民書局股份有限公司，2005年4月），頁122～154。

源為祖先，因此，經常透過向祖先祈禱來延續生命或者除病去疾。向祖先所祈求的生命多著重於宗族團體。

第二階段：春秋時期。此一階段，由於封建的逐漸瓦解，此一階段的人們相信，生命最終的來源和主宰不再是祖先之神，而是位階較高並且從周天子壟斷中解放出來的上帝。上帝不再高不可攀，逐漸下移干預諸侯、貴族甚至芸芸百姓的生命。

第三階段：春秋戰國之際。這樣的轉變，其實從春秋中期即開始。春秋中期以後，以用「氣」來解釋生命的議題。至於春秋晚期，以「氣」解釋威儀與生命關係已經相當濃厚。

以「氣」的聚散詮釋人的生與死之前，在中國人認知中，生與死是決定於天。天透過「奪之魄」的手段，令人死亡。《大戴禮記》〈少閒〉即云：「若夏商者，天奪之魄，不生德焉。」〔註3〕夏商時期，天帝透過奪魄的手段使人死亡，用以懲戒作惡無德之人。同樣的情況，也出現在《左傳》宣公十五（西元前594）年：

> 晉侯使趙同獻狄俘於周，不敬。劉康公曰：「不及十年，原叔必有大咎。天奪之魄矣。」〔註4〕

到了成公八（西元前583）年，晉誅滅趙同、趙括之族。兩則故事均清楚看到，「奪魄」即象徵死亡的到來。如此說來，人生的條件即是軀體之中存在著「魄」，而天則可透過「奪魄」與否決定人的生及死。此正符合杜正勝所說第二階段「上帝不再高不可攀，逐漸下移干預諸侯、貴族甚至芸芸百姓的生命」。

「氣」的說法雖源自道家，但對於中國傳統文化各個層面確實有其影響力，並且影響往後的中國思想。誠如杜正勝所說：

> 由氣而建立人身已至心性的體系認知，形成極具特色的「人」的概念，深入中國人心，歷兩千多年而不衰，氣的觀念普及到中國文化的許多層面，如文學、藝術、宗教、醫學、以及其他科技，表現中國傳統文化的特質。……但基本觀念早在戰國至西漢這三、四百年間逐漸定型，爾後兩千年對人的認識鮮有太大突破。〔註5〕

〔註3〕 高明，《大戴禮記今注今譯》（台北：臺灣商務印書館，1984年3月），頁451～452。

〔註4〕 〔周〕左丘明傳，〔晉〕杜預注，〔唐〕孔穎達正義，《春秋左傳正義》（北京：北京大學出版社，1999年12月）《左傳》卷二十四〈宣公十五年〉，頁672。

〔註5〕 杜正勝，〈形體、精氣與魂魄——中國傳統對「人」認識的形成〉，《新史學》

余英時也認爲，漢代的共同信念是依據「氣」來界定生死。〔註6〕因此，本節擬從人之所以「生」展開探究。

認爲氣聚乃生的說法，先秦時期即已出現。《莊子》說：

> 生也死之徒，死也生之始，孰知其紀！人之生，氣之聚也，聚則爲生，散則爲死。〔註7〕

另外，《管子》也有相類似的說法：

> 有氣則生，無氣則死，生者以其氣。〔註8〕

《禮記》中並無講述人生死問題的專一篇章。但是，人之所以生，爲何死這類的問題，卻散見於〈祭義〉、〈郊特牲〉、〈檀弓〉等篇章。卷二十六〈郊特牲〉：

> 魂氣歸于天，形魄歸于地，故祭求諸陰陽之義也。殷人先求諸陽，周人先求諸陰。〔註9〕

另外卷四十七〈祭義〉也說：

> 氣也者，神之盛也。魄也者，鬼之盛也。合鬼與神，教之至也。眾生必死，死必歸土，此之謂鬼。骨肉斃于下，陰爲野土。其氣發揚于上，爲照明，焄蒿悽愴，此百物之精也，神之著也。〔註10〕

對於《禮記》的記載，馮友蘭是這樣解釋的：

> 所謂「體魄」、「形魄」就是人的肉體。人死，肉體歸土。……所謂「知氣」、「魄氣」是一種氣；這種氣是「百物之精」，如稷下黃老學派所說的「精氣」。這就是所謂的神。人活著的時候，「精神」與「形魄」相結合……人死的時候，「精神」與「形魄」相分離，精神升於天，形魄歸於地。〔註11〕

第二卷第三期（1991 年 9 月），頁 2。

〔註6〕　余英時著，郭旭東等譯，《東漢生死觀》（上海：上海古籍出版社，2005 年 9月），頁 80。

〔註7〕　〔清〕王先謙，《莊子集解》（北京：中華書局，2006 年 1 月）卷六〈知北遊〉，頁 186。

〔註8〕　〔清〕王仁俊撰，《管子集注》（上海：上海古籍出版社，2002 年）卷四〈樞言〉，頁 105。

〔註9〕　〔漢〕鄭玄注，〔唐〕孔穎達疏，《禮記正義》（北京：北京大學出版社，2000年 12 月），頁 953。

〔註10〕《禮記正義》卷四十七〈祭義〉，頁 1545～1546。

〔註11〕馮友蘭，《中國哲學史新編》第三冊（台北：藍燈文化事業股份有限公司，1991年 12 月），頁 104。

〈郊特牲〉又說：「鬼、神，陰、陽也。」〔註12〕所以，魂氣由陽氣所組成，故屬於陽；形魄，由陰氣所組成，故屬陰。人之生是由於陰陽之氣的結合，死後的祭祀，在《禮記》觀念中，當然也要合陰陽之義。因此，才有所謂「凡飲，養陽氣也。凡食，養陰氣也。」〔註13〕

西漢時期，繼承了先秦「人因氣聚生」的說法。韓嬰在《韓詩外傳》卷八中提到：

> 然身何貴也？莫貴於氣。人得氣則生，失氣則死。其氣非金帛珠玉也，不可求於人也。非繒布五穀也，不可糶買而得也。在吾身耳。
> 〔註14〕

在韓嬰想法中，當人出生後，「氣」即無法如同金帛珠玉或者繒布五穀求之於他人。因為，每個人出生之後，「氣」就在身上。

《淮南子》中則將構成人生命的氣分為陰陽。〈精神訓〉載：

> 有二神混生，經天營地，孔乎莫知其所終極，滔乎莫知其所止息，於是乃別為陰陽，離為八極，剛柔相成，萬物乃形，煩氣為蟲，精氣為人。是故精神，天之有也；而骨骸者，地之有也。精神入其門，而骨骸反其根，我尚何存？〔註15〕

引文中的「二神」是指陰陽之神。「剛柔」亦指陽陰。剛柔相成，陽陰之氣相合，萬物因而誕生。此一時期，已明顯將人的生命分為兩個部分：來自於天者，為人之精氣，屬陽；來自於地者，為人的骨骸，屬陰。當兩者分離，精神上天而入天門，骨骸入地歸塵土，人當然就不存在，即宣告死亡。

中國古代社會巫醫不分，醫術主要掌握在巫者手中，而治病也是其職事之一，但是最晚到漢代已經有專業醫者的出現。〔註16〕隨著專業醫者的出現，專業醫學知識的書籍也逐漸問世。《黃帝內經·素問》卷一〈生氣通天論篇第三〉提到：

> 黃帝曰：「自古通天者，生之本，本於陰陽。天地之間，六合之內，其氣九州、九竅、五歲、十二節，皆通乎天氣。其生五，其氣三。

〔註12〕《禮記正義》卷二十五〈郊特牲〉，頁 950。
〔註13〕《禮記正義》卷二十五〈郊特牲〉，頁 901。
〔註14〕〔漢〕韓嬰著，周廷寀校注，《韓詩外傳》（北京：中華書局，1985 年）卷八，頁 99。
〔註15〕劉文典，《淮南鴻烈集解》（北京：中華書局，1989 年 5 月），頁 218～219。
〔註16〕林富士，《漢代的巫者》（台北：稻鄉出版社，2004 年 7 月），頁 59。

數犯此者，則邪氣傷人，此壽命之本也。」〔註17〕

《漢書》卷三十〈藝文志〉所載之醫經亦持相同論點：

> 醫經者，原人血脈經落（絡）骨髓陰陽表裏，以起百病之本，死生
> 之分。〔註18〕

綜合兩資料可知，西漢的醫者認爲氣的有無決定人之生與死，而爲人壽命的根本。氣的根源來自於天，分爲陰陽，存於天地、六合、九州。當陰陽之氣聚合而成人，陰陽之氣分別存於血脈與經落（絡）之中。週行於人體之中的氣，爲陽所化；而人的軀體，爲陰所生。故《黃帝內經・素問》說：「陽化氣，陰成形」。〔註19〕

東漢崔瑗臨終前，囑咐其子崔寔曰：

> 夫人稟天地之氣以生，及其終也，歸精於天，還骨於地。何地不藏
> 形骸，勿歸鄉里。其賵贈之物，羊豕之奠，一不得受。〔註20〕

崔瑗認爲，人之所以「生」是因爲得到天地之氣。天之氣形成人之精；地之氣形成人之骨，即是形骸。人死僅是將本得之於天地的氣，還歸原本。所以，對於死亡也就看的非常豁達，認爲既然死只不過是「歸精於天，還骨於地」，那死後葬於何地又有何差別？所以，才有此遺命。對於父親的遺言，崔寔僅是「奉遺令」，將父親就地葬於洛陽。

以「氣」解釋生死，到了王充，更加顯著。王充的《論衡》是希望透過當時的概念駁斥時人「世謂人死爲鬼，有知，能害人」〔註21〕的說法。《論衡》卷二十〈論死篇〉：

> 人之所以生者，精氣也，死而精氣滅。能爲精氣者，血脉也。人死
> 血脉竭，竭而精氣滅，滅而形體朽，朽而成灰土。……氣之生人，
> 猶水之爲冰也。水凝爲冰，氣凝爲人；冰釋爲水，人死復神。〔註22〕

〔註17〕〔清〕張隱菴集注，《黃帝內經・素問集注》（台南：王家出版有限公司，1993年4）卷一〈生氣通天論第三〉，頁8。

〔註18〕〔東漢〕班固，《漢書》（北京：中華書局，2006年1月）卷三十〈藝文志〉，頁1776。

〔註19〕〔清〕張隱菴集注，《黃帝內經素・問集注》卷二〈陰陽應象大論篇第五〉，頁20。

〔註20〕〔南朝宋〕范曄，《後漢書》（北京：中華書局，2006年3月）卷五十二〈崔駰列傳〉，頁1724。

〔註21〕黃暉，《論衡校釋》（北京：中華書局，1990年12月）卷二十〈論死篇〉，頁871。

〔註22〕黃暉，《論衡校釋》卷二十〈論死篇〉，頁871、873。

王充認為，在人尚未出生之前，陰陽之氣尚未聚合而散逸於元氣之中。人之生乃是陰陽之氣的聚合。人死亡之後，此聚合之氣，又恢復成原本散逸狀態。王充並以水凝結為冰當作例子，認為人乃是陰陽之氣凝結而成，就像水凝結為冰。人死凝結之氣再次回歸自然之中，就像冰融化為水。因此，王充說：

> 人未生，在元氣之中，既死，復歸元氣。〔註23〕

> 陰陽之氣，凝而為人，年終壽盡，死還為氣。〔註24〕

王充雖然表明，人的生乃是因為氣的聚合，並且認為氣可分為陰陽兩類。但是，陰陽之氣分別形成人的那一個部分？王充則是在〈訂鬼篇〉才有闡述：

> 夫人所以生，陰、陽氣也。陰氣主為骨肉，陽氣主為精神。人之生也，陰、陽氣具，故骨肉堅，精氣盛。精氣為知，骨肉為強，故精神言談，形體固守。骨肉精神，合錯相持，故能常見而不滅亡也。
> 〔註25〕

天的陰陽之氣凝結為人，而陽氣主要形成人的精神部分，肉體的部分則是由陰氣組合而成。當人死後，組成的陰陽之氣又再次回到原本屬其之處。這樣的說法，也符合《禮記正義》中人死「魂氣歸于天，形魄歸于地」的論點。人之生是來自於陰陽之氣的聚合，王充即說：「人稟氣而生，含氣而長，得貴則貴，得賤則賤。」〔註26〕張寅成亦認為《四民月令》所謂「春分中，雷且發聲，先後各五日，寢別外內。」〔註27〕的觀念可能是來自於人對命運決定於父母施氣之時的想法。〔註28〕父母施氣之時，天地陰陽之氣透過父母而聚合為人，人由此而生，而聚合之時，已決定新生兒往後的命運與性格。此種想法多存於漢朝時人觀念內，《論衡》提到：

> 凡人受命，在父母施氣之時，已得吉凶矣。夫性與命異，或性善而命凶，或性惡而命吉。操行善惡者，性也；禍福吉凶者，命也。或行善而得禍，是性善而命凶；或行惡而得福，是性惡而命吉也。性自有善惡，命自有吉凶。使命吉之人，雖不行善，未必無福；凶命

〔註23〕黃暉，《論衡校釋》卷二十〈論死篇〉，頁875。
〔註24〕黃暉，《論衡校釋》卷二十〈論死篇〉，頁877。
〔註25〕黃暉，《論衡校釋》卷二十六〈訂鬼篇〉，頁946。
〔註26〕黃暉，《論衡校釋》卷二〈命義篇〉，頁48。
〔註27〕〔東漢〕崔寔撰，〔民國〕唐鴻學輯，《四民月令》（台北：藝文印書館，1970年），頁4。
〔註28〕〔韓〕張寅成，《中國古代禁忌》（台北：稻鄉出版社，2000年7月），頁16。

之人，雖勉操行，未必無禍。〔註29〕

因此，在漢朝有父母「施氣」，胎兒「受氣」以及懷孕期間的諸多禁忌。王充《論衡》卷二〈命義篇〉載：

> 月令曰：「是月也，雷將發聲，有不戒其容者，生子不備，必有大凶。
> 瘖聾跛盲，氣遭胎傷，故受性狂悖。……受氣時，母不謹慎，心妄
> 慮邪，則子長大，狂悖不善，形體醜惡。」〔註30〕

人稟氣而生，但是出生之後自然中的陰陽之氣難道就不再進入人體嗎？答案是否定的。被認為成書於東漢末年的《老子河上公注》說：〔註31〕

> 玄，天也；於人為鼻。牝，地也；於人為口。天食人以五氣，從鼻
> 入，藏於心，五氣清微，為精、神、聰、明、音聲五性；其鬼曰魂。
> 魂者，雄也。主出入於鼻，與天通，故鼻為玄也。地食人以五味，
> 從口入，藏於胃；五性濁辱，為形骸、骨肉、血脈、六情；其鬼曰
> 魄。魄者，雌也。主出入於口，與天地通，故口為牝也。〔註32〕

人的出生導因於天地之氣的結合。從出生到死亡的這一段時間，天地間的陰陽之氣，從不間斷的透過呼吸吐納以及食用食物兩種方式進入人體。陽氣，透過呼吸從鼻進入人體，最後存藏於心。因屬於天之陽氣，故其特色為清微，形成人的精神等五性。天之陰氣透過食物的方式，從口入，存藏於胃。由於為天之陰氣，故性濁，構成人的軀體。

戰國、兩漢以來，以氣之聚散詮釋人之生死，亦為葛洪所繼承。《抱朴子》

〔註29〕黃暉，《論衡校釋》卷二〈命義篇〉，頁50～51。

〔註30〕黃暉，《論衡校釋》卷二〈命義篇〉，頁53、55。

〔註31〕關於《老子河上公注》的成書年代，學者多有討論。蕭登福認為成書於漢世，但是其所謂漢世是指西漢或東漢，則未說明。參見蕭登福《先秦兩漢冥界及神仙思想探原》（台北：文津出版社，2001年元月），頁93～94。金春峰主張該書乃西漢作品。饒宗頤、王明、湯一介以及〔日〕吉岡義豐等認為是東漢末年作品。〔日〕楠山春樹認為是六朝作品。〔日〕小林正美則以為是南朝宋末期的作品。〔日〕島邦男則認為是唐朝初年的作品。本文在此採用東漢末年的說法。除了這個說法為大多數的學者所接受外，另外，誠如鄭燦山所說，就算是南山春樹以及小林正美等主張該書成於六朝外，也推論《老子河上公注》的原始注本當是東漢時期的作品。鄭燦山除了將上述學者的說法加以整理外，亦從思想史、道教史、編纂學與田制等角度進行推敲，認為該書乃是東漢時期方士的作品。參見鄭燦山，〈《河上公注》成書時代及其思想史、道教史之意義〉，《漢學研究》第18卷第2期（2000年12月），頁86。

〔註32〕鄭成海，《老子河上公注斠理》（台北：臺灣中華書局，1971年5月），頁40。

說：

> 夫人生先受精神於天地，後稟血氣於父母，然不得明師，告之以度
> 世之道，則無由免死。〔註33〕

總結上述觀點，漢朝時期氣論生死的觀點，可以【圖3-1】解釋。

圖3-1　氣論生死示意圖

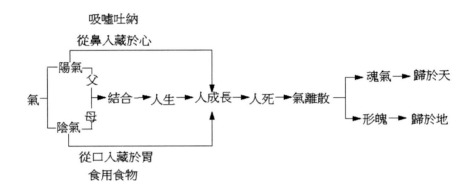

以上以「氣」聚散來解釋人的生死，主要是知識份子的說法。那一般平民
百姓是否也接受此種說法？這一點確實非常值得懷疑的，主要原因在於前述所
引用資料多爲王充、韓嬰等知識份子的著作。爆發於東漢末年的黃巾之亂，其
首領張角等假借太平道的宗教力量糾合人民起來反抗漢朝政府。黃巾之亂影響
範圍之大，參與人數之多，誠如《後漢書》卷七十一〈皇甫嵩列傳〉所說：

> 初，鉅鹿張角自稱「大賢良師」，奉事黃老道，畜養弟子，跪拜首過，
> 符水呪説以療病，病者頗愈，百姓信向之。角因遣弟子八人使於四方，
> 以善道教化天下，轉相誑惑。十餘年閒，眾徒數十萬，連結郡國，自
> 青、徐、幽、冀、荊、楊、兗、豫八州之人，莫不畢應。遂置三十六
> 方。方猶將軍號也。大方萬餘人，小方六七千，各立渠帥。〔註34〕

記載中，張角的徒眾高達十萬，信徒活動區域廣及青、徐、幽、冀、荊、揚、
兗、豫八州。若所置三十六方均爲小方，信徒亦有二十一萬六千人之多。因此，
作爲太平道經典的《太平經》，其內容極有可能爲一般平民所接受。〔註35〕故透

〔註33〕王明，《抱朴子內篇校釋》（北京：中華書局，1988年7月）卷十四〈勤求〉，
　　　　頁255。

〔註34〕《後漢書》卷七十一〈皇甫嵩列傳〉，頁2299。

〔註35〕《太平經》的內容大致可分爲「會話體」、「説教體」、「問答體」與若干圖、複

過《太平經》中對於生與死、人與鬼的解釋，加上《風俗通義》、《搜神記》等
書籍中的故事，應當可以勾勒出一般平民所持有的生死概念。

　　出生即預設年數且記載於簿籍的壽命，在《太平經》中是經常可見。如
卷一百一十一所載：

　　然活人名爲自活，殺人名爲自殺。天愛子可爲已得增筭於天，司命
　　易子籍矣。〔註36〕

　　不知天遣神往記之，過無大小，天皆知之。簿疏善惡之籍，歲日月
　　拘校，前後除筭減年；其惡不止，便見鬼門。地神召問，其所爲辭
　　語同不同，復苦思治之，治後乃服。上名命曹上對，筭盡當入土，
　　愆流後生，是非惡所致邪？〔註37〕

　　延者有命，錄籍有眞，未生豫著其人歲月日時在長壽之曹，年數且
　　升，乃施名各通，在北極眞人主之。……錄籍在長壽之文，須年月
　　日當昇之時，傳在中極。中極一名崑崙，輒部主者往錄其人姓名，
　　不得有脫。〔註38〕

　　當白日昇天之人，求生有籍，著文北極天君內簿，有數通。無有心
　　志之人，何因緣得著錄有姓名乎？彊學之人學之，得天腹心者，可
　　竟天年。殊能思盡力有功效者，轉死籍之文，復得小生。〔註39〕

　　羅列各有文章，所行目有其常，繫命上下，各有短長。生命之日，
　　司候在房，記著錄籍，不可有忘。命在子午，其命自長。丑未之年，
　　不失土鄉。……籍繫星宿，命在天曹。外內有簿，上下八方，皆有

　　文以及相關文字說明。問答體：天師與眞人對話內容的紀錄，算是天師與眞人
　　的集體創作。說教體：至少有一部份就是授與眞人的道書。會話體：可能是天
　　師的作品，能是眞人「先師」的作品。饒宗頤、王明、熊德基、卿希泰、金春
　　峰、湯一介、龔鵬程等學者基於范曄《後漢書》記載，以及《太平經》思想與
　　「太平道」、「五斗米道」間有道法的相似性，認爲《太平經》是東漢的作品，
　　且多數認爲是道教最早的著作。林富士則認爲「自東漢以迄宋代，《太平經》內
　　容應該沒有太大增減或變異。」但將其視爲道教第一部經典則有失恰當。以上
　　資料與論點參見林富士，〈試論《太平經》的性質與旨趣〉，《中央研究院歷史語
　　言研究所集刊》第六十九本第二分（1988年6月），頁209、230～231。
〔註36〕王明編，《太平經合校》（北京：中華書局，1997年10月），卷三十五〈分別
　　　　貧富法〉，頁34。
〔註37〕王明編，《太平經合編》，卷一百一十〈大功益年書出歲月戒〉，頁526。
〔註38〕王明編，《太平經合編》，卷一百一十〈大功益年書出歲月戒〉，頁531、532。
〔註39〕王明編，《太平經合編》，卷一百一十一〈大聖上章訣〉，頁546。

文理，何得自從。〔註40〕

從上述引文中，可明顯看出《太平經》認為人壽命長短是由特定人員所掌控，並且記載於簿籍之上。掌握簿籍者，可能是「司命」、「長壽之曹」、「司候」或「星宿」，其上更有主事上司「北極真人」、「北極天君」，即是北極星。《太平經》中有斗極崇拜觀念。斗指北斗七星，極指北極星。斗魁主破敗、死亡；斗柄主建立、生養。這種天斗執掌生死，主生殺的觀念，後來經過強化而演變成後世道教的星斗崇拜。〔註41〕類似北斗星宿主管人類生死的說法，亦可由《搜神記》中得到印證。

> 管輅至平原，見顏超貌主夭亡。顏父乃求輅延命。輅曰：「子歸，覓清酒一榼，鹿脯一斤，卯日，刈麥地南大桑樹下，有二人圍棋次，次但酌酒置脯，飲盡更斟，以盡為度。若問汝，汝但拜之，勿言。必合有人救汝。」顏依言而往，果見二人圍棋，顏置脯斟酒于前。其人貪戲，但飲酒食脯，不顧。數巡，北邊坐者忽見顏在，叱曰：「何故在此？」顏唯拜之。南邊坐者語曰：「適來飲他酒脯，寧無情乎？」北坐者曰：「文書已定。」南坐者曰：「借文書看之。」見超壽止可十九歲。乃取筆挑上，語曰：「救汝至九十年活。」顏拜而回。管語顏曰：「大助子，且喜得增壽。北邊坐人是北斗，南邊坐人是南斗。南斗注生，北斗注死。凡人受胎，皆從南斗過北斗；所有祈求，皆向北斗。」〔註42〕

不過，管輅、顏超的故事是經過改變。在《太平經》中，不論是北斗七星或是北極星均身兼人生與死的管理。而《搜神記》中注生的部分卻由北斗中分出，改為南斗來管理，才有所謂的「南斗注生，北斗注死」說法出現。

司命也主管人的壽命，只不過《太平經》中的司命為「近在心胸，不離人遠」〔註43〕的身中之神。但《太平經》卻又說：「司命奉籍，簿數通書，不相應召。所求神簿問相實，乃上天君，天君有主領。」〔註44〕姜守誠認為司命所在地點之所以由人心胸轉向天上，由體內轉到體外，是基於漢代司命觀

〔註40〕王明編，《太平經合編》，卷一百一十一〈有德人福命訣〉，頁547～549。
〔註41〕姜守誠，〈太平經研究〉（北京：社會科學文獻出版社，2007年10月），頁94～99。
〔註42〕〔晉〕干寶，《搜神記》（台北：世界書局，2003年1月）卷三，頁22。
〔註43〕王明編，《太平經合校》卷一百十四〈見誡不觸惡訣〉，頁600。
〔註44〕王明編，《太平經合校》卷五十六至六十四〈闕題〉，頁214。

念所經歷的整合歷程所致。〔註45〕

雖然《太平經》中管理人生命長短的單位人員並非完全相同，但都反映出人的年壽長短有以下特性：

1. 有專司其職的管理者。

2. 當人出生時，就已經確定在簿籍之上。

這樣兩個概念並非《太平經》首創，而是繼承中國傳統的宗教思想而來。

周朝時期，人的生命都是掌握在天帝之手。所以當成王生病時，周公才會向天帝祈求希望可以代成王接受病痛。天帝掌管人生死的情況，到東周依舊存在。《左傳》中仍可見「天奪其魄」之語。不過東周時期，出現專司人壽命的「司命」。《莊子》卷五〈至樂〉記載莊子前往楚國，途中預見骷髏的故事：

> 援髑髏枕而臥。夜半，髑髏見夢……。莊子不信，曰：「吾使司命復生子形，爲子骨肉肌膚，反子父母妻子、閭里、知識，子欲之乎？」
> 〔註46〕

可見，在莊子所生活的時代，司命是可以讓人復生。這也明白指出司命的職責是掌控人類生死。但其功能並未如往後健全，至少從故事中我們看不到那本記載人年壽長短的「簿籍」。

到漢朝除了司命掌握人生死之外，另一個掌握人命之神，當屬功能逐漸健全的泰山。〔註47〕張華《博物志》中提到：

> 泰山一曰天孫，言爲天帝孫也，主召人魂魄，東方萬物始成，知人生命之長短。〔註48〕

類似說法，亦見於《太平廣記》所引《列異傳》之中：

> 臨淄蔡支者，爲縣吏，曾奉書謁太守，忽迷路，至岱山下，見如城郭，遂入致書。見一官，儀衛甚嚴，具如太守，乃盛設酒殽，畢付

〔註45〕姜守誠，《太平經研究》，頁93。

〔註46〕〔清〕王先謙，《莊子集解》卷五〈至樂〉，頁151。

〔註47〕陳槃認爲泰山不僅透過掌握人之死錄而主死；亦透過掌人生錄而主人之生。原本霍泰山有天使、天帝能興滅人家國，生死人物。但經過戰國秦漢方士的渲染、穿鑿附會，加上人主亦從而信之，使泰山主生死之說特別突出，原本霍泰山的信仰反而不顯著。之所以如此，乃是當時環境與時勢使然。參見陳槃，〈泰山主生亦主死說〉，《中央研究院歷史語言研究所集刊》第五十一本第三分（1980年9月），頁408～410。

〔註48〕〔漢〕張華撰，張寧校證，《博物志校注》（台北：明文書局，1984年7月），頁12。

一書，謂曰：「掾爲我致此書與外孫也。」吏答曰：「明府外孫爲誰？」
答曰：「吾太山神也。外孫，天帝也。」……有頃，惚達天帝座太微
宮殿，左右侍臣，具如天子。……仍勞問之曰：「掾家屬幾人？」對：
「父母妻皆已物故，尚未再娶。」帝曰：「君妻卒經幾年矣？」支曰：
「三年。」帝曰：「君欲見之否？」支曰：「恩唯天帝。」帝即命戶
曹尚書，勒司命輟蔡支婦籍於生錄中，遂命與支相隨而去。乃蘇歸
家，因發妻塚，視其形骸，果有生驗。〔註49〕

《博物志》中所講，泰山爲天帝之外孫；《列異傳》卻言，天帝爲太山之外孫，
兩書所講之內容恰好相反。之所如此，乃是一家一事分化爲二家二事，方士
之徒隨意編造之故。〔註50〕但不論如何，人的生與死背後均有一專司的機構
以及專門的人員所掌控。泰山掌控人生命，亦可從許峻請命於泰山來看。《後
漢書》卷八十一〈方術列傳〉記載許峻「自云少嘗篤病，三年不愈，乃謁太
山請命。」〔註51〕到東漢應劭的《風俗通義》，知「年壽長短」的「金篋玉策」
〔註52〕才出現。甚至，到後來不僅掌握人壽命長短的簿籍出現，更出現「吏」
的職稱。周式的故事提到：

漢下邳周式，嘗至東海，道逢一吏，持一卷書，求寄載。行十餘里，
謂式曰：「吾暫有所過，留書寄君船中，慎勿發之。」去後，式盜發
視書，皆諸死人錄。下條有式名。須臾吏還，式猶視書，吏怒曰：「故
以相告，何忽視之。式扣頭流血。良久曰：「感卿遠相載，此書不可
除。卿今日已去，還家，三年勿出門，可得度也。勿道見吾書。」
式還不出，已二年餘，家皆怪之。鄰人卒亡，父怒，使往弔之。式
不得止，適出門，便見此吏。吏曰：「吾令汝三年勿出，而今出門，
知復奈何。吾求不見，連相爲得鞭杖，今已見汝，無可奈何。後三
日日中，當相取也。」式還涕泣，具道如此。父故不信，母晝夜與
相守涕泣。至三日日中時，見來取，便死。〔註53〕

〔註49〕〔宋〕李昉編，《太平廣記》（台北：文史哲出版社，1987年5月）卷三百七
　　　　十五〈再生一〉，頁2984～2985。
〔註50〕陳槃，〈泰山主生亦主死說〉，頁410。
〔註51〕《後漢書》卷八十二〈方術列傳〉，頁2731。
〔註52〕〔漢〕應劭撰，王利器校注，《風俗通義校注》（台北：明文書局，1988年3
　　　　月）卷二〈正史〉，頁65。
〔註53〕〔宋〕李昉編，《太平廣記》卷三百一十六〈鬼一〉，頁2504。

故事中那位告訴周式三年不得出門的吏，因為故意不見周式，讓他得以存活，竟然受到鞭杖。可見，持書之吏僅為辦事小員，其上更有主事者。《搜神記》中裡李娥死而復活的故事也可以提供些許證據。李娥於東漢獻帝建安四（西元 199）年卒，享年六十歲。死後埋葬十四天竟然又復活了：

> 娥對曰：「聞謬為司命所召，到時得遣出，過西門外，適見外兄劉伯文，驚相勞問，涕泣悲哀。娥語曰：『伯文！我一日誤為所召，今得遣歸，既不知道，不能獨行，為我得一伴否？又我見召，在此已十餘日，形體又為家人所葬埋，歸當那得自出？』伯文曰：『當為問之。』即遣門卒與尸曹相問：『司命一日誤召武陵女子李娥，今得遣還，娥在此積日，尸喪又當殯殮，當作何等得出，又女弱獨行，豈當有伴耶？是吾外妹，幸為便安之。』答曰：『今武陵西界，有男子李黑，亦得遣還，便可為伴。兼敕黑過娥比舍蔡仲，發出娥也。』於是娥遂得出。……娥遂與黑俱歸。事狀如此。」〔註54〕

究其原因，原來是掌管人生命的司命出了錯。這樣的錯誤，經過西門門卒向尸曹詢問而得到證實。可見整個掌管人生命的機構至此大致完善，不但有主事官員——司命，更有辦事小吏——尸曹與門卒。而司命亦如同人間官吏一般，會出錯誤招。

由以上論述大致可知漢朝的生死觀念：

1. 中國傳統知識階層大致接受「氣」論生死的說法。也就是認為人之生是由於「氣」之聚合，人之死是由於「氣」之離散。

2. 中國一般民眾則比較傾向認為人的生命有一專司之神在掌控。掌控之神可以是「司命」、「司侯」、「泰山」、「長壽之曹」、「壽曹」、「命曹」、「斗魁」或者是「南斗北斗」。

3. 此一專司生命之神，其功能隨著時間的推移而逐漸健全。周由天帝兼任，後出現司命等專司之神，最後連記載的簿籍文書、辦事小吏都出現了。這樣的情況，大致隨著中國政治制度的演進而改變。

姑且將第一點稱為「氣論生死觀」，第二與第三點稱為「簿籍生死觀」。就目前資料來看，「氣論生死觀」與「簿籍生死觀」原本是各自發展的。兩者至晚到《太平經》出現的時代才相互結合。因為《太平經》中除了「神論生死觀」外，亦以「氣」聚散來解釋人的生死。

〔註54〕〔晉〕干寶，《搜神記》卷十五，頁113。

然天地之道所以能長且久者，以其守氣而不絕也。故天專以氣爲吉

凶也，萬物象之，無氣則終死也。〔註55〕

至此，漢朝人對於生死的觀念，才算是有了統合，並且成爲往後中國解釋生死的主要論點。

第二節　陰吏與鬼籍

當董卓酖殺爲其廢爲弘農王的漢少帝時，唐姬乃悲歌曰：

皇天崩兮后土穨，身爲帝兮命夭摧。死生路異兮從此乖，奈我煢獨

兮心中哀！〔註56〕

同樣生離死別的情況，「死生路異，永從此辭」〔註57〕也出現在范式前往弔唁好友張劭的叩喪之言。此詞有時亦稱爲「死生異路」〔註58〕或「死生異處」。〔註59〕但不論如何，均意味著生人與死人是屬於兩個不同的世界。地上、地下兩世界間，似乎如同范式言語中所呈現，成爲「永從此辭」無法溝通世界。就算有互動，也必須等到黃河水清澈了或泰山發生了改變才有可能。那這樣一個與生人世界「相去萬里」〔註60〕的死人世界究竟是一個怎樣的世界呢？將是本節的探討重點。

商、周時期，死後的世界可說是先王、先公等貴族專屬的世界。先王、先公死後飛升天庭，成爲天帝左右輔佐。至於一般的平民，其死後的世界，卻不可得知。之所以如此，余英時說：

以一般初民社會的死後信仰而言，由於部族的首領代表著集體的社會權威，他們個體靈魂往往被看做不會滅亡的。……所以歷史上可能有一個階段、只有少數部族首領才有不朽的個別靈魂，而一般部族成員則只有集體的不朽。〔註61〕

〔註55〕王明編，《太平經合校》卷九十八〈包天裏地守氣不絕訣〉，頁450。

〔註56〕《後漢書》卷十〈皇后記〉，頁451。

〔註57〕《後漢書》卷八十一〈獨行列傳〉，頁2677。

〔註58〕《後漢書》卷八十二〈方術列傳〉，頁2745。

〔註59〕〔日〕池田溫，〈中國歷代葬墓略考〉，《東洋文化研究所紀要》第86冊（1981年），頁223、224、270。

〔註60〕〔日〕池田溫，〈中國歷代葬墓略考〉，頁270。

〔註61〕余英時，〈中國古代死後世界觀的演變〉，《中國思想傳統的現代詮釋》（台北：聯經出版事業公司，1989年3月），頁128。

　　漢朝時期，隨著編戶齊民的社會趨於完整，死後世界亦有所改變。此時
人死後所存在的是一個模仿生人世界所建構的地下世界。不論是鬼的居處之
地、生活用具以及各樣應該履行的義務都仿造人間。而管理眾鬼機構，也由
於複製於地上官職而趨向完整。《後漢書》卷九十〈烏桓列傳〉載：

　　　　使護死者神靈歸赤山。赤山在遼東西北數千里，如中國人死者魂神
　　　　歸岱山也。〔註62〕

對於這句話的解釋，具聖姬認為在漢人的觀念中，人死之後，其靈魂會前往
泰山繼續死後的生活，既然泰山為眾鬼所居，自然又以泰山府君為眾鬼之管
理者。〔註63〕余英時則認為人死之後，魂與魄是分離且分別前往不同的地點。
魂上泰山，魄歸蒿里。〔註64〕蒲慕洲認為漢魏時代泰山主要仍為一神聖之地，
為人死後靈魂所歸。〔註65〕蕭登福認為「泰山」既是「天」之親屬，其後，
鬼的地位漸不如昔，權勢亦衰，因此治鬼之權由「天」而轉變為「泰山」，便
是合情合理的。〔註66〕

　　既然人死亡之後的鬼是前往泰山所聚集，那又為何出現如《太平廣記》
卷三百一十七〈鬼一〉中所載：

　　　　漢會稽句章人，至東野還，暮不及門，見路傍小屋然火，因投宿。
　　　　至，有一少女，不欲與丈夫共宿，呼鄰家女自伴。夜共彈箜篌，歌
　　　　曰：「連綿葛上藤，一緩復一緪。汝欲知我姓，姓陳名阿登。」明至
　　　　東郭外，有賣食母在肆中。此人寄坐，因說昨所見，母驚曰：「此是
　　　　我女，近亡，葬於郭外爾。」〔註67〕

以及卷三百一十八〈鬼二〉：

　　　　田疇，北平人也。劉虞為公孫瓚所害。疇追慕無已，往虞墓，設雞酒
　　　　之禮哭之。音動林野，翔鳥為之悽鳴，走獸為之悲吟。疇臥於草間，
　　　　忽有人通云：「劉幽州來，欲與田子泰言生平之事。」疇神悟遠識，

〔註62〕《後漢書》卷九十〈烏桓列傳〉，頁2980。
〔註63〕〔韓〕具聖姬，《漢代人的死亡觀》（北京：民族出版社，2005年1月），頁
　　　　100。
〔註64〕余英時，〈中國古代死後世界觀的演變〉，頁104～105。
〔註65〕蒲慕州，《墓葬與生死──中國古代宗教之省思》（台北：聯經出版事業公司，
　　　　1993年6月），頁208。
〔註66〕蕭登福，《先秦兩漢冥界及神仙思想探原》（台北：文津出版社有限公司，2001
　　　　年元月），頁127。
〔註67〕〔宋〕李昉編，《太平廣記》卷三百一十六〈鬼一〉，頁2504。

> 知是劉虞之魂，既進而拜。疇泣不自止，因相與進雞進酒。〔註68〕

鬼從自己遺體所在之地現身的情況呢？對於這樣的矛盾，筆者打算從陪葬的鎮墓文中談起。

> 生屬長安，死屬大（太）山。死生異處，不得相防。

> 死生異處，莫相干□。生人屬西長安，死人屬（東）太山。

> （生）人□（有）里，死人有鄉。生人屬西長安，死人屬東大（太）
>
> 山。〔註69〕

如上述鎮墓文書所顯示，文書中經常將生人與死人、長安與泰山相對比。認為，生人是屬於長安而死人則是屬於泰山。如果將「死屬大（太）山」解釋為「人死亡後的鬼前往泰山聚居的話」；那是不是也表示說所有活著的人全部是聚居在長安一城呢？漢朝舉國之人聚居長安，現實情況當然是不可能發生。若將「生人屬西長安」解釋為「活人全部都歸屬於位在長安的統治者所統治」，相對而言「死屬大（太）山」亦可釋為「死人全部都歸屬於位在泰山的統治者所統治」。既然如此，死後之鬼不必然聚居於泰山，可以分處定居於各地，泰山也正如蕭登福所說「擁有治鬼之權」。之所以強調定居，是因為不論在《楚辭》〈招魂〉或者是《禮記》復禮的時代，鬼是在四方空間中飄散不定。故於人剛斷氣時所進行的復禮，才需要：

> 及其死也，升屋而號，告曰：「皋某復！」然後飯腥而苴孰，故天望
> 而地藏也。體魄則降，知氣在上。故死者北首，生者南鄉。皆從其
>
> 初。〔註70〕

針對復禮中「死者北首」學者認為，可能是戰國末年、漢朝以後才定型化的一種招魂方式。在此之前，招魂並不限於北向。〔註71〕因此，《楚辭》才需要從四方以及天上、地下將死者之魂召喚回來：

> 魂兮歸來，東方不可以託些。長人千仞，唯魂是索些。……魂兮歸
> 來，南方不可以止些。雕題黑齒，得人肉而祀以其骨為醢些。……
> 魂兮歸來，西方之害流沙千里些。旋入雷淵，靡散不可止些。……

〔註68〕〔宋〕李昉編，《太平廣記》卷三百一十六〈鬼二〉，頁2506。

〔註69〕以上三條資料參見池田溫，〈中國歷代葬墓略考〉，頁223、224、273。

〔註70〕《禮記正義》卷二十一〈禮運〉，頁777～778。

〔註71〕宋公文、張君，《楚國風俗志》（武漢：湖北教育出版社，1995年7月），頁411。

魂兮歸來，北方不可以止些。增冰峨峨，飛雪千里些。……魂兮歸
來。君無上天些。虎豹九關，啄害下人些。……魂兮歸來。君無下
幽都些。土伯九約，其角些觺觺些。〔註72〕

對分居各地之鬼而言，其定居之地應當就是其屍首埋葬之地。這樣的情
況，可以從文字資料以及考古資料中得到印證。除了之前所引陳阿登、田疇
的故事外，《太平廣記》中亦有這樣的故事：

漢諸暨縣吏吳祥者，憚役委頓，將投竄深山。行至一溪，日欲暮，
見年少女子，綵衣甚美，云：「我一身獨居，又無鄉里，唯有一孤嫗，
相去十餘步耳。」祥聞甚悅，便即隨去。行一里餘，即至女家，家
甚貧陋。爲祥設食，至一更竟。聞一嫗喚云：「張姑子。」女應曰：
「諾。」祥問是誰，答曰：「向所道孤嫗也。」二人共寢至曉，雞鳴
祥去。二情相戀，女以紫巾贈祥，祥以布手巾報。行至昨所遇處，
過溪，其夜水暴溢，深不可涉，乃迴向女家，都不見昨處，但有一
冢耳。〔註73〕

吳祥所見少女，不但與其共食並且共寢至天明。之後吳詳離開回頭所見，前
晚居處陳設均已不見，但見一冢。考古資料顯示，漢朝人對於死後所需的各
項物品均以從葬的方式埋於墓室之內。如果死後的鬼全部居住於泰山一地，
那埋入的明器如何爲鬼所用呢？因此，有關於鬼所居住之地，不必然全聚居
於泰山。而是人亡後，鬼乃居於其屍體所葬之處。地下世界的管理，則由泰
山體制下一系列的中央與地方官吏負責。

　　上一節中提到，漢朝人相信生前死後均有簿籍記載。這樣的簿籍記載了
哪些內容呢？既然死後世界是模仿自生人世界，那要探討「死人錄」前，先
約略看一下漢朝的名、戶籍制度。漢朝名籍僅記載戶長一人的人口資料，其
內容依序爲：1.職稱、2.籍貫、3.爵位、4.姓名、5.年齡、6.身長膚色等體型特
徵。戶籍則是以戶長名籍爲綱，將家庭成員的各項資料分別繫入，列入之家
庭成員資料有：1. 稱謂——該家庭成員與戶長之關係、2. 性別、3. 姓名、4.
年齡、5. 身長膚色等體型特徵。〔註74〕西嶋定生在中國古代帝國形成的研究

〔註72〕〔東漢〕王逸，《楚辭章句》（台北：藝文印書館，1974 年 4 月），頁 271～276。
〔註73〕〔宋〕李昉編，《太平廣記》卷三百一十七〈鬼二〉，頁 2505。
〔註74〕杜正勝，《編戶齊民——傳統政治社會結構之形成》（台北：聯經出版事業公
　　　　司，1990 年 3 月），頁 4～10。

中，對名籍的記載形式提出：

> 漢代的名籍記載形式按：郡、縣、里、爵、姓名、年齡的順序構成
> 的，並且在開頭總是附載有其本籍的郡名、縣名、里名。〔註75〕

不論如何，漢朝的名籍所記載內容一定會有該編戶民之1. 籍貫、2. 姓名、3.
年齡、4. 爵位或職稱、5. 身體特徵。那死後世界的「死人錄」又是如何呢？

如前所說，漢朝的死後世界是一個仿造生人的世界。若此，死後世界的
「死人錄」應當也與生人的名籍相似。其內容有：

1、姓　名

地下官府「死人錄」的內容，首先當有諸生人、死人之姓名。生人之姓
名之所以會出現在「死人錄」上，是因爲當人未亡時，地下官吏必須在該人
壽命已盡時前往該人所在之處將其召往地下世界。故，「死人錄」會出現生人
之姓名。例如：

> 漢下邳周式，嘗至東海，道逢一吏，持一卷書，求寄載。行十餘里，
> 謂式曰：「吾暫有所過，留書寄君船中，愼勿發之。」去後，式盜發
> 視書，皆諸死人錄。下條有式名。〔註76〕

故事中周式尚未死亡成爲地下居民的一份子，但「死人錄」已有周式之名。
除了生人姓名外，作爲管理地下居民的名籍資料之「死人錄」，當然也錄有死
人之姓名。在此時，不論是生人或者是死人，其資料都沒有顯示是分別記載
於不同的簿籍之中。但在《太平經》記載中，生與死之姓名則分別記載於不
同簿籍之中。《太平經》卷一百一十一〈有知人思慕與大神相見訣〉：

> 勅生籍之神，案簿籍有此人；雖有姓名，自善多知，須年滿，勿失
> 其年月神。〔註77〕

> 有文書常入之籍，惡者付下曹，善者白善，惡者白惡，吉凶之神，
> 各各自隨所入，惡能自悔，轉名在善曹中。善爲惡，復移在惡曹，
> 何有解息？地上之生人中，有胎未生，名姓在不死之錄。年滿行成，
> 生者攝錄，令有保者乃上之。〔註78〕

〔註75〕〔日〕西嶋定生著，武尚清譯，《中國古代帝國的形成與結構——二十等爵制
　　　　研究》（北京：中華書局，2004年10月），頁350～351。
〔註76〕〔宋〕李昉編，《太平廣記》卷三百一十六〈鬼一〉，頁2504。
〔註77〕王明編，《太平經合校》卷一百一十一〈有知人思慕與大神相見訣〉，頁559。
〔註78〕王明編，《太平經合校》卷一百一十一〈善仁自貴年在壽曹訣〉，頁552。

從上引兩條《太平經》資料中可以看見，當時地下世界的分工是非常細膩的。記載生人姓名的簿籍有生籍之神掌管；有記載惡人姓名的惡曹；記載善人姓名之善曹；記載有胎未生者姓名的不死之錄。但不論其功能如何分化，都有共同原則：都有記載姓名的簿籍作爲管理之用。

2、籍　貫

姓名有時會出現同名同姓之情況，進而可能導致地下官吏在召死人時出現誤召的情況。例如：

> 漢獻帝建安中，南陽賈偶，字文合，得病而亡。時有吏將詣太山，司命閱簿，謂吏曰：「當召某郡文合，何以召此人，可速遣之。」
>
> 〔註79〕

故事中南陽郡的賈偶（字文合）因病亡故。後來地下官府的辦事小吏，前往太山司命查看簿籍，才發現原來是召錯人了。欲召者爲某郡的文合，而非南陽郡那位字文合之人。出現誤召的情況還不僅只有一次，司命也曾經在建安四（西元199）年出現誤召的情況：

> 武陵充縣婦人李娥，年六十歲，病卒……又我見召在此，已十餘日，形體又爲家人所葬埋，歸，當那得自出？』伯文曰：『當爲問之。』即遣門卒與尸曹相問：『司命一日誤召武陵女子李娥，今得遣還，娥在此積日，尸喪，又當殯殮，當作何等得出？又女弱，獨行，豈當有伴耶？是吾外妹，幸爲便安之。』〔註80〕

李娥的故事中，門卒與尸曹鄉相問的結果提到，是司命誤召武陵的女子李娥。可見，在地下世界籍貫是作爲辦別一個人的重要資料。因此，在地下簿籍之中，會記載死者生前之籍貫。

3、年　齡

在地上世界，生人名籍資料中的年齡一項，是作爲賦役的憑據。但是，在地下世界，名籍資料中的年齡是作爲死亡時間的憑證。也就是說，名籍資料中的年齡是該人之年壽長短。《風俗通義》卷二〈正失〉：

> 俗說：「岱宗上有金篋玉策，能知人年壽修短。」武帝探策得十八，因到（倒）讀曰八十，其後果用者長。〔註81〕

〔註79〕〔晉〕干寶，《搜神記》卷十五，頁112～113。
〔註80〕〔晉〕干寶，《搜神記》卷十五，頁113。
〔註81〕〔漢〕應劭撰，王利器校注，《風俗通義校注》卷二〈正失〉，頁65。

《太平經》說法也是如此：

> 惟上古得道之人，亦自法度未生有錄籍，錄籍在長壽之文，須年月
> 日當昇之時，傳在中極。中極一名崑崙，輒部主者往錄其人姓名，
> 不得有脫。〔註82〕

> 羅列各有文章，所行目有其常，繫命上下，各有短長。生命之日，
> 司候在房，記著錄籍，不可有忘。〔註83〕

不過，到了《太平經》時代，名籍資料中的年齡資料是可以更改的。更改的
依據是該人在地上世界的行為表現。每一種過錯，都依照其為過錯之大小，
作為減少年壽幅度之參照標準。

> 故使相主，移轉相問，壽算增減，轉相付授。故言四時五行日月星
> 宿皆持命，善者增加，惡者自退去，計過大小，自有法常。案法如
> 行，有何脫者？〔註84〕

行善之人，年壽增加，為惡者，年壽減少。當年壽減少到零時，即是該人死
亡之日。如《太平經》卷一百一十二〈有過死謫作河梁誡〉所說：

> 大陰法曹，計所承負，除算減年。算盡之後，召地陰神，并召土府，
> 收取形骸，考其魂神。〔註85〕

此外，在《搜神記》中有記載生人壽命長短的故事，只是故事當中管理
生死簿籍的者並非地下官僚系統的官吏，而是南北二斗。對此，蕭登福認為
故事中「南斗注生，北斗主死」的說法，是「天」管「鬼」殘存下來的觀念。
〔註86〕但不論是誰管鬼，都會有記載人壽命長短的簿籍資料。而《搜神記》
中的故事是這樣的：

> 管輅至平原，見顏超貌主夭亡。顏父乃求輅延命。輅曰：「子歸，覓
> 清酒一榼鹿脯一斤，卯日，刈麥地南大桑樹下，有二人圍棋次，但
> 酌酒置脯，飲盡更斟，以盡為度。若問汝，汝但拜之，勿言。必合
> 有人救汝。」顏依言而往，果見二人圍棋，顏置脯斟酒于前。其人
> 貪戲，但飲酒食脯，不顧。數巡，北邊坐者忽見顏在，叱曰：「何故
> 在此？」顏唯拜之。南邊坐者語曰：「適來飲他酒脯，寧無情乎？」

〔註82〕王明編，《太平經合校》卷一百一十〈大功益年書出歲月戒〉，頁532。
〔註83〕王明編，《太平經合校》卷一百一十一〈有德人祿命訣〉，頁547。
〔註84〕王明編，《太平經合校》卷一百一十一〈善仁人自貴年在壽曹訣〉，頁552。
〔註85〕王明編，《太平經校注》卷一百一十二〈有過死謫作河梁誡〉，頁579。
〔註86〕蕭登福，《先秦兩漢冥界及神仙思想探原》，頁127。

北坐者曰：「文書已定。」南坐者曰：「借文書看之。」見超壽止可
十九歲。乃取筆挑上，語曰：「救汝至九十年活。」顏拜而回。管語
顏曰：「大助子，且喜得增壽。北邊坐人是北斗，南邊坐人是南斗。
南斗注生，北斗注死。凡人受胎，皆從南斗過北斗；所有祈求，皆
向北斗。」〔註87〕

故事中，北斗提到「文書以定」，表示說當人出生之時，一個人的壽命長短早
已確定而無法更改。既然無法更改，當然也無法如同《太平經》中依據個人
生時行為善惡增減個人壽命。最後，顏超之所以延命，南斗並非將原本的年
壽抹去再寫上新的年壽，而是直接做手腳，將十九的「十」取筆往上一挑變
成「九」，顏超的壽命也就從「十九」變為「九九」，增加八十年壽命。可見，
當時人認為，記載壽命長短的簿籍，年壽數字是以「一、二、三」之法書寫。
關於生死籍中年齡的紀錄方法，也可從漢簡中得到印證。

戍卒，張掖郡居延縣平明里，上造，高自當，年廿三。〔註88〕

張掖郡居延通澤里，大夫，忠強，年三十。〔註89〕

漢朝時人觀念中，地下世界有一仿自人間世界的陰府官吏機構。人生時
由地上皇帝以下各級官吏所節制，死後為鬼則改由地下陰府所管理。死亡除
代表一個人的生活空間將由地上世界轉移至地下世界，亦代表管理者的轉
換。也就是說，死亡代表著「地上削籍，地下著籍」。江陵高臺十八號漢墓出
土的四塊木牘，編號分別為 M18：35 甲、乙、丙、丁。四塊由上而下依甲、
丙、乙、丁疊放，捆作一函公文。最上一塊木牘甲上方書寫大字「安都」，下
端仿造地上官印形式書有「江陵丞印」，學者認為當江陵丞給死者前往安都簽
發的「路簽」。牘乙內容為「新安廬人大女燕關內侯寡、大奴甲、大奴乙、大
婢妨。」當是死者給安都的地下官吏的報到書。牘丁為「遺策」。牘丙內容字
數最多，屬於「告地策」：

七年十月丙子朔庚（子）中相起敢言之：新安大女燕自言與大奴甲、
乙、（大）婢妨徙安都，謁告安都受名（數），書到，為報，敢言之。
十月庚子江陵丞龍氏丞敢移安都丞□亭手。〔註90〕

〔註87〕〔晉〕干寶，《搜神記》卷三，頁 22。

〔註88〕馬先醒編纂，《漢居延志長編》（台北：國立編譯館，2001 年 10 月），頁 49。

〔註89〕馬先醒編纂，《漢居延志長編》，頁 59。

〔註90〕湖北省荊州地區博物館，〈江陵高臺十八號漢墓發掘簡報〉，《文物》（1999 年
第 8 期），頁 19。

此牘爲江陵中鄉龍氏名起的丞爲死者燕寫給「安都丞」的文書。七年，依據學者研究當是西漢文帝前元七（西元前 173）年。大女「燕」生時本是新安人，因故遷居江陵。文帝前元七（西元前 173）年死於江陵，透過仿照江陵丞寫給安都地下官吏的公文書，請安都的地下官吏接受燕登報戶籍。牘中「江陵丞龍氏丞敢移安都丞」正好透露此項訊息。這也說明墓主大女燕本是新安人，因爲遷居江陵，死後雖就地埋葬該地，但仍希望其鬼可以回歸故里。另外，也證明當人死爲鬼，必須經過地上削籍地下著籍的戶籍轉換程序。如此，才可以確保鬼在地下世界安身立命。

「告地策」一詞爲黃盛璋所定名。當前所發現之告地策，除了上述「江陵高臺十八號漢墓」告地策外，另外尚有湖北江陵鳳凰山 10 號、168 號與湖南長沙馬王堆三號、江蘇邗江胡場五號等漢墓亦有出土紀錄。曾經被視爲冥判文書的雲夢龍岡六號秦墓的木牘，其原文如下：

鞫之辭，死論不當爲城旦，事（吏）論失者已坐以論。九月丙申，

沙羨丞甲、吏丙免辭：「死爲庶人」。令自尚也。〔註91〕

但是經過黃盛璋爲文說明，此牘之作用即顯而易見了。黃盛璋認爲此牘依舊爲「告地策」，當中的法律文書完全是生人爲死者假造。因爲，法律作用在於規範生人而非規範死人，「死免爲庶人」完全是地下世界所需要，地上世界全無意義。之所以需要造假，在於秦漢時人認爲，死後必須前往地下世界向地下官吏登報戶籍。若無著籍地下世界，鬼將無法在地下安身立命。而此墓墓主生前受刑，死後必須先免爲庶人，才有著籍之資格，固有此牘。〔註92〕告地策目的是向地下登報戶籍，其上所書之年、月、日是死者死亡時間，代表著地上削籍，地下著籍之時，並非下葬或告地策文書移發之日。告地策仿造地上制度和文移格式，有戶籍在鄉的由鄉吏將申請轉交縣，由縣丞批發；侯王由家丞主辦移交；刑徒犯人要先假造「免爲庶人」或獄事已復，並令自上。此均依照當時人間之行政制度。〔註93〕

鬼所居住的地下世界，一如生人有著一批統治的地下官僚。而地下官僚

〔註91〕中國文物研究所、湖北省文物考古研究所編，《龍崗秦簡》（北京：中華書局，2001 年 8 月），頁 144。

〔註92〕黃盛璋，〈雲夢龍崗六號秦墓木牘與告地策〉，收入中國文物研究所、湖北省文物考古研究所編，《龍崗秦簡》（北京：中華書局，2001 年 8 月），頁 152～154。

〔註93〕黃盛璋，〈雲夢龍崗六號秦墓木牘與告地策〉，頁 154。

機構則是複製於人間統治之架構，這已爲學者所認同。不過，在出土的鎭墓瓶中，經常可見「天帝使者」一詞。如：

> 陽嘉二（西元 133）年八月己巳朔六日甲戌徐、天帝使者、謹爲曹伯魯之家、移央去　（央、殃。　、咎）、遠之千里。　□大桃（　、咎）、不得留□□至之鬼、所徐□□。生人得九、死人得五。生死異路、相去萬里。

> 建和元（西元 147）年十一月丁未朔十四日、天帝使者、謹爲加氏之家、別解地下、後死婦加亡、方年二十四。

> 永壽二（西元 156）年二月己末朔廿七日乙酉、天帝使者、告丘丞墓伯、地下二千石。

> 初平四（西元 193）年十二月己卯朔十八日丙申直危、天帝使者、謹爲王氏之家後死黃母、當歸舊閒慈。〔註94〕

既然，鬼神的世界是人類世界的複製，討論天帝使者前，即必須先認識漢朝的「使者」。「使者」，作爲漢朝的官制下一個環節，具有以下特徵：

> 使者最大之特徵是爲皇帝之代表。因爲是皇帝之代表，故使者爲臨時差遣，事畢即罷，蓋長期代表皇帝容易尾大不掉。因爲是皇帝之代表，故使者面對各級政府行政官員時「見官大一級」。因爲是皇帝之代表，故使者恃皇帝之權威，得專擅自決。因爲使者是皇帝之代表，故皇帝多從其親近臣中派遣使者。使者之使命涵蓋所有皇帝所欲爲者，幾乎無所不包。〔註95〕

作爲天地最高統治的天帝，其統治權力擴及天上、地上以及地下三界。春秋戰國時期，對於地上世界的管理，是由天帝親自執行。故於《左傳》中經常可見「天奪其魄」之語。隨著事務越趨繁雜，官僚機構的分工與擴編，天帝不再直接插手地上與地下事務。對於地下世界事務，主要透過「使者」傳達旨意，節制地下官僚。既然「天帝使者」是仿造漢朝的「使者」制度，「天帝使者」理應具有使者的特質。結合廖伯源的研究成果與鎭墓瓶的資料，筆者認爲「天帝使者」具有以下特徵：

〔註94〕以上四條資料，參見〔日〕池田溫，〈中國歷代墓券略考〉，頁 270～271。

〔註95〕廖伯源，《使者與官制演變──秦漢皇帝使者考論》（臺北：文津出版社有限公司，2006 年 8 月），頁 228～233。

1、臨時差遣，事畢即罷

天帝使者作為天帝之代表，奉天帝詔令前往地下世界宣達旨意。旨意帶到後，使命即宣告結束。因此，天帝使者並非地下官僚機構的固定員額，而是具有臨時差遣，事畢即罷的特性。

2、天帝使者見官大一級

作為天帝代表的天帝使者，秉天帝之權威，可指揮地下官員辦事，不論地下官員官階多高，皆得服從天帝使者之命令。如東漢桓帝永壽二（西元 156）年的鎮墓瓶所寫：

> 永壽二（西元 156）年二月己末朔廿七日乙酉、天帝使者、告丘丞墓伯、地下二千石。今成氏之家、死者字桃椎、死日時重復年命、與家中生人相拘籍、到復其年命。削重複之文、解拘伍之籍、死生異簿。千秋万歲、不得復相求索。急急如律令。〔註96〕

天帝使者所約束之官吏，包含丞墓伯、地下二千石。另外，東漢靈帝熹平二（西元 173）年鎮墓瓶：

> 熹平二（西元 173）年十二月乙巳朔十六日庚申、天帝使者、告張氏之家。三丘五墓、墓左墓右、中央墓主、塚丞塚令、主塚司令、魂門亭長、塚中游擊等。敢告移丘丞羹　（羹　、墓伯）、地下二千石、東塚侯、西塚伯、地下擊植卿、耗里伍長等（耗、蒿）。

鎮墓瓶中天帝使者所約束的對象，遍及整個地下官僚體系。包含類比人間列侯、諸侯的「東塚侯」、「西塚伯」，以及類比郡太守的「地下二千石」等地下地方行政官吏。甚至連最基層的「魂門亭長」、「耗里伍長」均受天帝使者節制。也由於天帝使者至少具備此二特性，漢朝人才會利用鎮墓瓶上的文字，希望透過天帝使者，約束地下官吏，免除對死者的求索。

第三節　鬼的生活

生活在地下世界的居民——鬼有著與生時相同的境遇。到底有哪些境遇呢？本段討論除引用文獻資料外，亦將引用考古資料。其主因在於，漢朝「謂死如生」〔註97〕的喪葬觀念，認為死後是一個與生前相仿的世界。在西漢中

〔註96〕〔日〕池田溫，〈中國歷代墓券略考〉，頁 271。
〔註97〕黃暉，《論衡校釋》卷二十三〈薄葬〉，頁 961。

期以後的葬墓中，這種強調死後世界中之生活的隨葬方式表現的更為明顯。基於「器用如生人」〔註98〕的概念，不但有模仿生人房屋的磚室墓的出現，象徵墓主人在地下世界有充足糧食可食用的倉、囷等明器，象徵墓主人財富的屋、閣、田產、池塘等模型，以及各種日常生活用品模型也隨死者埋入地下，並為死者作種種設想。如此作法，是希望死者可以在地下世界生活無虞，不要作祟人間。〔註99〕

一、食

　　生活在地下世界的鬼，既然已經死亡，理應不需要繼續進食以維持身體各項機能。但在秦漢時人的觀念中，死亡僅僅是生活空間的轉移。因此生活於地下世界的鬼有飲食需求。《搜神記》即記載鬼不但如同生人一般會吃會喝，甚至有不勝酒力而酒醉不醒倒臥樹林的窘況：

> 漢，建武元年（建武元年），東萊人姓池，家常作酒。一日見三奇客，共持麬飯至，索其酒飲。飲竟而去。頃之，有人來，云：見三鬼酣醉於林中。〔註100〕

《太平廣記》中所記載的故事：

> 田疇，北平人也。劉虞為公孫瓚所害。疇追慕無已，往虞墓，設雞酒之禮哭之。音動林野，翔鳥為之悽鳴，走獸為之悲吟。疇臥於草間，忽有人通云：「劉幽州來，欲與田子泰言生平之事。」疇神悟遠識，知是劉虞之魂，既進而拜。疇泣不自止，因相與進雞進酒。〔註101〕

得知劉虞已死後，帶了雞、酒劉虞墳前祭祀。而劉虞之鬼也出現，一人一鬼如此相與食雞飲酒。這表示說，鬼可如同生人一般飲食。

　　生人飲食是食物放入口中，透過咀嚼將食物嚼爛吞食下肚，至於液態食物則直接吞嚥。不論如何，都必須透過身體的機能的運作，才能處理入口之

〔註98〕 王利器校注，《鹽鐵論校注》（北京：中華書局，1996年9月）卷二十九〈散不足〉，頁353。

〔註99〕 蒲慕州，《墓葬與生死——中國古代宗教之省思》，頁199。許雅惠，〈漢代的地下世界與隨葬品〉，收入高雄市立美術館編，《漢代陶器特展》（高雄：高雄市立美術館，2000年8月），頁24。

〔註100〕 〔晉〕干寶，《搜神記》卷十六，頁124。（漢，武建元年，《幽明錄》作「建武元年」，應據改。）

〔註101〕 〔宋〕李昉編，《太平廣記》卷三百一十七〈鬼二〉，頁2506。

物。但是，鬼為人死後所形成，在失去軀體的情況之下，鬼是如何進食呢？
王充在反駁世人說法的同時，也保留當時人的鬼觀念。《論衡》卷二十〈論死
篇〉提到：

> 或曰：「死人有食氣，故能言。」夫死人之精，生人之精也。使生
> 人不能飲食，而徒以口有食之氣，不過三日，則餓死矣。〔註102〕

「」，《說文解字》釋為「神食氣也」。〔註103〕也就是說，鬼是僅利用嘴巴吸
取有食之氣。既然鬼可以飲食，想必飲食之物亦與生人相同。基此想法，將
從秦漢生人飲食之物設想死後所食用之物。

從先秦進入秦漢時期，食的方面呈現相當多元的發展。就主食而言，兩
漢發生了兩個重要的變化：其一、傳統作物黍的重要性降低，小麥地位明顯
提高。其二、因為粟、麥、稻的主食地位逐漸提高，以及多種糧食作物的廣
泛栽培，導致大豆逐漸淪為副食。〔註104〕除了主食之外，秦漢時期的副食包
含了動物類、植物類以及調味用的食材。動物類的副食有牛、羊、雞、豬以
及各種由狩獵得取得的肉類食物。當中特別需要說明的是，秦漢時期狗也是
一種食物，跟隨劉邦打天下的樊噲，《史記》是這樣記載的：「舞陽侯樊噲者，
沛人也。以屠狗為事。」〔註105〕六畜之中的馬與牛亦可食用。作為戰爭工具
的馬在中國較為稀少，而牛為農耕主要畜力，故為政府所禁止。〔註106〕植物
類的副食則有韭、蒜、蘇、薑、葵等各種蔬菜與水果。這些蔬菜來源以人工
種植為多數，亦有採集野生植物為食的情況。

作為的食品的作物也出現在秦漢時期的墓葬當中。例如：江陵鳳凰山 167
號漢墓及曾經出土過四束完整的稻穗。稻穗長度約為 18.5 公分，每穗平均有
稻穀 51 粒。〔註107〕廣西也曾經分別有過黃瓜與蘿莱的種子出土。〔註108〕由

〔註102〕黃暉，《論衡校釋》卷二十〈論死篇〉，頁 879。

〔註103〕〔東漢〕許慎撰，〔清〕段玉裁注，魯實先正補，《說文解字注》（台北：黎明
文化事業股份有限公司，2002 年），頁 418。

〔註104〕彭衛、楊振紅，《中國風俗通史‧秦漢卷》（上海：上海文藝出版社，2003 年
3 月），頁 31。

〔註105〕〔漢〕司馬遷撰，〔南朝宋〕裴駰集解，〔唐〕司馬貞索隱，〔唐〕張守節正義，
《史記》（北京：中華書局，1997 年 9 月）卷九十五〈樊酈滕灌列傳〉，頁 2651。

〔註106〕林劍鳴等，《秦漢社會文明》（西安：西北大學出版社，1985 年 9 月），頁 206。

〔註107〕此四束稻穗放在隨葬陶倉內，出土時色澤鮮黃，穗、穎、莖、葉外形保存
完好。穗形整齊，芒和剛毛清晰可見。顆粒飽滿，穀粒中的澱粉已經碳化。
該稻經鑑定為粳稻。可能是一季晚稻，品種純正，耐水肥。參見鳳凰山 167
號漢墓發掘整理小組，〈江陵鳳凰山一六七號漢墓發掘簡報〉，《文物》（1976

於實際食物不易保存，因此出土的個案較爲稀少。不過，從漢墓陪葬的明器中，可以發現漢人習慣用陶製的糧倉模型陪葬。〔註109〕在穀倉模型的明器上，亦會出現「粟萬石」、「禾萬石」、「麻萬石」、「大豆萬石」、「白米萬石」等字。〔註110〕除以食物、穀倉模型陪葬外，有時亦以寫有雞閹、鼓、白飯等食物名稱的盛裝明器爲代表。〔註111〕至於肉類食物出土文物多爲陶製活體模型爲主。〔註112〕以洛陽苗南新村528號漢墓所出土的文物爲例，除了有活體的陶製狗、雞、鴨、鳩模型外，更有陶製的豬圈，豬圈當中有一母豬以及三隻吃奶的小豬。〔註113〕

　　死後地下世界需要各種食物外，對食物處理的各項器具，在死後世界也有存在的必要。因此，在陪葬物品中，陶製或石製的倉、爐、灶、井、磨、碓、杵臼等明器模型亦是經常可見。〔註114〕前面所引《太平廣記》中的吳祥

年第10期），頁34。

〔註108〕在該墓的槨室淤泥內出土大批植物種子，經廣西植物研究所與廣西農學院鑑定，計有梅、青楊梅、李、橄欖、烏欖、桔子、人面、羅浮栲、廣東含笑、金銀花、木瓜、黃瓜、西瓜、花椒、大麻、稻、粟、薑、芋、葫蘆。參見廣西壯族自治區文物工作隊，〈廣西貴縣羅泊灣一號墓發掘簡報〉，《文物》（1978年第9期），頁32。

〔註109〕津市市文物管理所，〈湖南津市花山寺戰國西漢墓整理簡報〉，《江漢考古》（2006年第1期），頁25。此外，明器也會因爲墓葬地點不一樣而出現地方特色。以穀倉爲例，廣州地區所出土的屋、城堡、倉、囷、井、灶模型器物，主要表現的地方特色爲「干欄」式結構。參見中國社會科學院考古研究所編輯，《廣州漢墓》（北京：文物出版社，1981年12月），頁479。

〔註110〕洛陽市第二文物工作隊，〈洛陽郵電局372號西漢墓〉，《文物》（1994年第7期），頁31。河南省文化局文物工作隊，〈河南心安鐵門鎮西漢墓葬發掘報告〉，收入洛陽師範學院河洛文化國際研究中心編《洛陽考古集成‧秦漢魏晉南北朝卷》（北京：北京圖書館出版社，2007年3月），頁256。洛陽市第二文物工作隊，〈洛陽五女冢267號新莽墓葬發掘簡報〉，收入洛陽師範學院河洛文化國際研究中心編《洛陽考古集成‧秦漢魏晉南北朝卷》，頁539～541。洛陽文物工作隊，〈洛陽金谷園車站11號漢墓發掘簡報〉，收入洛陽師範學院河洛文化國際研究中心編《洛陽考古集成‧秦漢魏晉南北朝卷》，頁663～667。

〔註111〕洛陽市第二文物工作隊，〈洛陽郵電局372號西漢墓〉，《文物》（1994年第7期），頁31。

〔註112〕河南省文物考古研究所、沁陽縣文物保管所，〈河南省沁陽新客站漢墓群發掘簡報〉，《華夏考古》（1994年第3期），頁21。

〔註113〕洛陽第二文物工作隊，〈洛陽苗南新村528號漢墓發掘簡報〉，《文物》（1994年第7期），頁36～40。

〔註114〕洛陽第二文物工作隊，〈洛陽西漢張就墓發掘簡報〉，《文物》（2005年第12期），頁34～37。鄭州大學歷史學院、洛陽市文物工作隊，〈洛陽吉利區漢墓

故事，當吳祥隨少女到達她家後，便「爲祥作食」。可見，吳祥當夜所飲用的各項食物都是當天在少女家所烹製出來的。而食材與製作器具，即可能是陪葬的各項食物與明器。無奈從材料到佳餚的過程，在故事中卻無提及。爲此只得藉助考古出土的各項漢墓壁畫、畫像石、畫像磚來塡補此一缺憾。

　　微山島溝南村樓堂石椁畫像（如【圖 3-2】），長 277 公分，寬 82 公分，是 1976 年出土於山東微山島溝南村石椁的一塊側板。側版上有刻畫三幅，當中最左者爲一庖廚之圖。庖廚圖分爲上下兩大部分。上部又可細分爲二小組：上部左邊一井，井邊放一口甕，一人利用滑輪從井中打水；上部右邊爲屠宰工作坊，作坊之上有棚子遮掩，作坊屋樑懸掛三條支解後的蹄膀，作坊內有一長條案子，兩人正在切割。下部分爲二小組：下部左邊有三人，兩人在於灶前炊事，一人搬釜前往，灶前燒火者身後有一筐，理應爲放置材薪容器；下部右邊有四人，又分爲上下二部，下部兩人對坐舂米，上部兩人一左一右對坐，右側一人似乎在爲穀物脫殼。〔註 115〕

　　於 1967 年諸城前涼台村西發現的一座結構非常複雜的大型多室墓。墓室內的隨葬品因盜墓僅餘一鎮墓獸。出土的十三塊畫像石中，有一塊描繪廚房工作情況庖廚圖（如【圖 3-3】）。畫像不分層次，整幅均是忙碌的廚役。畫面上方有一橫樑，懸掛各種肉類，由左而右有鱉、雞、兔、豬肺、豬頭、豬肉、蹄膀。懸梁下有爲數四十多名的廚役或殺牛、或殺豬、或刷鍋做飯、或釀酒……。〔註 116〕整幅圖顯示漢代飲食生活的眞實畫面，也顯示標示著漢代人死後世界食的想像。在漢朝，能夠擁有多達四十多人廚役者，當爲富有大戶之人。至於一般平民老百姓，固然無法如畫像圖所顯示的忙碌多樣。但飲食的基本食材與灶、材薪、甕等工具想必是具備的。若此，漢代人死後的飲食，亦如生人一般，會隨的其所擁有的經濟條件與家庭成員多寡而有所差異。如《太平廣記》吳祥故事中所遇「家甚貧陋」的少女子所說：

> 我一身獨居，又無鄉里，唯有一孤嫗，相去十餘步耳。〔註 117〕

既然是自己獨居，家裡僅有一孤嫗。那麼爲吳祥社食準備飯菜的不是少女就是那位孤嫗。這樣的情況，或許才是一般黎民百姓死後世界食的情況。

(C9M2441)發掘簡報〉，《文物》（2008 年第 4 期），頁 35～38。

〔註 115〕張從軍等編著，《漢畫像石》（濟南：山東友誼出版社，2002 年 10 月），頁 112～113。

〔註 116〕張從軍等編著，《漢畫像石》，頁 165～169。

〔註 117〕〔宋〕李昉編，《太平廣記》卷三百一十七〈鬼二〉，頁 2505。

圖 3-2　微山島溝南村樓堂石椁庖廚圖〔註118〕

圖 3-3　諸城前涼台磚石墓庖廚圖〔註119〕

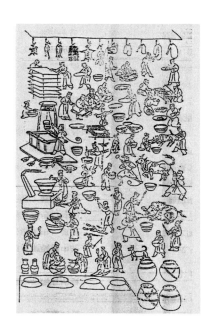

二、衣

　　穿著衣物，對於生人而言具有保暖、蔽體等基本功用。死亡之後，鬼生活的地下世界，是否還需要穿著衣服？在兩漢的鬼故事中，鬼的形象除了具備人之形貌外，有時亦會對鬼所身上所著衣物有所著墨。例如：

〔註118〕【圖 3-2】掃描自張從軍等編著，《漢畫像石》，頁 113。
〔註119〕【圖 3-3】掃描自張從軍等編著，《漢畫像石》，頁 168。

> 漢談生者，年四十，無婦，常感激讀詩經，夜半，有女子年可十五
> 六，姿顏服飾，天下無雙，來就生，爲夫婦。之言，曰：「我與人不
> 同，勿以火照我也，三年之後，方可照耳。」與其爲夫婦，生一兒，
> 二歲，不能忍，夜，伺其寢後，盜照視之。其腰已上，生肉如人，
> 腰已下，但有枯骨。婦覺，遂言曰：「君負我，我垂生矣。何不能忍
> 一歲而竟相照也？」生辭謝。涕泣不可復止，……〔註120〕

故事中前來就生爲夫妻的十五、六歲女子，故事中對她的描述是「姿顏服飾，
天下無雙」。這句話除了稱讚少女的姿態容貌是天下無雙之外，更說她「服飾」
也是天下無出其右，服當指衣服，飾指隨身配戴之飾品。可見，這女鬼不但
具備人的外貌，還可以身著華衣配戴麗飾。另一則故事，也顯示漢朝的鬼是
身著衣物：

> 漢南陽文穎，字叔長，建安中爲甘陵府丞，過界止宿，夜三鼓時，
> 夢見一人跪前曰：「昔我先人，葬我於此，水來淹墓，棺木溺，漬水
> 處半，然無以自溫。聞君在此，故來相依，欲屈明日暫住須臾，幸
> 爲相遷高燥處。」鬼披衣示穎，而皆沾濕。〔註121〕

文穎前往甘陵赴任途中，晚上遇到一可憐之鬼。此鬼由於棺木積水，請求協
助遷葬高處。此可憐鬼爲讓文穎相信自己所言句句屬實，還特地「披衣」示
穎。而所披之衣，不外乎兩種情況：

1. 所披之衣爲此鬼身上所穿衣物。

2. 所披之衣爲此鬼放在棺木中的衣物。

但不論是哪一種，都可以說明在漢朝人的觀念中，人死後的鬼還是有穿
著衣物的需求。故事中那位棺木積水的可憐鬼說「漬水處半」導致衣物均濕
最後落到「無以自溫」的下場。可見，衣物對鬼而言是具有保溫禦寒作用。
此外，衣物對鬼而言還具有遮羞蔽體之功用。爲此，有些鬼尚因衣不蔽體而
羞與見人。如《太平廣記》所載：

> 糜竺用陶朱公計術，日益億萬之利，貲擬王侯，有寶庫千間。竺性
> 能振生死。家馬廄屋側，有古塚，中有伏屍。竺夜尋其泣聲，忽見
> 一婦人，袒背而來，云：「昔漢末爲赤眉所發，扣棺見剝，今袒肉在

〔註120〕〔晉〕干寶，《搜神記》卷十六，頁127。
〔註121〕〔晉〕干寶，《搜神記》卷十六，頁121。

地，垂二百餘年。就將軍求更深埋，并乞弊衣自掩。」〔註122〕
此祖背女鬼，向糜竺哭訴自己在新莽時期被赤眉發冢破棺的慘狀。最後導致
今日「祖肉在地」羞以見人。文中所言「祖肉在地」，當指赤眉在發冢破棺之
後，將婦人屍體的衣物脫開，令其赤身裸體，拋置地上。此外，《後漢書》卷
八十一〈獨行列傳〉提到王忳上任途中，在穀亭所遇之事：

> 仕郡功曹，州治中從事。舉茂才，除郿令。到官，至穀亭。亭長曰：
> 「亭有鬼，數殺過客，不可宿也。」忳曰：「仁勝凶邪，德除不祥，
> 何鬼之避！」即入亭止宿。夜中聞有女子稱冤之聲。忳呪曰：「有何
> 枉狀，可前求理乎？」女子曰：「無衣，不敢進。」〔註123〕

故事女主角——涪令之妻也有因無衣，羞以見人的窘境。從上述討論中發現，
衣物對生活於地下世界的眾鬼而言，具有兩種功能，分別是：保溫與蔽體。
鬼之所以有此兩種需求，是由於漢朝人所設想的死後世界，是一個類人的生
活空間。對漢朝人而言，由人到鬼的生死轉換，只不過是生活空間由地上世
界轉移到地下世界。隨著人到鬼的生活世界轉換，衣物功用亦隨之轉移。

　　既然生活在地下世界的鬼有穿著需求，那衣服從何而來呢？現行台灣民間
宗教的中元普渡，主要為祭祀無主的孤魂野鬼，希望這些無依無靠乏人祭祀的
厲鬼〔註124〕得到陽世的祭品以及紙錢後，可以不在人間為禍。祭祀過程中，會
焚燒長條狀以綠色油墨印有各種生活必需品的紙錢，這種紙錢每個地方的稱呼
不一，一般稱為「經衣」或「更衣」。印製在更衣上面的生活必需品其中一樣就

〔註122〕〔宋〕李昉編，《太平廣記》卷三百一十七〈鬼二〉，頁2511。
〔註123〕《後漢書》卷八十一〈獨行列傳〉，頁2681。
〔註124〕關於厲鬼，林富士指出：當厲用來指稱鬼魂時，一則是指那些沒有後代子嗣
供養的死者；其次，厲也被用來只那些橫死、冤死的死者。參見林富士，《孤
魂與鬼雄的世界——北臺灣的厲鬼信仰》（台北：台北縣立文化中心，1995
年6月），頁15。李豐楙則指出：中國人對死亡的關懷，可歸納為兩組對立
性結構，一是自然與非自然，一是正常與非正常。自然終結是指年齡、處所、
狀態俱為正常；與之相反的夭亡、橫逆及形殘之類則為非自然。參見李豐楙，
〈行瘟與送瘟——道教與民眾瘟疫觀的交流與分歧〉，收入漢學中心編，《民
間信仰與中國文化國際研討會論文集》（台北：漢學研究中心，1994年4月），
頁380。江志宏認為：厲的的出現代表社會上對於「不完整處理死亡情況」
的認知，鬼不再是單純的生命終結狀態，……而是有賴於喪葬儀式的認證……
歸所指涉的就是生命終結的處理方式，此一方式關係到生命在跨越陰陽兩界
時，能否獲得適當定位以進入另一個新位置。參見江志宏，《臺灣傳統常民社
會的明幽二元思維——普渡、祭厲與善書》（台北：稻鄉出版社，2005年5
月），頁121～122。

是衣物。透過焚燒的方式，讓生活在另外一個世界者得到各項的生活必需品。時間拉回漢朝，此時固然不會有焚燒紙錢甚至更衣的習俗。〔註125〕談生與少女生活二年後並育有一子後，竟然忍不住趁少女熟睡後以火偷照之。這時才發現，少女腰部以上已長有生肉，與一般人無異，腰部以下卻僅是枯骨：

> 云：「與君雖大義永離，然顧念我兒，若貧不能自偕活者，暫隨我去，方遣君物。」生隨之去，入華堂室宇，器物不凡，以一珠袍與之，曰：「可以自給。」裂取生衣裾，留之而去。後生持袍詣市，睢陽王家買之，得錢千萬。王識之曰：「是我女袍，那得在市？此必發冢。」乃取拷之。生具以實對。王猶不信，乃視女冢，冢完如故，發視之，棺蓋下果得衣裾，呼其兒視，正類王女。王乃信之，即召談生，復賜遺之，以爲女婿。表其兒爲郎中。〔註126〕

故事指出，少女拿一珠袍給談生，並且「裂取生衣裾，留之而去」。後來談生的衣裾竟然在「冢完如故」的情況下出現在少女的「棺蓋下」。對於請求協助的女鬼，糜竺採用之法亦非焚燒，而是「竺即命爲石椁瓦棺。設祭既畢，以青布裙衫，置於塚上。」〔註127〕

至於那位「無衣，不敢進」的涪令之妻，最還只得勞駕王忳「投衣與之」。投衣可能是將衣物丟給涪令之妻，或丟在地上令其自取。至於何種情況，故事中則無言明。但不論何種情況，絕對不是透過焚燒衣物的方式給死者。從上述兩則事例中可知，在漢朝人的觀念中，給予死者的物品並非透過焚燒的方式，而是直接給予實物，此亦反映在漢朝的陪葬之物上。根據考古資料顯示，死者生前所使用或擁有的物品，死後均透過埋葬的方式帶入另外一個世界繼續使用。這些隨葬物可以是實際的物品，例如衣物、食物、銅錢等，也

〔註125〕根據黃清連的研究，必須等到六朝時期才逐漸有人改用紙錢代替古代的埋帛與漢代的瘞錢，而普遍使用，則是唐朝以後的事情了。黃清連說：「從中國古人用錢和鬼神對抗或交往的過程來看，有兩種類型的錢值得討論：一是具有使喚鬼魅、厭伏鬼怪或斬妖伏邪能力的厭勝錢；另一種則是用來禱神、祭鬼或送死，諂媚神明或陰間鬼吏的紙錢。紙錢是專門提供給死者或鬼神使用的「貨幣」，一般認爲它是從古代的埋帛及漢代瘞錢等發展而來，六朝時逐漸有人改用紙錢代替。到了唐代，上自國家祭典，下至百姓，焚燒紙錢已經相當普遍。」參見黃清連，〈享鬼與祀神——紙錢和唐人的信仰〉，收入蒲慕州編，《鬼魅神魔——中國通俗文化側寫》（台北：麥田出版，2005 年 6 月），頁 175～176。

〔註126〕〔晉〕干寶，《搜神記》卷十六，頁 127。

〔註127〕〔宋〕李昉編，《太平廣記》卷三百一十七〈鬼二〉，頁 2511

可以是縮小的模仿品——明器，例如陶倉、陶灶、陶俑，甚至是證明墓地所
有權的買地券、向另一世界管理者報到的告地策。〔註128〕從上述探討可知，
生活於地下世界的鬼，亦如生人有衣著需求。而衣物取得方式有二：其一、
下葬時穿著在屍體上的衣物。其二：隨著屍體埋入的各件陪葬衣物。

三、住

　　現存文獻資料中，鬼最常出現的地點就是自身屍體所在之處。死者若死
於非命，並爲人就地掩埋滅跡，當然無法享有棺槨、墳冢等待遇。此情況如
王忳所遇之事：

　　（王忳）仕郡功曹，州治中從事。舉茂才，除郿令。到官，至斄亭。
　　亭長曰：「亭有鬼，數殺過客，不可宿也。」忳曰：「仁勝凶邪，德
　　除不祥，何鬼之避！」即入亭止宿。夜中聞有女子稱冤之聲。忳呪
　　曰：「有何枉狀，可前求理乎？」女子曰：「無衣，不敢進。」忳便
　　投衣與之。女子乃前訴曰：「妾夫爲涪令，之官過宿此亭，亭長無狀，
　　賊殺妾家十餘口，埋在樓下，悉取財貨。」〔註129〕

涪令上任途中過宿斄亭，一家十餘口於此爲亭長殺害埋屍斄亭。正因如此，
導致女鬼出現在爲人殺害埋屍之處——斄亭。此外，《搜神記》亦載：

　　漢九江何敞，爲交州刺史，行部到蒼梧郡高安縣，暮宿鵠奔亭，夜猶
　　未半，有一女從樓下出，呼曰：「妾姓蘇，名娥，字始珠，本居廣信

〔註128〕 楊樹達根據傳統文獻，認爲只要是人生前用的到的各項物品，均可作爲從葬之
　　　　物。種類有：珠玉珍寶、印綬、金錢財物、食物、飲食用器、日常用器、兵器、
　　　　偶車馬桐人及一切偶物。參見 楊樹達《漢代婚喪禮俗考》（上海：上海古籍出
　　　　版社，2007 年 4 月第 1 版），頁 95～101。李如森主要利用考古資料對漢代的從
　　　　葬物進行研究，並將從葬之物分爲七大類，分別是：1.衣物食物錢幣類：衣物、
　　　　衣料、食物、錢幣。2.器皿用具武器飾品類：禮器、器皿、生活用具、生產工
　　　　具、文書工具、武器、樂器、裝飾品、六博局、酒令器、天文儀器、醫藥、醫
　　　　療器具。3.模型明器類：建築、田地、池塘、倉、灶、井、磨、臼、風車、碓
　　　　房、家畜、家禽、畜圈、搖錢樹、俑。4.印章封泥類：印章、封泥。5.遣冊賵方
　　　　告地冊類：遣冊、賵方、告地冊。6.書籍文簿紙張類：帛書、竹書、木書、文
　　　　書、契約、帳冊、麻紙。7.買地券鎮墓類：買地券、鎮墓券、鎮墓瓶、鎮墓罐、
　　　　鎮墓獸、鎮墓俑。參見李如森，《漢代喪葬禮俗》（瀋陽：瀋陽出版社，2003 年
　　　　6 月），頁 98～201。遣冊上所開列的隨葬品，即爲死者在地下世界生活的必需
　　　　品，包括車馬衣食等日用器物及各類奴婢僕從等等。參見蒲慕州，《墓葬與生死
　　　　——中國古代宗教之省思》，頁 218。
〔註129〕《後漢書》卷八十一〈獨行列傳〉，頁 2681。

縣修里人。早失父母，又無兄弟，嫁與同縣施氏，薄命夫死，有雜繒帛百二十疋，及婢一人，名致富，妾孤窮羸弱，不能自振；欲之旁縣賣繒，從同縣男子王伯，賃牛車一乘，直錢萬二千，載妾并繒，令致富執轡，乃以前年四月十日到此亭外。於時日已向暮，行人斷絕，不敢復進，因即留止，致富暴得腹痛。妾之亭長舍，乞漿取火，亭長龔壽，操戈執戟，來至車旁，問妾曰：『夫人從何所來？車上所載何物？丈夫安在？何故獨行？』妾應曰：『何勞問之？』壽因持妾臂曰：『少年愛有色，冀可樂也。』妾懼怖不從。壽即持刀刺脅下，一創立死。

又刺致富，亦死。壽掘樓下，合埋妾在下，婢在上，取財物去。〔註130〕爲鵠奔亭長劫財害命的蘇娥，其鬼出現之處亦是如此。兩則事例的受害者，均爲人殺害就地掩埋，故不見以房屋型態現形的墳冢。

若死後有經過一定的儀式，將屍體入殮於棺槨之中並起墳冢。而其死後所形成的鬼，也就會居住並出現在如同生人家屋的墳冢附近。如《太平廣記》中吳祥最後的遭遇，「乃迴向女家，都不見昨處，但有一冢耳。」〔註131〕同書陳阿登一事，故事最後經陳阿登之母證實，此一「會稽句章人」前晚投宿的路旁小屋所在地乃是其女之墓。〔註132〕

鬼居住在生人營造的墳冢之中，而墳冢往往以「家」或「屋」型態出現。從墓葬形式以及買地券中均可發現，作爲死者屍體最終歸處的墳冢，其作用是「以爲宅」，〔註133〕故買地券中將鬼之居所稱爲「陰宅」。〔註134〕

表 3-1　廣州漢墓墓型統計表〔註135〕

墓型	墓葬結構	單位	時　期					合計
型	分型特徵		西漢前期	西漢中期	西漢後期	東漢前期	東漢後期	
I	豎穴土坑	座	21	8				29
		%	72.41	27.59				100

〔註130〕〔晉〕干寶，《搜神記》卷十六，頁122。
〔註131〕〔宋〕李昉編，《太平廣記》卷三百一十七〈鬼二〉，頁2505。
〔註132〕〔宋〕李昉編，《太平廣記》卷三百一十六〈鬼一〉，頁2504。
〔註133〕〔日〕池田溫，〈中國歷代墓券略考〉，頁221。洛陽博物館，〈洛陽東漢光和二年王當墓發掘簡報〉《文物》（1980年第6期），頁55。
〔註134〕〔日〕池田溫，〈中國歷代墓券略考〉，頁268。
〔註135〕本表統計數據資料參考自中國社會科學院考古研究所編輯，《廣州漢墓》表一〈廣州漢墓墓型簡表〉，頁7。

II	豎穴木槨	座	148	26	12	4		190
		%	77.89	13.68	6.32	2.11		100
III	有墓道豎穴分室木槨	座	13	30	20	25	13	101
		%	12.87	29.71	19.80	24.75	12.87	100
IV	直券頂磚室	座				9	14	23
		%				39.13	60.87	100
V	橫直券頂磚室	座				1	13	14
		%				7.14	92.86	100
VI	穹窿頂合券頂磚室	座					36	36
		%					100	100
VII	雙穹窿頂磚室	座					5	5
		%					100	100

　　以【表 3-1】為例，廣州地區所發掘的漢墓，Ⅰ型-豎穴土坑與Ⅱ型-豎穴木槨兩種墓葬型式，主要出現在西漢前期。單就豎穴木槨而論，東漢前期依舊出存有此墓葬形式，但比例僅佔 2.11%，遠遠不及西漢前期的 77.89%。不論是豎穴土坑或豎穴木槨，其墓葬形式均有「豎穴」此一特徵。所謂豎穴是指：由地表向下挖一放置棺槨的土坑，並於棺槨放置後將土方回填夯實。以廣州地區西漢早期墓為例，如【圖 3-4】所示：

圖 3-4　廣州西漢早期墓 1048 結構圖〔註 136〕

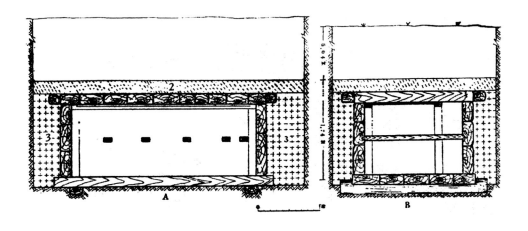

〔註 136〕【圖 3-4】掃描自中國社會科學院考古研究所編輯，《廣州漢墓》，頁 57。A：縱剖面圖，B：橫剖面圖。1.黃白色細沙，2.黏土，3.黑色細沙。

　　IV至VII型四種墓葬型式，的共同特徵有二：其一、均為磚室墓。其二、墓室上方有頂，不論其頂形式為券頂或穹窿頂，均是仿造生人住所之屋頂。此四種墓葬形式，主要出現於東漢晚期的漢墓，共計81座。IV至VII型四種型式即有68座，比例達83.95%。III型墓葬則是唯一縱橫兩漢的葬墓形式，此墓葬形式主要集中於西漢中期至東漢早期，占 74.36（29.71+19.80+24.75）%。西漢早期與東漢晚期各13座，比例為12.87%，可視為過渡形式。若以時間為軸觀看廣州地區漢墓結構圖（如【圖 3-5】所示），即可發現西漢早期至東漢晚期墓葬樣式的改變。

圖 3-5　兩漢五期廣州地區墓葬樣式變化圖〔註137〕

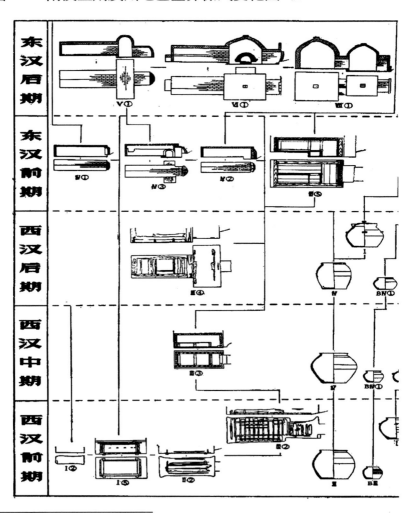

〔註137〕【圖3-5】掃描自中國社會科學院考古研究所編輯，《廣州漢墓》，頁468。

　　此外，位居河南省新鄉地區以及山西省朔縣的秦漢墓亦可窺見此一現象。根據劉習祥對新鄉火電廠出土的八百餘座西周、漢墓的研究顯示，該區域戰國至漢代的墓葬形制依序爲：土坑豎穴墓──半土坑半土洞墓──寬墓道土洞墓──墓道墓室等寬墓（或墓道稍寬於墓室墓）──墓道窄於墓室墓──長斜坡墓道寬墓室墓。而其相對應的時間爲：戰國晚期──秦漢之際──西漢早期前段──西漢早期後段至西漢中期──西漢晚期──東漢。〔註138〕山西秦漢墓葬整理如表。

表3-2　山西朔縣秦漢墓葬分類表〔註139〕

時期　墓葬形式	秦～西漢初期	西漢前期	西漢中期	西漢晚期	西漢末東漢初	東漢晚期
無椁豎穴土坑墓	∨	∨爲主	∨減少	∨		
有椁豎穴土坑墓	∨	∨爲主	∨減少	∨		
橫穴土洞墓		∨出現	∨	∨		
豎井墓道無椁土洞墓		∨出現	∨增加	∨爲主	∨	
有墓道的土坑木椁墓			∨出現	∨爲主		
洞室木椁墓				出現	∨增加	
磚室墓					∨出現	∨均爲

　　今日的山西、河南，西漢時屬於經濟、文化發達地區，東漢時期更是主要政治經濟的核心區。〔註140〕秦漢時，廣州雖屬邊陲地帶，但因早有漢人移入，並且設郡縣統治，故其文化除在地元素外，更有中原傳入之元素。三地的墓葬形制不約而同由豎穴改變爲墓室或墓室頂部由平頂的變爲人字形頂。

〔註138〕劉習祥，〈新鄉鳳凰山戰國兩漢墓地研究〉，《中原文物》（2007年第6期），頁49。
〔註139〕此表中，若當時期有此種墓葬形式，則以「∨」記之。「∨」後的文字，則是說明數量情況。資料來源：彭衛、楊振紅，《中國風俗通史‧秦漢卷》，頁462。
〔註140〕山東，最早之意當指華山以東。隨著秦國的擴張，秦以涵谷關、崤山與六國對峙，「山東」指崤山以東的用法開始通行。兩漢四百多年，漢人所謂的山東、山西通常以崤山爲分界。而山東、山西與關東、關西所指範圍，在漢朝亦有廣狹之分。廣義山東：泛指東方六國之舊地；狹義山東：指青、冀、兗、豫、徐全境、荊州北端、司隸東部和并州東南等地所行程的核心區。狹義山西：三秦舊地；廣義山西：除了三秦舊地外，亦包含漢武帝以後在西北和西南開拓的疆土。參見邢義田，〈試釋漢代的關東、關西與山東、山西〉，收入氏著《秦漢史論稿》（台北：東大圖書公司，1987年6月），頁113。

顯示當時漢人死後世界觀的改變反應在墓葬形制之上，時人「死為生之延續」觀念受強化。誠如蒲慕州所說：

> 平頂空心磚墓基本上仍為一「箱型」結構，為木槨的代替品，而人字頂空心磚墓則由於其斜坡屋頂式的結構，極為像生人房屋頂，再加上有橫樑、雕刻畫像、墓門等裝備，更加強了其為「地下居所」的象徵意義。〔註141〕

除了墓室頂部形式模仿生人居住的房屋外，另外在墓門結構上亦可見到漢人「事死如生」的想法。以洛陽金谷園漢墓（【圖3-6】、【圖3-7】）為例，該墓甬道前門為石門，門框安在門額和門欄上鑿的小洞內，左右兩門扉均刻有鋪首銜環。甬道後門為陶門，內框塗朱紅色，外框為白色，門楣以兩塊空心磚砌成，門扉為土黃色，上繪彩色鋪首銜環。〔註142〕洛陽偃師縣的新莽墓，考古學者將墓室的透視示意圖（【圖3-8】）畫出，漢人概念中鬼的居處更加具體化。〔註143〕此類墓葬的墓門門扉上，經常可見鋪首銜環。漢代貴族、富人的住宅大門或窗上，通常會有鋪首銜環的構件。其作用有二：一是方便拉開門扉；另一是作為客人來訪時敲門之用。〔註144〕在墓葬中發現此一構件，代表漢人觀念中，作為死後世界的居所，其建築要件多半是模仿自生人房屋的。

圖3-6　洛陽金谷園漢墓縱剖面圖〔註145〕

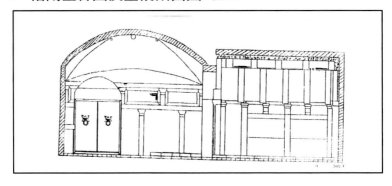

〔註141〕蒲慕州，《墓葬與生死——中國古代宗教之省思》，頁197。
〔註142〕洛陽博物館，〈洛陽金谷園新莽時期壁畫墓〉，收入洛陽師範學院河洛文化國際研究中心編《洛陽考古集成·秦漢魏晉南北朝卷》，頁516～517。
〔註143〕洛陽市第二文物工作隊，〈洛陽偃師縣新莽壁畫墓清理簡報〉，收入洛陽師範學院河洛文化國際研究中心編《洛陽考古集成·秦漢魏晉南北朝卷》，頁527～528。
〔註144〕彭衛、楊振紅，《中國風俗通史·秦漢卷》，頁227。
〔註145〕【圖3-6】掃描自洛陽博物館，〈洛陽金谷園新莽時期壁畫墓〉，頁517。

圖 3-7　洛陽金谷園漢墓橫剖面圖 〔註 146〕

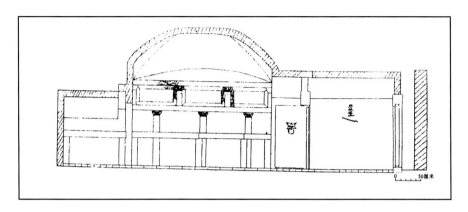

圖 3-8　洛陽偃師縣的新莽墓葬透視示意圖 〔註 147〕

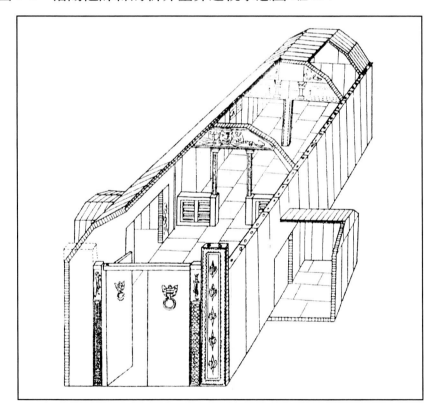

〔註 146〕　【圖 3-7】掃描自洛陽博物館，〈洛陽金谷園新莽時期壁畫墓〉，頁 517。
〔註 147〕　【圖 3-8】掃描自洛陽市第二文物工作隊，〈洛陽偃師縣新莽壁畫墓清理簡
　　　　　報〉，頁 528。

　　就算是外形多爲長方形的平頂的空心磚墓，亦有門、樞、門眉等構件。平頂的空心磚墓，由地面向下挖一長方形豎穴作爲墓道，墓道盡處挖一長方形墓室以存放屍體。墓室底部一般以空心磚並列平鋪作底。墓室前端豎立兩塊相對並列的空心磚象徵墓門，門的兩側又用兩塊長形空心磚豎立作樞，門樞之上橫放兩塊空心磚作爲門眉。墓室頂部以空心磚橫放並列平鋪形成椁蓋。〔註148〕以南陽市教師新村10號漢墓爲例，此墓的墓門高爲4.2公尺、寬3公尺，考古人員在清理時，在墓門附近發現大量朽木痕跡以及一對鋪首銜環，疑似爲木質門扉。〔註149〕

　　基於將墓室視爲「冥宅」或「陰宅」的基本理念，秦漢時人除了透過立體雕刻的斗栱、壁、柱、藻井呈現現世地上世界家居的情況，也透過佈局結構、家居用品與室內裝飾，特別是壁畫盡量重現地上世界的一切。秦漢時人亦透過墓室壁畫仿造地上世界宅院建築結構，例如：河南洛陽金谷園新莽壁畫墓前室四壁、洛陽尹屯壁畫墓中室四壁、內蒙古鄂托克鳳凰山1號漢墓、內蒙古和林格爾新店子1號壁畫墓前室北耳室頂部、陝西靖邊楊橋畔1號壁畫墓墓室四壁上方等，都保留了仿木樑柱結構的繪畫。〔註150〕此外，如洛陽燒溝61號墓墓頂平脊前部、洛陽金谷園東漢壁畫墓前室頂、洛陽滎陽王村鄉萇村墓甬道拱券頂和前室頂部等處所示，在墓室頂部壁畫中，經常繪有日、月、星、彩雲、等圖案。學者認爲此類壁畫有兩項意義：其一象徵天上世界，作爲死者死後得以升天的希望；其二象徵大型宅院前部的露天庭園。〔註151〕

　　不論如何，漢人模仿生人房屋來建構鬼的居所，並且留有門、門扉、門楣、鋪首銜環等構件。可見，在漢人的觀念中，生活於地下世界的鬼，不會被禁錮於墓室之中，而是可以透過「門」以及「神道」〔註152〕的作用離開或進入自身居所。如此，在田疇前往祭祀時，劉虞才能離開墓室現身「與田子泰言生平之

〔註148〕李如森，《漢代喪葬禮俗》，頁296～297。

〔註149〕南陽市文物研究所，〈南陽市教師新村10號漢墓〉，《中原文物》（1997年第4期），頁24。

〔註150〕黃佩賢，《漢代墓室壁畫研究》（北京：文物出版社，2008年11月），頁255～256。

〔註151〕黃佩賢，《漢代墓室壁畫研究》，頁256。

〔註152〕貴族富人的墳地前多修築神道。神道不僅是祭祀者通行的道路，更重要的是它意味著爲死者靈魂的出入開闢了通道。在神道上，人們要立木或石爲標。參見彭衛、楊振紅，《中國風俗通史·秦漢卷》，頁455～456。

事」。〔註 153〕既然門是溝通墓室內外重要孔道，也就有可能成爲入侵者進入墓室的捷徑。爲此，在墓室入口的門柱上、墓室壁畫、棺槨之上繪有執武器的衛兵、執盾門吏、胡兵、蹶張等人類形象或是方相氏、土伯等圖像。〔註 154〕以河南南陽畫像石墓（M2）爲例，該墓南墓門南北兩側各刻有一雙手執棨戟的門吏；墓門斗形櫟柱北側，刻有一身著長袍，雙手擁慧低頭側立門吏；墓門斗形櫟柱南側，刻有雙手執鉞之吏（如【圖 3-9】）。此外，更有執金吾之吏以及蹶張之圖像（如【圖 3-10】）。〔註 155〕這些圖像的作用，主要是保護死者免受外界騷擾。更有死者爲保護自己死後生活的安寧，在墳冢碑文寫著恐嚇字句：

圖 3-9　河南南陽市安居新村漢畫像石墓墓門及剖面圖〔註 156〕

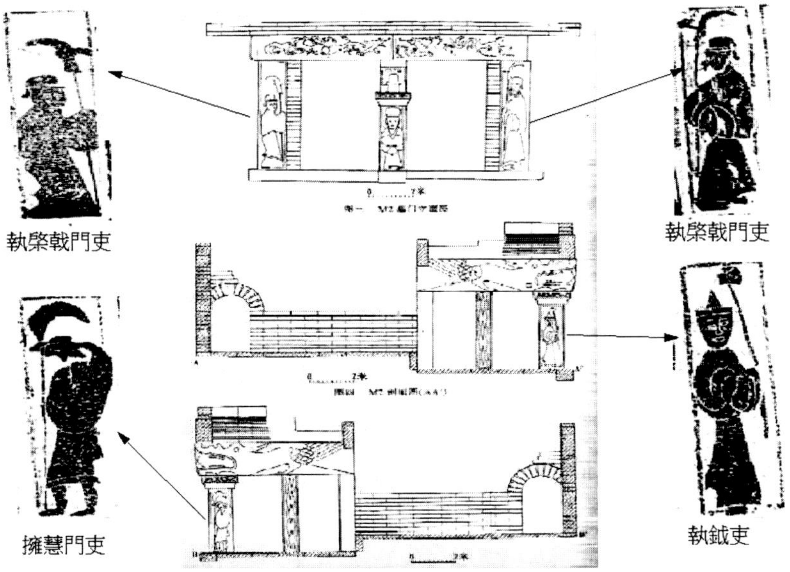

〔註 153〕〔宋〕李昉編，《太平廣記》卷三百一十七〈鬼二〉，頁 2506。

〔註 154〕〔日〕林巳奈夫，〈門番と門を守る神〉，收入氏著《石に刻まれと世界——畫像石が語る古代中國の生活と思想》（東京：株式會社東方書店，1992 年 1 月），頁 36。《漢書》注引如淳說法「材官之多力，能腳踏強弩張之，故曰：蹶張。」材官頭戴冠、鼓目、露齒，背後插矢，兩足踏弓，兩手上弦，形象凶悍。參見周到等，《河南漢代畫像磚》（台北：丹青圖書有限公司，1986 年），頁 109、116。

〔註 155〕南陽市文物考古研究所，〈河南南陽市安居新村漢畫像石墓〉，《考古》（2005 年第 8 期），頁 28～32。

〔註 156〕【圖 3-9】掃描改繪自南陽市文物考古研究所，〈河南南陽市安居新村漢畫像石墓〉，頁 28、32。

圖 3-10　河南南陽市安居新村漢畫像石墓蹶張〔註157〕

執金吾吏　　　　　　　　　　蹶張

諸敢發我丘者，令絕毋廬後。疫設不詳者，使絕毋廬後。毋諫賣人，
毋效埋狸人，使絕毋廬後。毋攻毋記，身已下冢，罪赦毋巫爲諭，
毋背毋考。必罪天不利子孫。教人政道，勿使犯磨。……身禮毛膚，
父母所生，慎無毀傷，天利之。分率必讓厚，何絕永強。卿晦災卿，
陽得見車博勞道旁，蛇鼠蝘當道，秉輿頭天，居高視下，莫不謹者。
〔註158〕

此段文字，除了恐嚇發冢盜墓者外，也以「身禮毛膚，父母所生」對盜墓者
曉以大義。最後文字還不忘提醒發丘者，只要敢發丘一定會被天「居高視下」
所發覺。除了透過文字恐嚇、門吏等圖像來保護死者外。從漢代壁畫中也可
發現時人會在棺木四方或這墓塚四界繪有飄渺的雲氣、仙靈、奇禽怪獸的形
象來保護死者，避免受到外界惡靈的干擾。而當中所繪之形象土伯、四神（朱
雀、青龍、白虎、玄武）、西王母等。〔註159〕

四、性

　　漢朝時人觀念中，鬼除了具有食、衣、住等生理需求外，亦有性的需求。
睡虎地秦墓竹簡《睡虎地秦墓竹簡‧日書甲種》：

〔註157〕【圖 3-10】掃描自南陽市文物考古研究所，〈河南南陽市安居新村漢畫像石
　　　　墓〉，頁 32。
〔註158〕顧承銀、卓先勝、李登科，〈山東金鄉魚山發現兩座漢墓〉，《考古》（1995 年
　　　　第 5 期），頁 386。
〔註159〕林巳奈夫，《漢代の神神》（東京：臨川書店，1989 年），頁 127。

犬恒夜入人室，執丈夫，戲女子，不可得也，是神狗僞爲鬼。〔註160〕

顯然神狗化爲男鬼貌，利用黑夜入屋「執丈夫，戲女子。」到了漢朝，人鬼相交的情況更多。《風俗通義》卷九〈怪神〉：

> 汝南汝陽西門亭有鬼魅，賓客宿止，有死亡，其屬厭者，皆亡髮失精，尋問其故，云：「先時頗已有怪物，其後，郡侍奉掾宜祿鄭奇來，去亭六七里，有一端正婦人，乞得寄載，奇初難之，然後上車，入亭，趨至樓下，吏卒檄白：『樓不可上。』奇曰：『我不惡也。』時亦昏冥，遂上樓，與婦人棲宿，未明發去。亭卒上樓掃除，見死婦，大驚，走白亭長。〔註161〕

《風俗通義》中，鄭奇與化爲鬼魅之婦屍棲宿一晚。《搜神記》亦有類似故事：

> 漢談生者，年四十，無婦，常感激讀詩經，夜半，有女子年可十五六，姿顏服飾，天下無雙，來就生，爲夫婦。之言，曰：「我與人不同，勿以火照我也，三年之後，方可照耳。」與其爲夫婦，生一兒，二歲，不能忍，夜，伺其寢後，盜照視之。其腰已上，生肉如人，腰已下，但有枯骨。〔註162〕

年約十五、六歲之女，不但與談生發生性關係，更爲此產下一兒。在這些事例中，顯示：

1. 鬼與人相同，具有性需求。
2. 人與鬼相交。鬼雖有性需求，但鬼性交的對象並非屬於同類的鬼，而是與其殊途的人。不論是神狗僞爲鬼戲女子、鄭奇與婦棲宿或談生故事，都是人與鬼相交。
3. 鬼與人相交，必須具備身體的特質。從上述鄭奇、談生的故事。當中的女鬼，都是使自己具有生人一般的軀體，才有辦法與活人發生性關係。也就是說，當鬼無實質軀體時，是無法與生人發生性關係的。

五、地下土地所有權

　　既然墳冢被視爲鬼在地下世界的住屋，那墳冢所在之地皮理當視爲死者

〔註160〕睡虎地秦墓竹簡整理小組，《睡虎地秦墓竹簡・日書甲種》（北京：文物出版社，1999年），頁212。

〔註161〕〔漢〕應劭撰，王利器校注，《風俗通義校注》卷九〈怪神〉，頁425。

〔註162〕〔晉〕干寶，《搜神記》卷十六，頁127。

所擁有的私有地，這樣的情況從漢朝當時的買地券中可以得到證實。因為只有當死者擁有土地所有權證明的情況下，才可以在地下世界永久定居，故買地券可視為一種地下世界土地所有權證明。〔註163〕今日所見最早的買地券始於漢代，早期買地券內容包含：買賣雙方姓名、土地來歷、行政區劃、四至、面積、地價、交割過程、以及證人與酬勞方式。〔註164〕關於土地所有權的問題可以從視為地下世界土地所有權書的買地券窺見。漢朝時人對購墳冢用地，在買地券中有不同代稱，例如：山、冢地、冢田，有時則簡稱為「田」。這一類的資料集中於池田溫的〈中國歷代墓券略考〉以及散在各考古學報。本文為避免引文過渡冗長繁雜，僅引內容較為完整兩例作為分析素材。例一：

> 熹平五（西元176）年七月庚寅朔十四日癸卯、廣□鄉樂成里劉元臺、從同縣劉文平妻□（買）代夷里塚地一處。賈錢二萬、即日錢畢。（南）至官道、西盡（墳）瀆、東與房親、北與劉景□為冢。時臨知者劉元泥、杭安居、共為卷書平折（卷、券）。不當賣而賣、辛為左右所禁 （辛、幸。 、固）。平□為是正、如律令。〔註165〕

例二：

> 光和元（西元178）年十二月丙午朔十五日，平陰都鄉市南里曹仲成，從同縣男子陳胡奴，買長谷亭部馬領佰北冢田六畝（佰、陌）。●千五百，并直九千，錢即日畢。田東比胡奴、北比胡奴、（背）西比胡奴、南盡松道。四比之內，根生伏財物一錢以上（財、在），皆屬仲成。田中有伏尸既骨（骨、？），男當作奴、女當作婢皆當為仲成給使。時旁人賈，劉皆知券約。他如天帝律令。〔註166〕

從資料中可以窺見買地券中構成要素。

1、買賣時間

　　兩次土地買賣正式確立的時間是分別在東漢靈帝熹平五（西元176）年七月庚寅朔十四日癸卯、東漢靈帝光和元（西元178）年十二月丙午朔十五日。

〔註163〕陳華文，《喪葬史》（上海：上海文藝出版社，1999年11月），頁204。

〔註164〕杜正勝，《編戶齊民——傳統政治社會結構之形成》，頁142。此外，關於買地券的史料價值，杜正勝也於該書之後的附錄七提出見解。他認為若所買之土地為墓地，作為埋葬之用，將買地券隨屍體埋葬入墓是合情合理的。

〔註165〕池田溫，〈中國歷代墓券略考〉，頁220。

〔註166〕池田溫，〈中國歷代墓券略考〉，頁220～221。

2、買賣雙方

買賣本身就是一種交換的行為，既然是交換，必定不會只有一方。以此為例，兩次土地買賣均明確記載買方與賣方。買地券中除書寫買賣雙方姓名外，也是需要書寫雙方的籍貫。例二買方為「平陰都鄉市南里」的曹仲成；賣方為「同縣男子」陳胡奴。平陰為縣名，屬於河南尹，地處黃河南岸，都鄉為鄉名，市南里為里名。縣——鄉——里的籍貫或居地記載模式，符合漢朝地方行政組織體系。〔註167〕漢朝以後，冢地賣方產生虛擬化的情況。也就是說，賣方不再是實際的人，而是虛擬的神或天地。東晉成帝咸康二（西元336）年的冢地即是「從天買地、從地買宅」，〔註168〕而吳大帝黃武四（西元225）年埋葬九江男子浩宗的冢地則是從「東王公、西王母」〔註169〕購得。

3、土地特徵

對於買賣雙方交易的土地，其特徵會書寫於買地券中。此一動作的背後原因當避免買賣土地雙方在買賣物件上認知差異的產生。而土地特徵有以下幾點：

（1）土地所在地

例一雙方所買賣物件為一塊位在「代夷里」的土地。

（2）土地四界

土地買賣中，會明確的指出買賣物件之四方邊界。例一中雙方買賣物件的四方邊界即為「（南）至官道、西盡（墳）瀆、東與房親、北與劉景□為冢」。例二的四界則為「田東比胡奴、北比胡奴、（背）西比胡奴、南盡松道。」不論是例一、例二其土地四界當為實際情況。不過，三國以後，原本標明土地界線的四界發生以天干為界的虛擬化情況。吳大帝黃武四（西元225）年十一月癸卯朔廿八日庚午的買地券，其四界是：

> 東邸甲乙（邸、抵）、西邸庚辛（邸、抵）、南邸丙丁（邸、抵）、北邸壬癸（邸、抵）。〔註170〕

〔註167〕關於秦漢的地方行政體系可參見嚴耕望，《中國地方制度史甲部——秦漢地方行政制度》（台北：中央研究院歷史語言研究所，1990年5月），頁408附圖。
〔註168〕池田溫，〈中國歷代墓券略考〉，頁228。
〔註169〕池田溫，〈中國歷代墓券略考〉，頁224。
〔註170〕池田溫，〈中國歷代墓券略考〉，頁224。

甚至以四聖獸作為四界，例如唐宣宗大中元（西元847）年買地券：

> 東至青龍、西至白虎、南至朱〔雀〕、北至玄武。〔註171〕

除四界發生虛擬化外，對於鬼所擁有的冢地範圍也從二維的平面空間擴展到三維立體世界。如東晉成帝咸康二（西元336）年買地券，其立體六界為：

> 東極甲乙、南極丙丁、西極庚辛、北極壬癸、中極戊己、上極天、
>
> 下極泉。〔註172〕

（3）土地面積（含四邊長）。

以例二來說，雙方買賣的冢地面積為六畝。有時也會將冢地的四邊長也寫入買地券中，如東漢章帝建初六（西元 81）年麋嬰所購買冢地，券中不但記載冢地面積為二十三畝奇百六十四步，更將四邊長度列出，分別是：

> 南廣九十四步、西長六十八步、北廣六十五、東長（以下背面）七
>
> 十九步。〔註173〕

4、金　額

漢朝多數冢地的交易金額為實際買賣金額，譬如例一與例二的交易金額分別是兩萬錢與九千錢。此外買地券中更明講此次交易已經銀貨兩訖，並且有人作證。例一即說：「時臨知者劉元泥、枕安居、共為卷書平折（卷、券）」；例二在交易立卷過程中都有「賈、劉」在旁。如同賣方、四界一般，冢地的交易金額後來也出現虛擬化的現象。如北周時買地券交易價格為「万万九千九百九十〔九〕錢」。〔註174〕以現有資料看來，冢地交易金額虛擬化的時間晚於賣方與四界虛擬化時間。對此，買地券本身就是土地買賣契約，《說文解字》就將「券」解釋為「契」或「書契」。〔註175〕既然涉及實際金錢交易，故在北周之前都還是以實際交易金額載入，而無虛擬化之情況。

買地券在賣方、地價、四界等買地券構成要素有虛擬化之現象，其原因為六朝以後買地券多轉換僅有宗教意義的虛構地券。〔註176〕從虛構地券中，生人希望可以加強死者在死後世界的安全保障。

〔註171〕池田溫，〈中國歷代墓券略考〉，頁225。
〔註172〕池田溫，〈中國歷代墓券略考〉，頁228。
〔註173〕池田溫，〈中國歷代墓券略考〉，頁214。
〔註174〕池田溫，〈中國歷代墓券略考〉，頁233。
〔註175〕〔東漢〕許慎撰，〔清〕段玉裁注，魯實先正補，《說文解字注》，頁184。
〔註176〕杜正勝，《編戶齊民——傳統政治社會結構之形成》，頁437。

六、稅　役

　　漢人認知中的地下世界，有著大批管理鬼魂的地下官吏，如地下二千石、魂門亭長等等。若是仿造地上人間的制度，這些地下官吏的薪俸當然來自於居住於地下的眾鬼。也就是說，當人死後的編戶名籍轉移到地下，活人世界的賦役義務也隨之轉移地下。如此，在死者下葬的時候，生人才會為其準備納稅服役的替代品，希望死者在地下世界可免為賦役所苦。那鬼在地下世界到底有哪些賦役呢？以熹平二（西元 173）年的鎮墓盆為例，家人為死者張淑敬準備：

　　　　鉛人，持代死人。黃豆瓜子，死人持給地下賦。〔註177〕

鎮墓文中用「地下賦」而非「地下稅」或「地下租」是有其特殊涵意的。顏師古在《漢書》卷二十四〈食貨志〉注中提到：「賦謂計口發財，稅謂收其田入也。」〔註178〕可見在漢朝，「賦」與「稅」是兩種涇渭分明的稅種。漢代公私文獻中所說的「田租」、「租稅」指的都是「稅」，即是「田稅」，屬土地稅。「賦」是以人口為徵稅對象的稅種，屬人頭稅。因為用途有異，故漢代「賦」名不少，諸如：算賦、口賦等等。〔註179〕故地下統治體系是可以透過地下籍對死後世界的地下編戶民進行課稅的。

　　除了有地下賦之外，生活在死後世界的鬼必須服勞役。如《搜神記》中胡母班的亡父：

　　　　胡母班字季友，泰山人也。……至泰山側，不敢潛過。遂扣樹，自
　　　　稱姓名：「從長安還，欲啟消息。」須臾，昔騶出，引班如向法而進。
　　　　因致書焉。府君請曰：「當別再報。」班語訖，如廁。忽見其父著械
　　　　徒作，此輩數百人。班進拜流涕，問：「大人何因及此？」父云：「吾
　　　　死不幸，見遣三年，今已二年矣。困苦不可處。知汝今為明府所識，
　　　　可為吾陳之，乞免此役。便欲得社公耳。」班乃依教，叩頭陳乞。
　　　　〔註180〕

故事中，胡母班的亡父與數百人，死後在泰山府君處服役。故事中並無明言地下勞役所做為何，但是從「困苦不可處」推測，地下勞役肯定不是件輕鬆的工

〔註177〕池田溫，〈中國歷代墓券略考〉，頁 273。

〔註178〕《漢書》卷二十四〈食貨志〉，頁 1120。

〔註179〕鄭學檬主編，《中國賦役制度史》（上海：上海人民出版社，2000 年 9 月），頁 39、47～48。

〔註180〕〔晉〕干寶，《搜神記》卷四，頁 29～30。

作。至於服役的時間，則爲三年。胡母班之亡父爲泰山郡人，死後前往泰山府君處服役。正因爲地下世界存有「困苦不可處」的勞役，於漢代死者親屬才會在埋葬過程中，埋入鉛人，並且註明「持代死人」。這種持代鉛人具有「能舂能炊、上車能御、把筆能書」〔註181〕的能力，因此可以代替死者前往地下官府服役。若無此一持代鉛人的話，那死者在地下世界要服的勞役工作即有：舂、炊、御還有書寫，而服務對象則極有可能是地下官僚。因爲，死後世界是仿效生人世界，這包含了統治體系與編戶民所應盡之義務。生人世界編戶民的徭役，若以漢景帝前二（西元前 155）年爲準，男子傅籍年齡改爲二十歲。傅籍之後，必須在本郡服徭役三年，每年一個月，稱爲「更卒」。〔註182〕所以，胡母班的亡父才會出現在泰山府君處從事勞動。

第四節　鬼貌、鬼聲與鬼性

一、鬼　貌

《韓非子》一則有趣的故事，可作爲本節的開端。《韓非子》卷十一〈外儲〉：

> 客爲齊王畫者，齊王問曰：「畫孰最難者？」曰：「犬馬最難。」「孰最易者？」曰：「鬼魅最易。夫犬馬人所知也，旦暮罄於前，不可類之，故難。鬼魅，無形者，不罄於前，故易之也。」〔註183〕

畫者認爲畫鬼魅最容易，在於鬼魅無形，其形貌如何無人知曉，故可憑個人自由想像。正因如此，畫鬼魅也就比畫犬馬簡單多了。應劭的《風俗通義》中引用了《韓非子》的這則故事，並且將鬼魅易畫的原因解釋爲「鬼魅無形，無形者不見，不見故易。」〔註184〕

兩漢時期，也有類似說法的出現。《淮南子》說：

> 今夫圖工好畫鬼魅，而憎圖狗馬者，何也？鬼魅不世出，而狗馬可日見也。〔註185〕

〔註181〕池田溫，〈中國歷代墓券略考〉，頁271。
〔註182〕韓復智、葉達雄、邵台新、陳文豪編著，《秦漢史》（台北：里仁出版社，2007年元月），頁207。
〔註183〕陳奇猷，《韓非子集釋》（高雄：復文圖書出版社，1991年7月），頁633。
〔註184〕〔漢〕應劭撰，王利器校注，《風俗通義校注》〈自序〉，頁16。
〔註185〕劉文典，《淮南鴻烈集解》卷十三〈氾論訓〉，頁432。

東漢張衡則說：

> 譬猶畫工，惡圖犬馬而好作鬼魅，誠以實事難形，而虛僞不窮也。
> 〔註186〕

東漢徐幹也說：

> 事莫貴乎有驗，言莫棄乎無徵。……今不信吾所行而怨人之不信，
> 猶教人執鬼縛魅而怨人之不得也。〔註187〕

對於鬼魅形象，林富士認爲《韓非子》所稱之「無形」可以根據上述引文有三種情況，分別是：

> 第一，指「虛無」而言，也就是根本沒有「鬼魅」之「實物」。
>
> 第二，指「隱形」或「無形體」而言。指鬼魅因爲「無形體」或「隱形」，
> 　　　以致一般人無法見其形象。
>
> 第三，指罕見而言。

據此，林富士認爲兩漢、六朝的觀念，絕大多數的人確實看不見鬼魅等「隱形」之物，但如巫覡、見鬼者等特殊人物，或者一般人在某些情境下、運用某些方法還是可以看見鬼魅的。也就是說，鬼其實是具有「形貌」的。〔註188〕

既然鬼是具有形象外貌的，那鬼的外貌爲何呢？徐華龍在《中國鬼文化》中說：

> 鬼的形象如何？一般都以爲無形無影，不可捉摸。……不過鬼的形
> 象越皆近於人，那就說明這類鬼的產生時代越晚；反之，鬼的形象
> 越接近於動物，那就說明哪類鬼產生的時代越早。〔註189〕

對於這樣的說法，可以分爲兩個層面來討論。第一，鬼的外形確實可以分爲人形以及動物形兩種，這樣的概念，到了戰國末年已經存在。自此以後中國人對鬼形象的想像，也就不脫此二類。〔註190〕從文獻資料中探討，鬼的外形確實可

〔註186〕《後漢書》卷五十九〈張衡列傳〉，頁1912。

〔註187〕〔東漢〕徐幹，《中論》（台北：世界書局，1975年11月）卷上〈貴驗第五〉，頁15。

〔註188〕林富士此文的主題爲「魅」，但其所引用之資料都是「鬼魅」二字並舉，在解釋「魅」形象的過程中亦是「鬼魅」二字連用，故以此作爲鬼形象解釋亦無不可。以上三種情況參見林富士，〈釋「魅」〉，收入蒲慕州編，《鬼魅神魔——中國通俗文化側寫》，頁120～122。

〔註189〕徐華龍，《中國鬼文化》（上海：上海文藝出版社，1991年9月），頁12～13。

〔註190〕蒲慕州，〈中國古代鬼論述的形成（先秦至漢代）〉，收入蒲慕州編，《鬼魅神魔——中國通俗文化側寫》，頁33。

以分為人形與動物形。《韓非子》燕人李季、《漢書》李少翁招李夫人與漢武帝相會、《搜神記》劉根招鬼等故事都是鬼作人形的例子。《左傳》中彭生死後化為豕、《漢書》中趙王劉如意化為倉狗都可說是動物形的鬼。因此，徐華龍所言的第一點是可以成立的。第二、鬼的人形、動物形和出現的先後時間而言，徐華龍認為動物形的鬼出現時間早於人形鬼出現的時間。對此筆者認為人形與動物形的鬼出現時間先後，並非如其所言。舉個例子來說，在時間較早的《韓非子》中，李季所遇之鬼，即為真人假扮的人形之鬼；但成書較晚的《漢書》中，劉如意所變之鬼卻為倉狗貌。僅此一條，即可反駁徐華龍的觀點。

（一）人形之鬼

鬼既然是由人死後所變成的，鬼的外形當然就是人的樣子。人形之鬼於先秦即已出現史籍，並為兩漢時人所繼承。例如東漢時人即認為鬼的形貌與人是沒有差異，並且與蜚尸或者走尸一樣具有與人無異的外形。王充為論述無鬼之說，特將時人的鬼觀念陳述其中。《論衡》說：

> 案世人論死，謂其精神有（自）若，能更以精魂立形見面，使尸若
> 生人。……人死世謂鬼，鬼象生人之形，見之與人無異。〔註191〕

> 鬼者，物也，與人無異。……故凶禍之家，或見蜚尸，或見走尸，
> 或見人形，三者皆鬼也。〔註192〕

觀察史料，先秦到兩漢時期的人形鬼，其外貌可以分為以下數種：

1、只見輪廓不見五官

人形鬼的外貌，有時僅會呈現一個與生時類似的輪廓，看不清其面貌五官。最明顯的例子就是漢武帝透過方士少翁的協助見到的王夫人。《史記》卷十二〈孝武本紀〉：

> 其明年，齊人少翁以鬼神方見上。上有所幸王夫人，夫人卒，少翁
> 以方術蓋夜致王夫人及竈鬼之貌云，天子自帷中望見焉。於是乃拜
> 少翁為文成將軍，賞賜甚多，以客禮禮之。〔註193〕

故事中漢武帝僅僅從「帷中望見」王夫人與竈鬼之貌，想必無法看清兩者細部的面貌，僅見朦朧之人形。

〔註191〕黃暉，《論衡集解》卷二十一〈死偽篇〉，頁893、903。
〔註192〕黃暉，《論衡集解》卷二十二〈訂鬼篇〉，頁936、937。
〔註193〕《史記》卷十二〈孝武本紀〉，頁458。

2、不僅輪廓更見五官

此處的正常人形之鬼指的就是形貌與生人相同者。例如《左傳》中結草銜環以報恩的魏武子嬖妾之父：

> 初，魏武子有嬖妾，無子。武子疾，命顆曰：「必嫁是。」疾病，則曰：「必以爲殉。」及卒，顆嫁之，曰：「疾病則亂，吾從其治也。」及輔氏之役，顆見老人結草以亢杜回，杜回躓而顛，故獲之。夜夢之曰：「余，而所嫁婦人之父也。爾用先人之治命，於是以報。」〔註194〕

故事中不見披頭散髮的形象，更無青面獠牙的恐怖樣貌，僅僅以老人的型態出現在顆的夢中告訴事情始末與報恩之因。到了兩漢時期，亦有故事告訴著我們，當時觀念中鬼的形貌也與生人無異。《後漢書》載：

> 劉根者，潁川人也。隱居嵩山中。諸好事者自遠而至，就根學道，太守史祈以根爲妖妄，乃收執詣郡，數之曰：「汝有何術，而誑惑百姓？若果有神，可顯一驗事。不爾，立死矣。」根曰：「實無它異，頗能令人見鬼耳。」祈曰：「促召之，使太守目覩，爾乃爲明。」根於是左顧而嘯，有頃，祈之亡父祖近親數十人，皆反縛在前，向根叩頭曰：「小兒無狀，分當萬坐。」顧而叱祈曰：「汝爲子孫，不能有益先人，而反累辱亡靈！可叩頭爲吾陳謝。」祈驚懼悲哀，頓首流血，請自甘罪坐。根嘿而不應，忽然俱去，不知在所。〔註195〕

故事中，劉根左顧而嘯後，立即有數十鬼現身。由於鬼保留死亡當下的外貌特徵，史祈也才能一眼認出所召之鬼是自己「亡父祖近親」。由於史祈得罪了劉根，鬼出現的姿態是「反縛」跪劉根面前，向其叩頭稱罪。兩漢時期，當時流死後厚葬，縱然政府召令多次宣告天下禁止。〔註196〕王充、張霸、趙咨、

〔註194〕《春秋左傳正義》卷二十四〈宣公十五年〉，頁671～672。

〔註195〕《後漢書》卷八十二〈方術列傳〉，頁2746。

〔註196〕蒲慕州認爲厚葬應該包含「僭禮」與「奢侈」兩方面。「僭禮」：葬禮超過某一公認的身份標準。其情況主要出現在春秋戰國時期，反映當時既有的政治社會秩序的鬆解，周天子權威不斷下降，諸侯和卿大夫勢力交替膨脹所導致的結果。漢朝所表現的厚葬主要在「奢侈」層面，所謂的「奢侈」是指：雖然沒有超過身份標準，但使用過分豪華的材料，或者只因爲葬禮費用超過死者家庭的經濟能力。造成此一現象的原因有三：1.漢朝對於死後世界的想像明顯較以往更爲清楚。也就是說，漢代厚葬風氣的形成與對死後世界想像的具體化有相當密切的關係。2.當時社會經濟力量提升。3.在思想方面，有孝道思想的推波助瀾。參見蒲慕州，〈漢代薄葬論的歷史背景及其意義〉，《中央研究院歷史語言研究所集刊》第六十一本第三份（1992年3月），頁534～535、

盧植、趙岐、楊王孫、等主張薄葬或者身體力行之人。〔註197〕但不論如何，對於過往的親人，絕對不會將其屍體「反縛」而後下葬的。但是，為何於史祈得罪劉根之後，其「亡父祖近親」出現時是以「反縛」的形貌呢？這樣的改變可以說明，兩漢時期的觀念中，人死之後所呈現的人形之鬼，可能會隨著某些特殊的情況而有所改變。這樣的改變，具有如同生人一般會隨著某些情境而改變自己的肢體動作。

此外發生在漢朝北海營陵地區的故事，當地有位妻子死亡數年的男子，為了與亡妻見上一面，求助同郡道人：

> 漢北海營陵有道人，能令人與已死人相見。其同郡人，婦死已數年，聞而往見之，曰：「願令我一見亡婦，死不恨矣。」道人曰：「卿可往見之。若聞鼓聲，即出勿留。」乃語其相見之術。俄而得見之。
> 於是與婦言語，悲喜恩情如生。〔註198〕

透過道人的「相見之術」使死生異路的夫婦兩人得以見面。見面之後，丈夫不但不害怕已成鬼的妻子，反而與之言語悲喜恩情有如妻子在生之時。可見，已成為鬼的妻子具有與生時相同的形貌。在兩漢故事中，也有鬼的外貌不但與生人相同，還是面貌端正姣好。通常這種情況都發生在女鬼身上。例如宜

543～550。蒲慕州，《墓葬與生死——中國古代宗教之省思》，頁 248。兩漢天子下詔禁止厚葬的詔書有七次之多，其中西漢僅有成帝永始四（西元前 13）年一次，東漢則在光武帝建武七（西元 31）年、明帝永平十二（西元 69）年、章帝建初二（西元 77）年、和帝永元十一（西元 99）年、安帝永初元（西元 107）年及元初五（西元 118）年各一次。參見楊樹達，《漢代婚喪禮俗考》（上海：上海古籍出版社，2007 年 4 月），頁 102～104。

〔註197〕 王充於《論衡》一書中撰有〈薄葬篇〉。參見黃暉，《論衡校釋》卷二十三〈薄葬篇〉，頁 961～967。「（張霸）後當為五更，會疾卒，年七十。遺勅諸子曰：「昔延州使齊，子死嬴、博，因坎路側，遂以葬焉。今蜀道阻遠，不宜歸塋，可止此葬，足藏髮齒而已。務遵速朽，副我本心。人生一世，但當畏敬於人，若不善加己，直為受之。」參見《後漢書》卷三十六〈李杜列傳〉，頁 1242。（趙咨）抗疾京師，將終，告其故吏朱祇、蕭建等，使薄斂素棺，籍以黃壤，欲令速朽，早歸后土，不聽子孫改之。參見《後漢書》卷三十九〈劉趙淳于江劉周趙列傳〉，頁 1314。(盧植)初平三年卒。臨困，勅其子儉葬於土穴，不用棺椁，附體單帛而已。參見《後漢書》卷六十二〈李杜列傳〉，頁 2119。（趙岐）勅其子曰：「我死之日，墓中聚沙為牀，布簟白衣。散髮其上，覆以單被，即日便下，下訖便掩。」參見《後漢書》卷六十二〈李杜列傳〉，頁 2125。楊王孫希望裸葬，參見《漢書》卷六十七〈楊胡朱梅云傳〉，頁 2908～2909。

〔註198〕 〔晉〕干寶，《搜神記》卷二，頁 16。

祿鄭奇所遇到的「端正婦人」〔註199〕與漢朝談生所遇「姿顏服色，天下無雙」的十五、六歲女子：

> 漢，談生者，年四十，無婦，常感激讀詩經，夜半，有女子，年可十五六，姿顏服飾，天下無雙，來就生爲夫婦之言，曰：「我與人不同，勿以火照我也，三年之後，方可照耳。」與其爲夫婦，生一兒，已二歲，不能忍，夜，伺其寢後，盜照視之。其腰已上生肉，如人；腰已下，但有枯骨。婦覺，遂言曰：「君負我，我垂生矣。何不能忍一歲，而竟相照也？」生辭謝涕泣，不可復止。〔註200〕

對談生仰慕並且以身相許的十五六歲女子，故事中將其描述爲「姿顏」天下無雙外，對其服飾亦以「天下無雙」來形容。可見，這位女鬼是有美麗的衣物著身蔽體。停喪在殯的來季德突然「作祭牀上，顏色服飾，聲氣熟是也」此種情況還「如此三四」弄得全家雞飛狗跳而感到厭苦。在這三四次的作祭牀上的過程中，來季德所穿著的就是家人平常熟悉的服飾。〔註201〕漢獻帝建安年間，那位被太山司命屬吏誤召而亡的南陽賈偶（字文合），在被送回的路途上見到一獨行少女，文合便問少女：「子類衣冠，何乃徒步？」憑著對於少女的衣冠判斷，此女當爲富貴人家，不應該獨自走路於道上，所以才有「何乃徒步」一問之語。可見此女鬼不但是個人形之鬼，而且衣冠服飾應當是相當不差。〔註202〕從上述所徵引的例子中，我們可以清楚知道，在漢朝時人的觀念中，鬼的形貌不但可以與生人無異的人形，更可穿著衣物。

　　既然鬼如同人一樣對於衣物是採取穿著的使用方式，那有沒有可能具有全身赤裸的鬼形象呢？《韓非子》中即有這樣個例子。燕人李季的老婆，趁著李季出遠門之際「私有通於士」，沒想到李季突然返回，李妻慌亂不知所措之際，其室婦替李妻出的主意說：

> 其室婦曰：「令公子裸而解髮直出門，吾屬佯不見也。」於是公子從其計，疾走出門，季曰：「是何人也？」家室皆曰：「無有。」季曰：「吾見鬼乎？」婦人曰：「然。」〔註203〕

被李季誤認成鬼的男子，其外貌當然與生人無異。只是，此鬼鬼全身赤裸披

〔註199〕〔漢〕應劭撰，王利器校注，《風俗通義校注》卷九〈怪神〉，頁425。
〔註200〕〔晉〕干寶，《搜神記》卷十六，頁127。
〔註201〕〔漢〕應劭撰，王利器校注，《風俗通義校注》卷九〈怪神〉，頁416～417。
〔註202〕〔晉〕干寶，《搜神記》卷十五，頁112～113。
〔註203〕陳奇猷，《韓非子集釋》卷十〈內儲說下〉，頁579。

頭散髮。但李季最後也相信了其妻與家室婦的說法。可見，在當時似人且赤身裸體披頭散髮的鬼形象爲一般人所接受。到了漢朝，赤身裸體的人形鬼也出現在史籍之中。例如《後漢書》卷八十一〈獨行列傳〉：

> （王忳）仕郡功曹，州治中從事。舉茂才，除郿令。到官，至斄亭。亭長曰：「亭有鬼，數殺過客，不可宿也。」忳曰：「仁勝凶邪，德除不祥，何鬼之避！」即入亭止宿。夜中聞有女子稱冤之聲。忳呪曰：「有何枉狀，可前求理乎？」女子曰：「無衣，不敢進。」忳便投衣與之。女子乃前訴曰：「妾夫爲涪令，之官過宿此亭，亭長無狀，賊殺妾家十餘口，埋在樓下，悉取財貨。」〔註204〕

故事中的涪令之妻不敢進入面見王忳，最主要的原因是「無衣」可以遮蔽身體而羞以見人。最後，勞駕王忳將衣物丟在地上，等涪令之妻穿上才敢進入稱冤訴狀。

3、恐怖貌

袁枚的《子不語》對於當時的鬼的形象有這樣的描述：

> 河南巡撫胡公寶瑔，眼碧色。自幼能見鬼物。……午前猶不甚出，午後道路紛紛；然其舉止，率皆卑瑣齷齪，無昂偉正大者。〔註205〕

故事中將胡寶瑔所見之鬼描述成「卑瑣齷齪」的外形。這是在清朝的故事，時間拉回先秦到兩漢時期，當時鬼恐怖的樣貌，則比較含蓄。《韓非子》中那位燕人李季之妻，趁其丈夫外出與人相好，結果弄得「裸而解髮」狼狽而出。在當時的概念中，鬼的恐怖樣貌當爲爲披頭散髮的形象。又如《左傳》卷二十六所記載：

> 晉侯夢大厲，被髮及地，搏膺而踊曰：「殺余孫，不義。余得請於帝矣。」壞大門及寢門而入。公懼，入於室。又壞戶。公覺，召桑田巫。〔註206〕

晉侯夢見前來爲己孫報仇的厲鬼，《左傳》也將此厲鬼描述成被髮及地。似乎「被髮」對先秦人們來說是一個不正常且恐怖的形象。除了被髮及地外，此一厲鬼是「搏膺而踊」。搏，《說文解字》釋爲「索持」，段玉裁更進一步解釋

〔註204〕《後漢書》卷八十一〈獨行列傳〉，頁2681。
〔註205〕〔清〕袁枚，《子不語》（台北：星光出版社，1989年4月）〈碧眼見鬼〉，頁494。
〔註206〕《春秋左傳正義》卷二十六〈成公十年〉，頁742～743。

爲「摸索而持之」，但此處解釋爲索持是不通的，故搏在此當作搯解。〔註207〕
膺，《說文解字》解釋爲「胸」。〔註208〕踊，《說文解字》解釋爲跳，〔註209〕
《集韻》也說與「踴」同。如此說來，此厲鬼不但披頭散髮，還搯打胸口跳
著前來找晉侯報仇。此處恐怖狀，也僅是將厲鬼描寫成披頭散髮的生氣樣貌。

　　到了兩漢時期，鬼的恐怖外形不在僅僅是披頭散髮了。前文所舉《搜神
記》中談生的故事，到了第三年，談生忍不住還是以趁著女子睡覺之際，舉
火偷看，結果女子「其腰以上，生肉如人，腰以下，但有枯骨。」〔註210〕除
此之外，《搜神記》中亦有如此面貌可惡的鬼故事：

> 南陽西郊有一亭，人不可止，止則有禍。邑人宋大賢以正道自處，
> 嘗宿亭樓，夜坐鼓琴，不設兵仗，至夜半時，忽有鬼來，登梯與大
> 賢語，瞋目，磋齒，形貌可惡。〔註211〕

從上述例子中可以看出，兩漢時期對於鬼的恐怖外貌描述的詞彙也僅止於「解
髮」、「瞋目」、「磋齒」、「形貌可惡」一類。尚無所謂斷手斷腳、身體支離破
碎等血淋淋的樣貌。

（二）動物形之鬼

　　就現有文獻而言，先秦至兩漢時期以動物形象出現的人鬼，爲數不多。
先秦有一著名例子。魯桓公十八（西元前694）年四月，彭生爲齊人所殺。到
了魯莊公八（西元前686）年十二月：

> 齊侯遊于姑蘇，遂田于貝丘。見大豕，從者曰：「公子彭生也。」公
> 怒，曰：「彭生敢見！」射之，豕人立而啼。……見公之足于戶下，
> 遂殺之，而立無知。〔註212〕

彭生被殺後九年，齊侯在貝丘田獵時，化爲豕的彭生前來報殺身之仇。

　　劉邦與戚夫人所生的趙王劉如意曾經一度危及惠帝的地位，最後靠著大
臣的力爭以及留侯張良「令太子卑詞安車，以迎四皓」的建議，才使得惠帝
的太子地位得以保全。《史記》卷九〈呂后本紀〉載：

> 及高祖爲漢王，得定陶戚姬，愛幸，生趙隱王如意。孝惠爲人仁弱，

〔註207〕〔東漢〕許慎撰，〔清〕段玉裁注，魯實先正補，《說文解字注》，頁603。
〔註208〕〔東漢〕許慎撰，〔清〕段玉裁注，魯實先正補，《說文解字注》，頁171。
〔註209〕〔東漢〕許慎撰，〔清〕段玉裁注，魯實先正補，《說文解字注》，頁82。
〔註210〕〔晉〕干寶，《搜神記》卷十六，頁127。
〔註211〕〔晉〕干寶《搜神記》卷十八，頁143。
〔註212〕《春秋左傳正義》卷八〈莊公八年〉，頁233～234。

高祖以爲不類我，常欲廢太子，立戚姬子如意，如意類我。戚姬幸，

常從上之關東，日夜啼泣，欲立其子代太子。呂后年長，常留守，

希見上，益疏。如意立爲趙王後，幾代太子者數矣，賴大臣爭之，

留侯策，太子得毋廢。〔註213〕

在高祖崩後，呂后於孝惠元（西元前194）年十二月趁著惠帝清晨出射之際，
「使人持酖飲之」。等到黎明惠帝返回時，劉如意已死。到了高后八（西元前
180）年，十五年前被酖死的劉如意現身化爲倉狗向呂后報仇。《漢書》卷二
十五〈五行志〉：

高后八（西元前 180）年三月，祓霸上，還過枳道，見物如倉狗，

戲高后掖，忽而不見。卜之，趙王如意爲祟。遂病掖傷而崩。〔註214〕

彭生與劉如意的例子在在說明，在當時的觀念中，人死後之鬼是有可能以動
物的型態返回人間的。之所以這樣，最主要的關鍵在於，從「氣論」的概念
形成後，萬物均由「氣」這一最小元素所組成。人、鬼以及動物當然也是由
「氣」聚合而成。既然如此，鬼與動物之間即有某些通同或相通之處。故，
只要特殊情境允許，鬼即可以動物的型態出現。〔註215〕

　　不過，在更多的情況是成精成魅的動物裝變成人或鬼的樣子。《日書》，
這一部「日者」用來預測時日吉凶時所使用的參考資料中，〔註216〕即提到：

犬恒夜入人室，執丈夫，戲女子，不可得也，是神狗僞爲鬼。〔註217〕

《風俗通義》中那位「停喪在殯，忽然作祭牀上」的來季德，最後因爲喝酒
過多，原形畢露，爲人所追打討問，才坦承是「里頭沽酒家狗」。〔註218〕動物
成精爲魅之後，除了可以弄鬼外，亦有裝神的例子：

漢齊人梁文，好道。其家有神祠，建室三四間，座上施皂帳，常在

其中。積十數年。後因祀事，帳中忽有人語，自呼「高山君」。大能

〔註213〕《史記》卷九〈呂后本紀〉，頁 395。

〔註214〕《漢書》卷二十五〈五行志〉，頁 1397。

〔註215〕林富士，〈釋「魅」〉，收入蒲慕州編《鬼魅神魔——中國通俗文化側寫》，頁 64。

〔註216〕「日者」是一類專門預測時日吉凶的人物。《日書》是由許多單篇文字所組成
　　　　的作品，這些單篇的文字在性質上可大致分爲兩類：一是一般性的列舉時日
　　　　吉凶的文字，一是專就某一問題或事物而論其吉凶的文字。參見蒲慕州《追
　　　　尋一己之福——中國古代的信仰世界》（台北：麥田出版社，2004 年 10 月），
　　　　頁 100〜101。

〔註217〕睡虎地秦墓竹簡整理小組，《睡虎地秦墓竹簡‧日書甲種》，頁 212。

〔註218〕〔漢〕應劭撰，王利器校注，《風俗通義校注》卷九〈怪神〉，頁 416〜417。

飲食，治病有驗。文奉事甚肅。積數年，得進其帳中，神醉，文乃
乞得奉見顏色。謂文曰：「授手來。」文納手，得持其頤，髯鬚甚長；
文漸繞手，卒然引之，而聞作羊聲。座中驚起，助文引之，乃袁公
路家羊也。失之七八年，不知所在。殺之，乃絕。〔註219〕

故事中發出「人語」替人治病者，其實是七、八年前走失的「袁公路家羊」。
從上述的討論中不難發現，兩漢時期鬼、人、動物之間的型態是可以互相轉
換的。人死後可以人或動物的型態出現。動物如果生活的夠久，其型態也可
以轉換成人或人形之鬼。

　　秦至兩漢時期鬼的形象不外乎兩大類：一為人形之鬼；一為動物形之鬼。
其中人形之鬼又可以分成三小類，分別是有著衣物的人形之鬼、赤身裸體的
人形之鬼以及恐怖的人形之鬼。在第一類的人形鬼中的三小類，鬼的形象有
時是不斷的轉換或者重疊的。所謂的重疊就是一個鬼可能同時具有兩種形
象，例如談生所遇之女子就是個很明顯的例子。她上半身為一般人的樣貌，
下半身卻顯的相當恐怖僅有枯骨。而轉換則是鬼可能因為某些因素，使其外
形有所改變。例如：王忳、麋竺所遇之鬼，原本都是赤裸身體的全部或部分，
最後透過兩人的協助才使得鬼的形象由赤身裸體轉變為衣著的形象。根據本
段論述，茲將鬼貌分類示意繪如【圖3-11】。

　　圖3-11　鬼貌分類示意圖

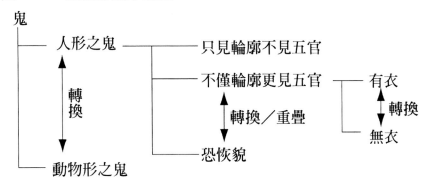

二、鬼　聲

　　在漢朝人的概念中，鬼是否可以出聲言語呢？為解答這一問題，將從《論
衡》著手。王充提到時人觀念：

〔註219〕〔晉〕干寶，《搜神記》卷十八，頁144。

枯骨在野，時鳴呼有聲，若夜聞哭聲，謂之死人之音。〔註220〕

或曰：「死人歆有食氣，故能言。」〔註221〕

此外，《後漢書》亦有鬼哭的故事：

> （陳寵）後轉廣漢太守。西州豪右并兼，吏多姦貪，訴訟日百數。寵到，顯用良吏王渙、鐔顯等，以爲腹心，訟者日減，郡中清肅。先是雒縣城南，每陰雨，常有哭聲聞於府中，積數十年。寵聞而疑其故，使吏案行。還言：「世衰亂時，此下多死亡者，而骸骨不得葬，儻在於是？」寵愴然矜歎，即勑縣盡收斂葬之。自是哭聲遂絕。〔註222〕

從王充記載與陳寵故事可知，漢朝人認爲人死後爲鬼，不僅能發出鳴呼或是哭泣之聲音，也可如同生人一般的言語交談。特別是鬼與人的對話，在故事中也是經常可見，如《後漢書》所載：

> 王忳，字少林，廣漢新都人也。……仕郡功曹，州治中從事。舉茂才，除郿令。到官，至斄亭。亭長曰：「亭有鬼，數殺過客，不可宿也。」忳曰：「仁勝凶邪，德除不祥，何鬼之避！」即入亭止宿。夜中聞有女子稱冤之聲。忳呪曰：「有何枉狀，可前求理乎？」女子曰：「無衣，不敢進。」〔註223〕

故事中，王忳就是在宿居斄亭時，聽到女鬼稱冤之聲，才會問「有何枉狀，可前求理乎？」而糜竺遇鬼故事亦提及：

> 糜竺用陶朱公計術，日益億萬之利，貨擬王家。有寶庫千間。竺性能振生死。家馬廄屋側，有古塚，中有伏尸。竺夜尋其泣聲，忽見一婦人，袒背而來，云：「昔漢末爲赤眉所發，扣棺見剝，今袒肉在地，垂二百餘年。就將軍求更深埋，并乞弊衣自掩。」竺即命爲石槨瓦棺。設祭既畢，以青布裙衫，置於塚上。〔註224〕

故事中死於二百年前的女鬼，可以發出「涕泣聲」，此涕泣甚至可以維持到一段時間，直到糜竺忽見一婦人。可見，鬼所發出的聲音是可以爲生人所聽到的。不僅鬼所發出的聲響可以爲人所聽見，更可有言語的表達。如上述王忳的故事，其所遇之女鬼就是一例。聲音或言語的溝通，必定有發送方與接受

〔註220〕黃暉，《論衡集解》卷二十〈論死篇〉，頁878。
〔註221〕黃暉，《論衡集解》卷二十〈論死篇〉，頁879。
〔註222〕《後漢書》卷四十六〈郭陳列傳〉，頁1553。
〔註223〕《後漢書》卷八十一〈獨行列傳〉，頁2680～2681。
〔註224〕〔宋〕李昉編，《太平廣記》卷三百一十七〈鬼二〉，頁2511。

方兩者。作爲發送方的鬼，其所發出之聲音或言語也應該有接受之方。作爲接受的一方可能爲屬同類之「鬼」，也可能是屬於不同類的「人」。因此，形成「鬼──鬼」或「鬼──人」的對話類型。當然，這兩種對話類型都是雙向、可逆的。如上引王忳的故事，就是「鬼──人」溝通情境。而西河太守鮮于冀的故事即爲明顯例子。《水經注》：

> 漢光武建武二（西元 26）年，西河鮮于冀爲清河太守，作工廨，爲就而亡。後守趙高計功，用二百萬，五官黃秉、功曹劉適言四百萬。于是冀乃鬼見，白日道從入府，與高及秉等對共計校，定爲適、秉所割匿。〔註225〕

鮮于冀不但白天從道走入太守之府，和繼任太守的趙高討論作工廨的費用問題，認定工程款項爲五官黃秉以及功曹兩人所浮報兩百萬。既然故事中提及「與高及秉等對共計校」，那表示過程中鮮于冀與趙高一鬼一人是有言語交談的。

此外，《搜神記》中記載漢朝「鬼──鬼」對話情境的故事：

> 漢獻帝建安中，南陽賈偶，字文合，得病而亡。時有吏，將詣太山，司命閱簿，謂吏曰：「當召某郡文合，何以召此人，可速遣之。」時日暮，遂至郭外樹下宿，見一年少女獨行，文合問曰：「子類衣冠，何乃徒步？姓字爲誰？」女曰：「某三河人，父見爲弋陽令，昨被召來，今卻得還，遇日暮，懼獲瓜田李下之譏，望君之容，必是賢者，是以停留，依憑左右。」〔註226〕

故事中的賈偶與弋陽令之女，兩人均爲太山司命所召。在漢朝人的概念中，爲太山司命所召，代表兩人已經死亡成爲鬼。成爲鬼的兩人，在被遣回的路上相遇，而有對話。可見，「鬼──鬼」的對話情境是可以爲時人所接受。不過，不論是哪一種對話類型，作爲溝通的雙方似乎都必須存在於一相同的空間才有對話或聞聲響的可能。於前面所引用的例子中，不論是王忳──女鬼、糜竺──女鬼、趙高與黃秉──鮮于冀（鬼），溝通雙方都是存在於地上世界。至於地上世界的時間，則可能爲白天也可能爲晚上，但多數故事顯示，鬼人溝通的時間是以夜間爲主。

在漢朝人的觀念中，鬼不但可以發出哭泣、嗚呼等聲音，亦可言語。而

〔註225〕〔北魏〕酈道元注，〔民國〕楊守敬、熊會貞疏，段熙仲點校，陳橋驛復校，《水經注疏》（南京：江蘇古籍出版社，1998 年 8 月），頁 871～872。

〔註226〕〔晉〕干寶，《搜神記》卷十五，頁 112。

鬼的言語，若依照溝通雙方來界定，可以分為兩種情境，分別為「鬼——人」與「鬼——鬼」兩者。而此兩種溝通情境都是雙向的，若畫成是示意圖，則如【圖3-12】所示。

圖3-12　鬼溝通示意圖

三、鬼　性

每一個人的性格都是獨特的，作為人死後所變之鬼，其性格又為如何呢？鬼是否如同生人一般，具有喜怒哀樂等情緒反應呢？將是本段探討的重點。王充《論衡》提及世人觀念說：「疾困恐死，見鬼之怒。」〔註227〕鬼除了怒的情緒外，亦有「懼」的情緒。《後漢書》卷八十二〈方術列傳〉：

> （劉）根於是左顧而嘯，有頃，祈之亡父祖近親數十人，皆反縛在前，向根叩頭曰：「小兒無狀，分當萬坐。」顧而叱祈曰：「汝為子孫，不能有益先人，而反累辱亡靈！可叩頭為吾陳謝。」〔註228〕

故事中，太守史祈的亡父祖近親十人，對於劉根的態度是懼怕，而對史祈則是發怒斥責。在漢朝北海營陵的道人可令人與已死之人相見，於是：

> 其同郡，人婦死已數年，聞而往見之，曰：「願令我一見亡婦，死不恨矣。」道人曰：「卿可往見之。若聞鼓聲，即出勿留。」乃語其相見之術。俄而得見之。於是與婦言語，悲喜恩情如生。〔註229〕

故事中人夫鬼妻相見，互相言語交談，一人一鬼悲喜恩情如妻在生之時。可見，鬼與人一般，是具有情緒與感情，而鬼的情感則來自於在生之時。此與先前「秦漢時期鬼為人的延續」的觀念不謀而合。亦即，人的個性理應隨著生活世界的轉換而在地下世界重現。最鮮明者，即東漢孝子蔡順之母：

〔註227〕黃暉，《論衡集釋》卷二十二〈訂鬼篇〉，頁932。
〔註228〕《後漢書》卷八十二〈方術列傳〉，頁2747。
〔註229〕〔晉〕干寶，《搜神記》卷二，頁16。

母年九十，以壽終。未及得葬，里中災，火將逼其舍，順抱伏棺柩，
號哭叫天，火遂越燒它室，順獨得免。太守韓崇召爲東閤祭酒。母
平生畏雷，自亡後，每有雷震，順輒圜冢泣，曰：「順在此。」崇聞
之，每雷輒爲差車馬到墓所。〔註230〕

每當天有雷聲，蔡順即奔至母親墳前相伴，並以言語告訴已死的母親自己在她
身邊。這是因爲蔡順相信，母親死後具有生前的性格，生前畏雷，死後亦同。
其後太守韓崇，「每雷輒爲差車馬到墓所」。韓崇此一作法，除了推崇蔡順孝行
外，也與他接受鬼性是人性延續的觀念有關。周亞夫故事亦爲鮮明事例：

居無何，亞夫子爲父買工官尚方甲楯五百被可以葬者。取庸苦之，
不與錢。庸知其盜買縣官器，怨而上變告子，事連汙亞夫。書既聞，
上下吏。吏簿責亞夫，亞夫不對。上罵之曰：「吾不用也。」召詣廷
尉。廷尉責問曰：「君侯欲反何？」亞夫曰：「臣所買器，乃葬器也，
何謂反乎？」吏曰：「君縱不欲反地上，即欲反地下耳。」〔註231〕

當中吏簿所言「君縱不欲反地上，即欲反地下耳」雖爲一藉口，但是這樣的
藉口竟然導致周亞夫被捕關入廷尉之獄。這樣的藉口之所以被接受，是因爲
當時之人認爲，鬼爲人的延續，地下世界爲地上世界的複製。反叛之心，也
會隨著人死由地上世界帶入地下世界。

鬼性也反應秦漢墓葬的隨葬品上。由於個人生前的興趣不同，死後對於
陪葬品的需求也有差異。中山靖王劉勝爲人樂酒好內。〔註232〕在埋葬他與其
妻竇綰的滿城漢墓中即發現三十餘個盛酒的大陶缸，估計可以盛酒達一頓以
上。〔註233〕學者周磐與術士王和平亦是如此：

（周磐）建光元（西元121）年，年七十三……。既而長歎：「豈吾
齒之盡乎！若命終之日，桐棺足以周身，外椁足以周棺，斂形懸封，
濯衣幅巾。編二尺四寸簡，寫堯典一篇，并刀筆各一，以置棺前，
云不忘聖道。」其月望日，無病忽終，學者以爲知命焉。〔註234〕

北海王和平，性好道術，自以當仙。濟南孫邕少事之，從至京師。

〔註230〕《後漢書》卷三十九〈周磐傳‧附同郡蔡順傳〉，頁1312。
〔註231〕《漢書》卷四十〈張陳王周傳〉，頁2062。
〔註232〕《漢書》卷五十三〈景十三王傳〉，頁2425。
〔註233〕中國社會科學院考古所，《滿城漢墓發掘報告》（北京：文物出版社，1980年）
　　　　上冊，40～41頁。
〔註234〕《後漢書》卷三十九〈劉趙淳于江劉周趙列傳〉，頁1311～1312。

　　會和平病歿，邕因葬之東陶。有書百餘卷，藥數囊，悉以送之。後

　　弟子夏榮言其尸解，邕乃恨不取其寶書仙藥焉。〔註235〕

周磐生前爲一學者，故死後以書、刀筆陪葬，希望可以在地下世界繼續使用。
若非鬼性爲人性之延續，那周磐在死後世界也就不需要生前書籍及文具了。
王和平的情況亦是如此。

　　鬼爲人死後所變者，具有人生前的各項特性。這些特性除了食、衣、住、
行以及性的生理需由外。鬼亦有喜怒哀樂等情感與個性。隨著人死後由地上
世界轉入地下世界，生人的各項特徵也隨之在鬼身上得到延續。

〔註235〕《後漢書》卷八十二〈方術列傳〉，頁 2751。

第四章　人與鬼的互動

　　漢代時人概念，正常情況下人與鬼理應是生活於兩個不同世界的群體。人屬地上世界，由人間皇帝及所屬官僚機構統治；鬼歸地下世界，爲泰山、司命等地下官僚節制。但某些時候，人與鬼不僅有所交集，甚至因爲鬼的出現對人的生活產生一定程度的干擾。

　　沈宗憲於《宋代的鬼與死後世界傳說》中，將人與鬼的關係分爲三大類，分別爲：緊張摩擦、相關互動與相安無事。認爲宋以前人鬼關係傾向於互助、和諧，很少發生因爲鬼作祟，導致人邀師巫、道士作法袪禳的情形。〔註1〕本章擬對人與鬼的互動作一探討。第一節將在空間角度之下探討人鬼溝通模式。第二節探討鬼介入生人的生活後，對人將會產生何種影響。由於鬼對人的介入作用可能是正面，亦可能爲負面，故於此採取不帶價值判斷的「介入」一詞。第三節所探究者爲鬼介入生人生活的原因。第四節探討人如何回應鬼的介入。

　　資料使用上，本章除引用傳統文獻外，也將大量引用簡牘資料，特別是《睡虎地秦墓竹簡》當中的《日書》甲、乙種。根據蒲慕州的研究，日書是「日者」預測時日吉凶時所使用的參考資料。而日者就是一類專門預測時日吉凶的人物。由於日書的使用者以及信仰者，主要是當時社會的中下階層人士。因此，當中所涉及的各種問題，均與社會大眾的日常生活息息相關，特別是攸關自身福祉的各項問題。〔註2〕因此，以日書作爲探究漢代時人鬼信仰

〔註1〕　沈宗憲，《宋代的鬼與死後世界傳說》，（台北：國立臺灣大學歷史研究所碩士論文，1991年10月），頁68。
〔註2〕　蒲慕州，《追求一己之福──中國古代的信仰世界》（台北：麥田出版，2004

概念的資料，相當具有代表性。

第一節　空間角度下的人鬼溝通模式

　　如第三章所言，鬼與人相同，具有言語與聽覺能力。此能力，除讓鬼能與地下世界官吏、其他居民溝通，亦可與地上世界的生人溝通。林富士研究北台灣厲鬼信仰時認為，人與鬼溝通的方式，從間接接觸到直接接觸，至少可以分為九大類，分別是：占卜、暗碼、文書往來、聽覺、視覺、夢、遊魂、性、憑附。〔註3〕漢朝時人觀念中，「□（生）人□（有）里，死人有鄉。生人屬西長安，死人屬東大（太）山。」〔註4〕可見，生人與死人是兩個截然不同世界的居民。因此，本節將從空間異同的角度來分析人鬼溝通模式。

一、人、鬼同一空間

　　當人與鬼處於相同空間情況下，兩者才有直接對話的可能。此一相同空間不必然是地上世界，也有可能是地下世界。換句話說，當人與鬼同時處於地上世界或地下世界時，直接對話的情況才有可能出現。多數的故事顯示，人與鬼并存的空間，以地上世界居多。例如《後漢書》卷八十一〈獨行列傳〉：

>　　（王忳）仕郡功曹，州治中從事。舉茂才，除郿令。到官，至斄亭。
>亭長曰：「亭有鬼，數殺過客，不可宿也。」忳曰：「仁勝凶邪，德除不祥，何鬼之避！」即入亭止宿。夜中聞有女子稱冤之聲。忳呪曰：「有何枉狀，可前求理乎？」女子曰：「無衣，不敢進。」忳便投衣與之。女子乃前訴曰：「妾夫為涪令，之官過宿此亭，亭長無狀，賊殺妾家十餘口，埋在樓下，悉取財貨。」〔註5〕

女鬼為涪令之妻，全家於上任途中為斄亭亭長所殺，埋屍樓下。女鬼現身地上世界，向王忳訴冤，而有此對話。《水經注》記載東漢光武帝建武二（西元

〔註3〕 林富士，《孤魂與鬼雄的世界——北臺灣的厲鬼信仰》（台北：台北縣立文化中心，1995年6月），頁155～158。
〔註4〕 池田溫，〈中國歷代葬墓略考〉，《東洋文化研究所紀要》第86冊（1981年），頁273。
〔註5〕 〔南朝宋〕范曄，《後漢書》（北京：中華書局，2006年3月）卷八十一〈獨行列傳〉，頁2681。

2）年故事：

> 西河鮮于冀爲清河太守，作工廨，未就而亡。後守趙高計功，用二
> 百萬，五官黃秉、功曹劉適言四百萬。于是冀乃鬼見，白日道從入
> 府，與高及秉等對共計校，定爲適、秉所割匿。冀乃書表自理。其
> 略言：「高貴不尚節，畝壟之夫，而箕距遺類，研密失機，婢妾其性，
> 媚世求顯，偷竊銀艾，鄙辱天官，《易》譏負乘，誠高之謂。臣不勝
> 鬼言，僅因千里驛聞，付高上之，便西北去三十里，車馬皆滅，不
> 復見。」秉等皆伏地物故。高以狀聞，詔下還冀西河田宅，妻子焉，
> 兼爲差代，以旌幽中之訟。〔註6〕

故事中，鮮于冀爲表明自己絕無貪污之事，特地「鬼見」，白日道從入府和繼
任太守趙高、五官黃秉共同計校。「見」當作「現」解，這樣的情況，在古籍
中是相當常見的，故「鬼見」則爲「鬼現」。亦即鮮于冀死後現身地上世界，
並且進入府中，與趙高、黃秉兩生人對話。

此外，秦時人與鬼直接對話的前提也必須是兩者處於同一空間。以《睡
虎地秦墓竹簡・日書甲種》〈詰〉篇爲例：

> 凡鬼恒執匴以入室，曰：「氣（餼）我食」云，是是餓鬼。〔註7〕

當人與鬼同處地上世界，餓鬼才有機會拿著竹製淘米用具進入生人居室要求
活人獻祭。其他人、鬼對話情況亦是如此：

> 鬼嬰兒恒爲人號曰：「鼠（予）我食。」是哀乳之鬼。〔註8〕

> 鬼恒從人女，與居，曰：「上帝子下游。」〔註9〕

> 鬼恒胃（謂）人：「鼠（予）我而女。」〔註10〕

二、人鬼不同空間

地下世界爲人死後歸宿，此意味著當中的居民均爲鬼。除非死亡，不然
正常情況下生人是無法進入地下世界，人鬼對話更全無希望。在空間限制，

〔註6〕　〔北魏〕酈道元注，〔民國〕楊守敬、熊會貞疏，段熙仲點校，陳橋驛復校，《水
　　　　經注疏》卷九〈清河〉（南京：江蘇古籍出版社，1998 年 8 月），頁 271～272。
〔註7〕　睡虎地秦簡整理小組，《睡虎地秦墓竹簡・日書甲種》（北京：文物出版社，
　　　　2001 年 12 月），頁 214。
〔註8〕　睡虎地秦簡整理小組，《睡虎地秦墓竹簡・日書甲種》，頁 214。
〔註9〕　睡虎地秦簡整理小組，《睡虎地秦墓竹簡・日書甲種》，頁 215。
〔註10〕　睡虎地秦簡整理小組，《睡虎地秦墓竹簡・日書甲種》，頁 215。

地上地下兩世界隔閡情況下，人與鬼如何溝通呢？其方法如下：

（一）使人、鬼暫處同一空間

當人與鬼處於相異空間時，其直接對話的可能性可說是微乎其微。爲此，只得透過某些方法，使人與鬼暫處同一空間。此一暫處空間不必然是地上世界，亦可爲地下世界。若爲地上世界，則必須使鬼從地下世界「上升」到地上世界；若爲地下世界，則必須使人「下降」至地下世界。因此，本段將分成兩種情況論述。

1、人下降至地下世界

正常情況下，生人要進入地下世界唯有「死亡」一途。例如東漢獻帝時南陽賈文合的故事：

> 漢獻帝建安中，南陽賈偶，字文合，得病而亡。時有吏，將詣太山，司命閱簿，謂吏曰：「當召某郡文合，何以召此人，可速遣之。」時日暮，遂至郭外樹下宿，見一年少女獨行，文合問曰：「子類衣冠，何乃徒步？姓字爲誰？」女曰：「某三河人，父見爲弋陽令，昨被召來，今卻得還，遇日暮，懼獲瓜田李下之譏，望君之容，必是賢者，是以停留，依憑左右。」文合曰：「悅子之心，願交歡於今夕。」女曰：「聞之諸姑：女子以貞專爲德，潔白爲稱。」文合反覆與言，終無動志。天明，各去。文合卒已再宿，停喪將殮，視其面，有色，捫心下，稍溫，少頃，卻蘇。後文合欲驗其實，遂至弋陽，修刺謁令，因問曰：「君女寧卒而卻蘇耶？」具說女子姿質，服色，言語，相反覆本末。令入問女，所言皆同，乃大驚歎。竟以此女配文合焉。
> 〔註11〕

故事中，因爲地下官吏的疏失，導致南陽郡的賈文合「得病而亡」被誤召至地下世界。經歷「得病而亡」的過程，賈文合才能夠以鬼的身份，進入地下世界，與同爲鬼的弋陽令女對話。雖然故事最後，兩人都返回的地上世界，結髮爲夫妻，繼續地上生活。但不論如何，兩人都經歷「死亡」的過程，身份曾經由生人轉變爲鬼。因此如何不經歷死亡而進入地下世界，就必須透過些許能力。擁有此能力者，通常是道人或巫者。干寶《搜神記》卷二提到：

> 漢北海營陵有道人，能令人與已死人相見。其同郡人婦死已數年，

〔註11〕〔晉〕干寶，《搜神記》（台北：世界書局，2003 年 1 月）卷十五，頁 112～113。

> 聞而往見之，曰：「願令我一見亡婦，死不恨矣。」道人曰：「卿可
> 往見之。若聞鼓聲，即出，勿留。」乃語其相見之術。俄而得見之；
> 於是與婦言語，悲喜恩情如生。〔註12〕

故事中，北海營陵的道人，具有令人與鬼相見能力。透過道人「語其相見之術」使生人暫時停留地下世界。當同郡男子與其死婦同處於地下世界時，即可以交談。因此故事中才有「與婦言語，悲喜恩情如生」之語。對生人而言，地下世界畢竟僅爲一暫存空間，因此當聽聞鼓聲時，即立刻離開，回到地上世界。若將此種溝通模式以示意圖表示，將如【圖4-1】所示。

圖4-1　人與鬼溝通示意圖（一）〔註13〕

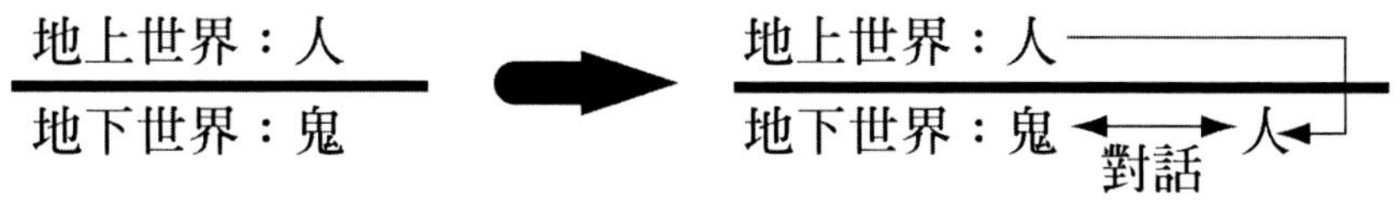

2、鬼上升至地上世界

漢朝時人相信，死後之鬼是居住在地下世界，由一批類似地上的官僚所統治。爲了達到人與鬼相見言語的目的，必須使鬼暫時離開地下世界。擁有此一能力者，是爲道士或巫者。如《後漢書》卷八十二〈方術列傳〉所言：

> 劉根者，潁川人也。隱居嵩山中。諸好事者自遠而至，就根學道，
> 太守史祈以根爲妖妄，乃收執詣郡，數之曰：「汝有何術，而誑惑百
> 姓？若果有神，可顯一驗事。不爾，立死矣。」根曰：「實無它異，
> 頗能令人見鬼耳。」祈曰：「促召之，使太守目觀，爾乃爲明。」根
> 於是左顧而嘯，有頃，祈之亡父祖近親數十人，皆反縛在前，向根
> 叩頭曰：「小兒無狀，分當萬坐。」顧而叱祈曰：「汝爲子孫，不能
> 有益先人，而反累辱亡靈！可叩頭爲吾陳謝。」祈驚懼悲哀，頓首
> 流血，請自甘罪坐。〔註14〕

劉根透過「左顧而嘯」的手段，使史祈已故先祖數十人出現在地上世界，並

〔註12〕〔晉〕干寶，《搜神記》卷二，頁16。
〔註13〕【圖4-1】中，右方單箭頭代表人由地上世界向下至地下世界的移動過程，雙箭頭代表人與鬼溝通時訊息傳遞的方向，粗體黑線代表地上世界與地下世界的界線。
〔註14〕《後漢書》卷八十二〈方術列傳〉，頁2746。

且對其說教一番。此外，干寶《搜神記》卷二亦載：

> 壽光侯者，漢章帝時人也。能劾百鬼眾魅，令自縛見形。〔註15〕

劉根與壽光侯使用的手段，均為漢代方術中使人「見鬼之術」。林富士根據《抱朴子》認為，所謂「見鬼之術」至少包括三種情況，分別為：自見其鬼、令鬼現形、令原本無法見鬼者具有見鬼能力。〔註16〕劉根、壽光侯所使用者為第二種「令鬼現形」。讓鬼現形為人所見的前提，是鬼必須存在於地上世界。如《史記》卷一百七〈魏其武安侯列傳〉所載：

> 其春，武安侯（田蚡）病，專呼服謝罪。使巫視鬼者視之，見魏其、
> 灌夫共守，欲殺之。竟死。〔註17〕

當魏其、灌夫存在於地上世界，守在田蚡身旁時，視鬼者才能夠「視之」。劉根正是透過「召」的手段，使鬼暫時存在於地上空間，如此，才能夠進一步使史祈見到已故親人，而有對話之可能。將此種溝通模式以示意圖表示，將如【圖4-2】所示。

圖4-2　人與鬼溝通示意圖（二）〔註18〕

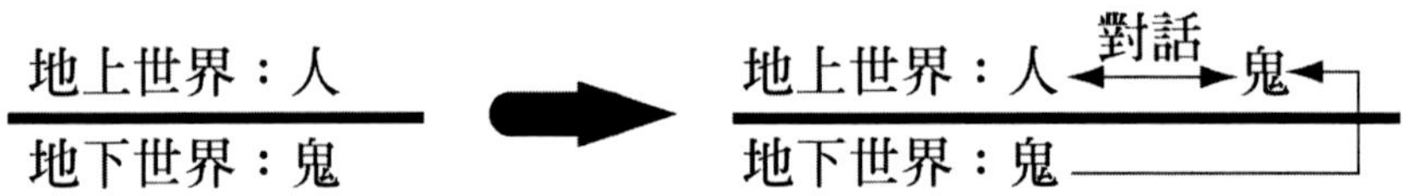

（二）夢

當人與鬼存在於不同空間，如何使兩者相互溝通呢？除了令當中一者移動暫存於同一空間外，「夢」則是另外一種選擇。石育良曾經對夢的特色做過說明：

> 把夢和幻覺表現為與清醒知覺一樣具有實在性，從而打破真與幻的
> 界限，這是夢幻思維的第一個基本特徵。注重現象和事物的神秘屬

〔註15〕〔晉〕干寶，《搜神記》卷二，頁13。

〔註16〕林富士，《漢代的巫者》（台北：稻鄉出版社，2004年7月），頁53。

〔註17〕〔漢〕司馬遷撰，〔南朝宋〕裴駰集解，〔唐〕司馬貞索隱，〔唐〕張守節正義，《史記》（北京：中華書局，1997年9月）卷一百七〈魏其武安侯列傳〉，頁2854。

〔註18〕【圖4-2】中，右方單箭頭代表鬼跨越空間侷限，由地下世界提升至地上世界的移動過程，雙箭頭代表人與鬼對話時訊息傳遞的方向，粗體黑線代表地上世界與地下世界的界線。

性，並把這種屬性看的比其客觀特徵更爲重要，甚至消除了現象與
事物間的客觀特徵，這是夢幻思維的第二個基本特徵。這一特徵表
現爲人與神；生者與死者的溝通，人與動植物以及各種客觀物體的
溝通。〔註 19〕

龔韻蘅也認爲夢境是生者與亡者間傳遞溝通的重要媒介。〔註 20〕早在先秦
時，即可看到死者透過夢境向生人傳遞訊息的情況，例如《左傳》：

> 或夢伯有介而行，曰：「壬子，余將殺帶也。明年壬寅，余又將殺段
> 也。」〔註 21〕

> 初，魏武子有嬖妾，無子。武子疾，命顆曰：「必嫁是。」疾病，則
> 曰：「必以爲殉。」及卒，顆嫁之，曰：「疾病則亂，吾從其治也。」
> 及輔氏之役，顆見老人結草以亢杜回。杜回躓而顛，故獲之。夜夢之
> 曰：「余，而所嫁婦人之父也。爾用先人之治命，於是以報。」〔註 22〕

> 晉侯夢大厲，被髮及地，搏膺而踊曰：「殺余孫，不義。余得請於帝
> 矣。」壞大門及寢門而入。公懼，入于室。又壞戶。公覺，召桑田
> 巫。巫言如夢。公曰：「何如？」曰：「不食新矣。」〔註 23〕

不論是伯有、顆所嫁婦人之父或是搏膺而踊的大厲，均能透過夢境向生人宣
達自身的意向。龔韻蘅在《兩漢靈冥世界觀探究》中提到：

> 夢的內容曾引發正反兩種截然對立的詮釋，必須經過現實的後續發
> 展，才能檢證孰是孰非；類似的狀況倘若遇到緊要關頭，必須求得
> 正確的判斷，只得求助於善解夢的能人。〔註 24〕

根據龔韻蘅研究以及前述所引《左傳》事例，筆者認爲人們之所以相信夢境
所言，主要在於夢境與現實事件發生連結。而連結的類型有三：

1、夢境與現實後續發展相吻合

當夢境與後續的現實發展相吻合，人們將對此夢境深信不疑。認爲此一

〔註 19〕 石育良，《怪異世界的建構》（台北：文津出版社有限公司，1996 年 6 月），頁 94。
〔註 20〕 龔韻蘅，《兩漢靈冥世界觀探究》（台北：文津出版社有限公司，2006 年 4 月），頁 181。
〔註 21〕 〔周〕左丘明傳，〔晉〕杜預注，〔唐〕孔穎達正義，《春秋左傳正義》，（北京：北京大學出版社，1999 年 12 月）卷四十四〈昭公七年〉，頁 1247～1249。
〔註 22〕 《春秋左傳正義》卷二十四〈宣公十五年〉，頁 671～672。
〔註 23〕 《春秋左傳正義》卷二十六〈成公十年〉，頁 742～743。
〔註 24〕 龔韻蘅，《兩漢靈冥世界觀探究》，頁 181。

夢境的內容就是死者向生者所欲傳遞之訊息。伯有透過夢境宣告，帶與段的死亡時間，後續發展兩人也確實在壬子以及明年壬寅死亡。正因有事實的吻合，伯有才能造成鄭國恐慌。

2、夢境為已發生事件之解釋

在所引事例中，此種情況的夢境，是對之前發生的真實事件做一說明。例如顆所嫁婦人之父，在輔氏之役過後，透過夢境向顆說明事情源由。

3、夢境經過善解夢人的解說

當夢境與現實事件無法契合時，人們透過善解夢者解釋，使夢境與現實發生連結。以晉侯夢大厲一事為例，晉侯之所以相信，並且急於尋求解決之道，主要是因為桑田巫所言與夢境相同。關於占夢，王符《潛夫論》，提到十種解釋夢境的大概情況：

> 故先有差忒者，謂之精；畫有所思，夜夢其事，乍吉乍凶，善惡不信者，謂之想；貴賤愚賢，男女長少，謂之人；風雨寒暑謂之感；五行王相謂之時；陰極即吉，陽極即凶，謂之反；觀其所疾，察其所夢，謂之病；心精好惡，於事驗，謂之性：凡此十者，占夢之大略也。〔註25〕

《漢書》卷三十〈藝文志〉認為在各種雜占當中首推占夢，並有《黃帝長柳占夢》十一卷、《甘德長柳占夢》二十卷等占夢專書流行於世。〔註26〕

秦漢時期，「夢」依舊是人與鬼溝通的管道之一。生人被動的溝通模式，亦為春秋戰國時期的延續。如《後漢書》卷十〈皇后紀〉載：

> （靈）帝後夢見桓帝怒曰：「宋皇后有何罪過，而聽用邪孽，使絕其命？勃海王悝既已自貶，又受誅斃。今宋氏及悝自訴於天，上帝震怒，罪在難救。」〔註27〕

此時，夢境之所以為秦漢時人相信，其理由亦與春秋戰國相同。夢境透過與現實世界的連結，使人們相信夢境當中所欲傳達的意向。《三國志》卷二十九〈方技傳〉便記載：

〔註25〕 〔漢〕王符著，〔清〕汪繼培箋，《潛夫論箋校正》（北京：中華書局，1997年10月）卷七〈夢列第二十八〉，頁317。

〔註26〕 〔東漢〕班固，《漢書》（北京：中華書局，2006年1月）卷三十〈藝文志〉，頁1772。

〔註27〕 《後漢書》卷十〈皇后紀〉，頁448。

　　（魏文帝）嘗有問宣曰：「吾昨夜夢見芻狗，其占何也？」宣答曰：
　　「君欲得美食耳！」有頃，出行，果遇豐膳。後又問宣曰：「昨夜復
　　夢見芻狗，何也？」宣曰：「君欲墮車折腳，宜戒慎之。」頃之，果
　　如宣言。後又問宣：「昨夜復夢見芻狗，何也？」宣曰：「君家失火，
　　當善護之。」俄遂火起。〔註28〕

魏文帝三次以假夢試驗周宣，三次的假夢全部應驗。周宣對此解釋：「此神靈
動君使言，故與眞夢無異也。」〔註29〕在本所引夢境事例中，均是鬼單方面
向生人傳遞自己想法，生人僅扮演訊息接受的被動角色。若以示意圖表示，
將如【圖4-3】所示。

圖 4-3　人與鬼溝通示意圖（三）〔註30〕

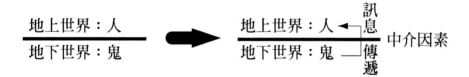

（三）藉由他人之軀體

　　漢朝時人觀念中，鬼亦可藉由地上生人之軀體，向人傳遞旨意。這樣的
情況，如王充《論衡》所說：

　　鬼神用巫之口告人。〔註31〕

　　及巫叩元絃，下死人魂，因巫口談……。〔註32〕

王符《潛夫論》也說：

　　巫史祝祈者，蓋所以交鬼神而救細微爾，至於大命，未如之何。
　　〔註33〕

〔註28〕〔晉〕陳壽，《三國志》（北京：中華書局，2006年6月）卷二十九，魏書，〈方
　　　　技傳〉，頁811。
〔註29〕《三國志》卷二十九，魏書，〈方技傳〉，頁811。
〔註30〕【圖4-3】中，右方單箭頭代表訊息傳遞方向，中界因素爲「夢」，粗體黑線
　　　　代表地上世界與地下世界的界線。
〔註31〕黃暉，《論衡校釋》（北京：中華書局，1990年）卷二十六，〈實知篇〉，頁1083。
〔註32〕黃暉，《論衡校釋》，卷二十，〈論死篇〉，頁876。
〔註33〕〔漢〕王符著，〔清〕汪繼培箋《潛夫論箋校正》卷六〈巫列第二十六〉，頁
　　　　301。

以上僅是王充、王符等人觀察到的當代情況。是否眞如他們所說呢？《漢書》提供了具體事例。武帝時，欒大爲五利將軍：

> 於是五利常夜祠其家，欲以下神。神未至而百鬼集矣，然頗能使之。
> 〔註34〕

> 游水發根言上郡有巫，病而鬼下之。〔註35〕

西漢昭帝時：

> 昭帝時，（廣陵屬王）胥見上年少無子，有覬欲心。而楚地巫鬼，胥迎女巫李女須，使下神祝詛。女須泣曰：「孝武帝下我。」左右皆伏。
> 言：「吾必令胥爲天子。」〔註36〕

已死爲鬼的漢武帝，透過楚巫女須傳達立劉胥爲帝的旨意。而鬼所藉之軀體，多半爲巫者身體。正因如此，王充才說：「鬼神用巫之口告人」。這也與林富士的研究相符合：

> 巫者的第一種職事是「交通鬼神」，也就是作爲鬼神世界和人類世界之間的溝通者，或將鬼神意旨傳達於人，或將人的欲求轉知於鬼神，而根據交通方式的不同，又可以細分爲降神、視鬼、占卜和祭祀。……
> 所謂「降神」（或「下神」）就是讓鬼神降附在巫者身上。〔註37〕

而西漢成帝時亦有類似降神之事發生：

> （杜）業上書言：「……（師）丹前親薦邑子丞相史能使巫下神，爲國求福，幾獲大利。」〔註38〕

可見，漢朝的巫者具有使鬼神憑附自身之法。從杜業上書所言以及「女巫李女須」兩個事例都可明顯看出，附身的主動權掌握在巫者身上。鬼神是因爲人的召喚才能進入巫者身體，與生人溝通。不過，在《睡虎地秦墓竹簡·日書甲種》〈詰〉篇中卻是如此：

> 女子狂癲，歌以生商，是陽鬼樂從之。〔註39〕

根據吳小強《秦簡日書集釋》此句話譯爲：

> 女孩子不瘋不傻，忽然用不熟練的商音（哀思之音）唱歌，這是因

〔註34〕《史記》卷十二〈孝武本紀〉，頁463。
〔註35〕《漢書》卷二十五〈郊祀志〉，頁1220。
〔註36〕《漢書》卷六十三〈武五子傳〉，2760、2761。
〔註37〕林富士，《漢代的巫者》，頁50。
〔註38〕《漢書》卷六十〈杜周傳〉，頁2679、2680。
〔註39〕睡虎地秦簡整理小組，《睡虎地秦墓竹簡·日書甲種》，頁214。

爲陽鬼喜歡這個女孩子而附到了她身體上。〔註40〕
在此一例子中，女孩並非巫者，故本身不具類似「女巫李女須」的下神能力。
而是陽鬼喜歡這位女孩子，主動附著於女孩子的身體上。又如《風俗通義》
所載：

> 陳國張漢直，到南陽從京兆尹延叔堅讀左氏傳，行後數月，鬼物持
> 其女弟言：「我病死喪在陌上，常苦飢寒，操一量不借，掛屋後楮上，
> 傅子方送我五百錢，在北墉中，皆亡取之。又買李幼一頭牛，本券
> 在書簏中。」往求索之，悉如其言。婦尚不知有此妹，新從壻家來，
> 非其所及。家人哀傷，益以爲審。父母諸弟，衰絰到來迎喪，去精
> 舍數里，遇漢直與諸生十餘人相隨，漢直顧見其家，怪其如此。家
> 見漢直，謂其鬼也，悄悒良久。漢直乃前爲父拜，說其本末，且悲
> 且喜。〔註41〕

故事中，當陳漢直入京學習《左傳》，就有鬼物附身在他女弟身上，假借陳漢
直的名義向其家人言語。而陳漢直的家人之所以相信，其主因在於鬼物所言，
後來均一一驗證了。

　　在空間限制，且人或鬼當中一方又無法移動情況下。只能透過夢境或者
憑附等中介作用的協助，使人與鬼可以打破空間侷限，達到溝通的目的。若
將降神的溝通模式以示意圖表示，將如【圖4-4】所示。

圖4-4　人與鬼溝通示意圖（四）〔註42〕

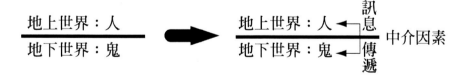

第二節　鬼對人的影響

　　生人與鬼是分屬兩個不同的世界，一爲地上世界的居民；另一爲地下世

〔註40〕吳小強，《秦簡日書集釋》（長沙：岳麓書社，2000年7月），頁142。

〔註41〕〔漢〕應劭撰，王利器校注，《風俗通義校注》（台北：明文書局，1982年3
　　　　月）卷九〈怪神〉，頁409。

〔註42〕【圖4-3】中，右方雙箭頭代表訊息傳遞方向，中介因素爲降神、憑附，粗體
　　　　黑線代表地上世界與地下世界的界線。

界的百姓。但某些情況下，鬼對人是有所干擾的。此處必須說明的是，只要鬼介入生人的生活，都是屬於干擾。因此，干擾不見得都是負面，亦有可能是正面的介入。以《左傳》故事為例：

> 初，魏武子有嬖妾，無子。武子疾，命顆曰：「必嫁是。」疾病，則
> 曰：「必以為殉。」及卒，顆嫁之，曰：「疾病則亂，吾從其治也。」
> 及輔氏之役，顆見老人，結草以亢杜回。杜回躓而顛，故獲之。夜
> 夢之曰：「余，而所嫁婦人之父也。爾用先人之治命，於是以報。」
> 〔註43〕

結草銜環的故事中，已死的「婦人之父」在輔氏之役中介入生人——顆與杜回的戰爭。對杜回而言，「婦人之父」的介入當然是屬於負面干擾；但是對顆而言卻是正面影響。由於鬼的介入，使得顆得於俘獲杜回。另外，《史記》卷二十八〈封禪書〉載：

> 是時既滅兩越，越人勇之乃言「越人俗鬼，而其祠皆見鬼，數有效。
> 昔東甌王敬鬼，壽百六十歲。後世怠慢，故衰耗。」〔註44〕

此例中，由於東甌王敬鬼，其年歲竟然可以高達一百六十歲。可見，在兩漢時期，至少越地的人相信，鬼是可以為人帶來壽命的延長。也正因如此，後來當東甌王對鬼怠慢後，身體健康也就日漸衰耗。《睡虎地秦墓竹簡·日書甲種》〈詰〉篇則這樣記載：

> 人毋（無）故而鬼有鼠（予），是天鬼。〔註45〕

此處所載，當天鬼出現的時候，人們就會無緣無故得到鬼所給的東西。既然可以從鬼拿到東西，當然不能算是負面影響。不過，就〈詰〉篇而言，也僅僅只有此條。如同彭衛與楊振紅所言：

> 鬼對生人的影響基本上是負面的，秦漢人對其充滿了恐懼。《說文》
> 鬼部釋「鬼」字結構說：「鬼陰氣賊害，故從厶。」……概括來說，
> 鬼的破壞性活動廣泛涉及人的生存與日常生活。〔註46〕

因此，本節重點將著重於鬼為生人所帶來的負面影響。

〔註43〕《春秋左傳正義》卷二十四〈宣公十五年〉，頁671～672。
〔註44〕《史記》卷二十八〈封禪書〉，頁1399～1400。
〔註45〕睡虎地秦簡整理小組，《睡虎地秦墓竹簡·日書甲種》，頁215。
〔註46〕彭衛、楊振紅，《中國風俗通史·秦漢卷》（上海：上海文藝出版社，2002年3月），頁587。

一、使生病 [註47]

鬼對人的干擾，以使人生病的情況最為常見。《左傳》中病入膏肓的故事：

> 公疾病，求醫于秦，秦伯使醫緩為之。未至，公夢疾為二豎子，曰：
> 「彼良醫也，懼傷我，焉逃之？」其一曰：「居肓之上，膏之下，若
> 我何？」[註48]

故事中很明顯提到，晉侯之所以生病，是因兩豎子居於身體之中。原本只要良醫一來，服藥下針即可將兩豎子剔除而痊癒。但是如今，兩豎子居於膏肓之間，良醫也束手無策。《左傳》雖未明言，兩豎子是否為鬼，但既然以豎子稱之，可見兩者均具有人形。《莊子》所載齊桓公見鬼致病故事：

> 桓公田於澤，管仲御，見鬼焉。公撫管仲之手曰：「仲父何見？」對
> 曰：「臣無所見。」公反，誒詒為病，數日不出。齊士有皇子告敖者
> 曰：「公則自傷，鬼惡能傷公！夫忿滀之氣，散而不反，則為不足；
> 上而不下，使人善怒；下而不上，使人善忘；不上不下，中身當心，
> 則為病。」桓公曰：「然有鬼乎？」曰：「有。」[註49]

齊桓公與管仲一起狩獵於澤，桓公因見鬼而生病，甚至數日足不出戶。因鬼神作祟而使人致病，是先秦時代病因觀的主流。[註50]

[註47] 在李建民看來，將鬼神視為病因會因為時間的不一樣而有所演變。從先秦到兩漢，他將鬼致病之因分為三階段，分別是：

第一階段：戰國興起的內因說，雜揉了氣的學說，重視人體「神」的作用。鬼神在病由內生的脈絡，被解消為疑心生暗鬼。

第二階段：漢代外因說的再發展，外在風寒等邪，特別強調火熱等病邪，鬼神也一度被理解為熱毒之氣。

第三階段：東漢中晚期，「幽謫」、「餘殃」的論述迭起，鬼祟論再次受到肯定，而且認為道德倫理為其根本。如《太平經》所示，此時鬼祟論重視疾病的連續性，特別是在家族中一個接一個罹疾，而賦予鬼邪之病有關道德倫理的因素。鬼祟論的新發展與漢代地下世界的形成同步。

參見李建民，〈先秦兩漢病因觀及其變遷——以新出土文物為中心〉，收入李建民主編《從醫療看中國史》（台北：聯經出版事業股份有限公司，2008年10月），頁54～61、73。

[註48] 《春秋左傳正義》卷二十六〈成公十年〉，頁743。

[註49] 〔清〕王先謙，《莊子集解》（北京：中華書局，2006年1月）卷五〈達生〉，頁161。

[註50] 嚴一萍，〈中國醫學之起源考略〉，《大陸雜誌》第2卷第8期（1951年），頁20～22。嚴一萍，〈中國醫學之起源考略〉，《大陸雜誌》第2卷第9期（1951年），頁14～17。

　　到了秦朝，因為鬼的干擾使人生病的情況更加明顯。《睡虎地秦墓竹簡·日書甲種》中有多條此類的記載。如〈病〉篇：

> 甲乙有疾，父母為祟……。丙丁有疾，王父為祟……。戊己有疾，巫堪行，王母為祟……。庚辛有疾，外鬼傷（殤）死為祟……。壬癸有疾，母（毋）逢人，外鬼為祟……。〔註51〕

秦簡中即明確指出，由於不同身份的鬼為祟，將導致家人在不同的時間生病。如果是在甲、乙兩日生病，代表是亡故的父母在作祟。此簡亦明白指出，不僅外鬼會作祟使人生病。生前與人有血緣關係的祖先，如：父母、王父母，〔註52〕亦會作祟使人生病。而《睡虎地秦墓竹簡·日書乙種》〈有疾〉篇亦有類似記載：

> 甲乙有疾，禺（遇）御於豕肉，王父欲殺，生人為姓（眚）。……丙丁有疾，王父為姓（眚）。……戊己有疾，巫堪，王父為姓（眚）。……人黃色，死土日。……庚辛有疾，外鬼、傷（殤）為姓（眚）。……壬癸□□□□人，外鬼為姓（眚）。〔註53〕

此處所講與《睡虎地秦墓竹簡·日書甲種》〈病〉相似。特別需要說明的是「庚辛有疾」一條。在庚辛日得病的人，是因為「外鬼傷（殤）」為祟。所謂的外鬼傷（殤），指的是那些在外面未成年即死的鬼。至於哪些鬼會對人作祟，使人生病呢？吳小強認為《睡虎地秦墓竹簡·日書甲種》與《睡虎地秦墓竹簡·日書乙種》是不一樣的。《睡虎地秦墓竹簡·日書甲種》中作祟以父母親、祖父母的亡靈以及外鬼、巫堪行為禍；《睡虎地秦墓竹簡·日書乙種》中作祟的鬼魂則無父母親，而是遠祖（如：祖父母、高王父）、遠親（如：外鬼父世、母世外死、外鬼兄世）以及巫。外鬼父世所指的是與父親同輩的親戚與遠親，如叔伯、堂叔伯。母世指母親一輩的阿姨、舅舅、表姨舅。外鬼兄世所指應為堂兄弟、表兄弟之屬。可見，秦人對祖先較為漠視，對父母親的敬愛尊重超過祖先。〔註54〕

　　鬼介入生人生活的描述，在《睡虎地秦墓竹簡·日書甲種》〈詰〉篇更為多采多姿：

> 人毋（無）故而鬼取為膠，是是哀鬼，母（無）家，與人為徒，令人色柏（白）然母（無）氣，喜契（潔）清，不飲食。

〔註51〕睡虎地秦簡整理小組，《睡虎地秦墓竹簡·日書甲種》，頁193。
〔註52〕王父母指的是祖父母。參見吳小強，《秦簡日書集釋》，頁73。
〔註53〕睡虎地秦簡整理小組，《睡虎地秦墓竹簡·日書乙種》，頁246。
〔註54〕吳小強，《秦簡日書集釋》，頁239。

一宅毋（無）故而室人皆疫，或死或病，是是棘鬼在焉。

一宅之中毋（無）故室人皆疫，多晉（夢）米（寐）死，是是匀鬼狸（埋）焉。

人毋（無）故一室人皆疫，或死或病，丈夫女子隋（墮）須（鬚）嬴髮黃目是宋宋（是是宋）人生爲鬼。

一室人皆養（癢）腥（體），癘鬼居之。〔註55〕

〈詰〉篇記載，被不同的鬼所祟害，產生的病症也不相同。當人被哀鬼糾纏不清時，會使人臉色慘白，精神萎靡不濟，完全沒有食慾，出現不吃不喝的情況。如果是被棘鬼闖入宅院之中，將導致全家無緣無故生病，甚至死亡。如果是孕鬼埋葬於屋宅之內，將導致全家莫名其妙的生病，而且多數人會在夢中死亡。如果全家莫名其妙臥病不起，甚至死亡的情況出現，男人女人的毛髮脫落，眼睛變黃，那一定是殍人餓死前變成鬼在作怪。可見，在日書的世界中，不同的鬼將導致不同的疾病症狀。不過可以發現，導致生病的鬼，多數並未直接對人進行攻擊行爲。鬼使人生病，是因爲鬼與人同處一個空間。以上述引文爲例，當癘鬼與生人同處一室，即導致全家因病而身體發癢。

《淮南子》卷十七〈說林〉：「戰兵死之鬼憎神巫。」對此，高誘注解說：「兵死之鬼，善行病人。」〔註56〕除兵死的厲鬼會使人生病外，屍體在某些情況下，也會令人產生病痛。如《搜神記》所載管輅：

信都令，家婦女驚恐，更互疾病。使輅筮之。輅曰：「君北堂西頭有兩死男子：一男持矛，一男持弓箭。頭在壁內，腳在壁外。持矛者主刺頭，故頭重痛，不得舉也；持弓箭者主射胸腹，故心中懸痛，不得飲食也。晝則浮游，夜來病人，故使驚恐也。」〔註57〕

信都令家婦女，因爲房屋西北埋有兩具男子屍體，一鬼拿矛刺頭，導致婦人頭疼異常；另一鬼持弓專射胸腹，使人心中懸痛而無法飲食。另外，該書同卷亦載：

利漕民郭恩，字義博，兄弟三人，皆得躄疾。使輅筮其所由。輅曰：「卦中有君本墓，墓中有女鬼，非君伯母，當叔母也。昔饑荒之世，

〔註55〕睡虎地秦簡整理小組，《睡虎地秦墓竹簡・日書甲種》，頁212～216。

〔註56〕劉文典，《淮南鴻烈集解》（北京：中華書局，2006年3月）卷十七〈說林〉，頁567。

〔註57〕〔晉〕干寶，《搜神記》卷三，頁22。

> 當有利其數升米者，排著井中，嘖嘖有聲，推一大石下，破其頭，
> 孤魂冤痛，自訴於天耳」。〔註58〕

郭恩兄第三人雙腳均殘廢不良於行，其原因在於有女鬼，因為被三人所推之石頭砸中臉面，而孤魂受冤承痛，向天申訴所致。

李建民將因為作祟而致病的情況分為兩類，分別是：其一、患者精神衰弱後，邪靈趁機入侵；其二、是邪靈直接攻擊人身。〔註59〕觀察本段中所引之事例，多數情況為鬼直接攻擊人身而導致身病，屬第二種。

二、使人受傷疼痛

此處論述與上段「使生病」的情況不同。所謂「使人受傷疼痛」指的是，人體因外物壓迫（包含擊打、有外傷、無外傷等），導致身體疼痛的情況。漢代時人認為，由於鬼的擊打或者作祟，將導致身體疼痛。如《論衡》即說：

> 病者困劇身體痛，則謂鬼持箠杖毆擊之，若見鬼把椎鑕繩纆立守其
> 旁，病痛恐懼，妄見之也。初疾畏驚，見鬼之來；疾困恐死，見鬼
> 之怒；身自疾痛，見鬼之擊。〔註60〕

只是此種情況，並非於漢代時期突然出現，在先秦即有事例。如《墨子》書中所載之故事：

> 周宣王殺其臣杜伯而不辜，杜伯曰：「吾君殺我而不辜，若以死者為
> 無知則止矣；若死而有知，不出三年，必使吾君知之。」其三年，
> 周宣王合諸侯而田於圃，田車數百乘，從數千，人滿野。日中，杜
> 伯乘白馬素車，朱衣冠，執朱弓，挾朱矢，追周宣王，射之車上，
> 中心折脊，殪車中，伏弢而死。〔註61〕

故事中，周宣王被杜伯之鬼以紅色的弓矢射中，死田獵車上。另外，同書莊子儀的故事也提到：

> 昔者，燕簡公殺其臣莊子儀而不辜，莊子儀曰：「吾君王殺我而不辜，
> 死人毋知亦已，死人有知，不出三年，必使吾君知之。」期年，燕

〔註58〕〔晉〕干寶，《搜神記》卷三，頁22～23。
〔註59〕李建民，〈先秦兩漢病因觀及其變遷──以新出土文物為中心〉，收入李建民主編《從醫療看中國史》，頁72～73。
〔註60〕黃暉，《論衡校釋》卷二十三〈訂鬼篇〉，頁931～932。
〔註61〕〔清〕孫詒讓，《墨子閒詁》（台北：世界書局，1992年4月）卷九〈明鬼〉，頁139～140。

將馳祖，燕之有祖，當齊之社稷，宋之有桑林，楚之有雲夢也，此男女之所屬而觀也。日中，燕簡公方將馳於祖塗，莊子儀荷朱杖而擊之，殪之車上。〔註 62〕

莊子儀利用「朱杖」擊打燕簡公，也造成簡公死於車上。兩則故事的鬼，都是透過手持器物（弓矢、杖）的擊打才對生人造成傷亡。可是，到了應劭的時代，鬼對人的傷害，不再需藉由手持外物了。《風俗通義》載：「臥枕戶砌者，鬼陷其頭，令人病顛。」〔註 63〕鬼不持外物而可以對人產生傷害，其實秦簡當中已有事例出現：

人毋（無）故鬼攻之不已，是是刺鬼。〔註 64〕

鬼恒宋傷人，是不辜鬼。〔註 65〕

當人晚上睡覺時「鬼夜屈其頭」，〔註 66〕鬼直接壓迫使生人之頭彎曲。作爲一般平民行事準則的《日書》有鬼壓人的記載，表示這樣的概念是爲平民所接受的。而鬼持箠杖毆擊導致人身體劇痛，這樣觀念不僅在民間流行，連上層社會也深信不疑。如《漢書》卷二十七〈五行志中〉載：

高后八（前 180）年三月，祓霸上，還過枳道，見物如倉狗，撠高后掖，忽而不見。卜之，趙王如意爲祟。遂病掖傷而崩。〔註 67〕

以及《漢書》卷五十二〈竇田灌韓傳〉載：

春，(田) 蚡疾，一身盡痛，若有擊者，謼服謝罪。上使視鬼者瞻之，曰：「魏其侯與灌夫共守，笞欲殺之。」竟死。〔註 68〕

因爲劉如意化爲倉狗，撠掖導致呂后受傷生病，最後死亡。而田蚡之所以全身盡痛，也是由於魏其侯與灌夫守在他身旁，笞打之所致。《搜神記》孫策故事中雖無毆打之事，但因于吉作祟，導致孫策身體有瘡：

孫策欲渡江襲許，與于吉俱行。時大旱，所在熇厲，策催諸將士，使速引船。或身自早出督切，見將吏多在吉許。策因此激怒，言：「我爲不如吉耶？而先趨附之。」便使收吉。至，呵問之曰：「天

〔註 62〕〔清〕孫詒讓，《墨子閒詁》卷九〈明鬼〉，頁 142。
〔註 63〕〔漢〕應劭撰，王利器校注，《風俗通義校注》〈佚文〉，頁 564。
〔註 64〕睡虎地秦簡整理小組，《睡虎地秦墓竹簡・日書甲種》，頁 212。
〔註 65〕睡虎地秦簡整理小組，《睡虎地秦墓竹簡・日書甲種》，頁 215。
〔註 66〕睡虎地秦簡整理小組，《睡虎地秦墓竹簡・日書甲種》，頁 215。
〔註 67〕《漢書》卷二十七〈五行志〉，頁 1397。
〔註 68〕《漢書》卷五十二〈竇田灌韓傳〉，頁 2393。

旱不雨，道路艱澀，不時得過。故自早出，而卿不同憂戚，安坐
船中，作鬼物態，敗吾部伍。今當相除。」令人縛置地上，暴之，
使請雨。若能感天，日中雨者，當原赦；不爾，行誅。俄而雲氣
上蒸，膚寸而合。比至日中，大雨總至，溪澗盈溢。將士喜悅，
以爲吉必見原，并往慶慰。策遂殺之。將士哀惜，藏其尸。天夜，
忽更興雲覆之。明旦往視，不知所在。策既殺吉，每獨坐，彷彿
見吉在左右。意深惡之，頗有失常。後治瘡方差，而引鏡自照，
見吉在鏡中，顧而弗見。如此在三。撲鏡大叫，瘡皆崩裂，須臾
而死。〔註69〕

于吉爲孫策殺害後，因爲士兵的同情，將其屍體藏匿，某日天黑屍體不知去
向。從這天開始，每當孫策獨坐之時，即左顧右盼，彷彿于吉就在其左右。
後來孫策的傷口惡化，每當以鏡自照觀看傷口時，都會從鏡中看到于吉，最
後傷口崩裂而亡。

三、災疫（水、旱與疫疾）

中國以農立國，主要生產活動爲農業，政府主要收入亦來自於農業。因
此統治者均有勸農之舉。文、景二帝在位時期，除推行「與民休息」政策外，
也積極推動「重農抑商」政策。文帝在位在位二十三年，共發五道重農詔書；
景帝在位十六年，共發兩道詔書重申重農政策。〔註70〕此外昭帝元平元（西
元前74）年詔：

元平元（西元前 74）年春二月，詔曰：「天下以農桑爲本。日者省
用，罷不急官，減外繇，耕桑者益眾，而百姓未能家給，朕甚愍焉。
其減口賦錢。」有司奏請減什三，上許之。〔註71〕

農業又與天氣息息相關，因此對於天災是否出現特別關心。所有災害之中，
又以水災以及旱災對農業傷害最大。根據學者研究，漢代水災出現次數約爲
七十六至七十九次。〔註72〕由於中國降雨季節主要集中於夏季，故漢代時期

〔註69〕〔晉〕干寶，《搜神記》卷一，頁6。
〔註70〕田昌五、安作璋、孟祥才，《中國歷代經濟史・先秦兩漢卷》（台北：文津出
版社有限公司，1998年1月），頁677。
〔註71〕《漢書》卷七〈昭帝紀〉，頁232。
〔註72〕陳業新，《災害與兩漢社會研究》（上海：上海人民出版社，2004年4月），頁
14、16～17。

水災出現時間主要以五至九月爲主。〔註73〕旱災次數由於學者認定不一，出現次數從八十一次至一百一十七次不等。〔註74〕

　　危害農業生產的水旱之災爲何會出現，除了天氣等自然因素外，漢朝人亦認爲有人爲因素之存在。由於政治不清、吏治不明，導致黎民百姓蒙受冤屈，因此有災疫的出現。之所以如此，在於人與鬼靈的怨氣會同時觸動天地，引起災害。〔註75〕可見，在天人感應說的理論下，不論是生人或是鬼，其怨氣均會影響天地，進而引發災疫。而鬼的怨氣來源主要有二：其一、死後不得安寧。例如成帝時爲營造昌陵，不但勞役民眾，更發民墳冢以爲昌陵之積土。爲此，劉向上書成帝說：「死者恨於下，生者愁於上，怨氣感動陰陽。」〔註76〕其二、蒙冤而死。如《後漢書》卷七十六〈循吏列傳〉所載：

> 孟嘗字伯周，會稽上虞人也。其先三世爲郡吏，並伏節死難。嘗少脩操行，仕郡爲戶曹史。上虞有寡婦至孝養姑。姑年老壽終，夫女弟先懷嫌忌，乃誣婦厭苦供養，加鴆其母，列訟縣庭。郡不加尋察，遂結竟其罪。嘗先知枉狀，備言之於太守，太守不爲理。嘗哀泣外門，因謝病去，婦竟冤死。自是郡中連旱二年，禱請無所獲。後太守殷丹到官，訪問其故，嘗詣府具陳寡婦冤誣之事。因曰：「昔東海孝婦，感天致旱，于公一言，甘澤時降。宜戮訟者，以謝冤魂，庶幽枉獲申，時雨可期。」〔註77〕

會稽郡上虞縣的孝婦至孝養姑，卻被女弟誣告以鴆殺害婆婆。縣府誤判郡太守又不理會，導致孝婦冤死，自此就引發該郡連續兩年的乾旱。而孟嘗對太守殷丹所言的「東海孝婦」一事，當爲《搜神記》所載漢時東海孝婦周青之事：

> 漢時，東海孝婦，養姑甚謹，姑曰：「婦養我勤苦，我已老，何惜餘年，久累年少。」遂自縊死。其女告官云：「婦殺我母。」官收繫之。拷掠毒治，孝婦不堪苦楚，自誣服之。時于公爲獄吏，曰：「此婦養

〔註73〕王文濤，《秦漢社會保障研究——以災害救助爲中心的考察》（北京：中華書局，2007年6月），頁19。

〔註74〕鄭雲特認爲有八十一次，楊振紅統計有九十一次，陳業新認爲有一百一十二次，王文濤統計則有一百一十七次。參見王文濤，《秦漢社會保障研究——以災害救助爲中心的考察》，頁22。

〔註75〕龔韻蘅，《兩漢靈冥世界觀探究》，頁203。

〔註76〕《漢書》卷三十六〈楚元王傳〉，頁1956。

〔註77〕《後漢書》卷七十六〈循吏列傳〉，頁2472～2473。

姑十餘年，以孝聞徹，必不殺也。」太守不聽。于公爭不得理，抱
其獄詞，哭於府而去。自後郡中枯旱，三年不雨。……。長老傳云：
「孝婦名周青，青將死，車載十丈竹竿，以懸五旛，立誓於眾曰：『有
罪，願殺，血當順下；青若枉死，血當逆流。』既行刑已，其血青
黃，緣旛竹而上標，又緣旛而下云。」〔註78〕

此外，東漢周暢於永初二（西元108）年任河南尹：

〔周〕嘉從弟暢，字伯持，性仁慈，爲河南尹。永初二（西元108）
年，夏旱，久禱無應，暢因收葬洛城傍客死骸骨凡萬餘人，應時澍
雨，歲乃豐稔。〔註79〕

永初二（西元108）年河南地區之所以大旱不雨，最主要的原因在於洛陽旁有
客死該地的外鄉人，其屍骨多達萬餘具之多。「客死異鄉，無以爲葬」，依照
林富士的看法：

無論是死後的喪葬、祭祀之事未得妥善處理的「非常」之鬼，還是
在「非自然」狀態（指死亡的年齡、所在的處所、或終結的方式「異
常」）去世的鬼魂，或是「非自然」死亡又不得「正常」善後者，都
有資格成爲「厲鬼」〔註80〕

都屬於厲鬼。厲鬼本身怨氣較爲深切，如今厲鬼之數又多達「萬餘」，那怨氣
之深厚可見一般。因此，才造成洛陽所在之河南郡嚴重大旱，甚至連「久禱」
都無法解除。

漢朝時期認爲鬼的出現亦可能引發大規模的傳染病。例如《搜神記》所
載李娥故事，李娥被遣回地上世界時，替仍在地下世界的劉伯文攜帶書信給
兒子劉陀：

乃致伯文書與佗，佗識其紙，乃是父亡時送箱中文書也。表文字猶
在也，而書不可曉。乃請費長房讀之，曰：「告佗，我當從府君出案
行部，當以八月八日中時，武陵城南溝水畔頓，汝是時必往。」到
期，悉將大小於城南待之。須臾果至。但聞人馬隱隱之聲，詣溝水，
便聞有呼聲曰：「佗來。汝得我所寄李娥書不耶？」曰：「即得之，
故來至此。」伯文以次呼家中大小久之，悲傷斷絕，曰：「死生異路，

〔註78〕　〔晉〕干寶，《搜神記》卷十一，頁87～88。
〔註79〕　《後漢書》卷八十一〈獨行列傳〉，頁2676。
〔註80〕　林富士，《孤魂與鬼雄的世界——北臺灣的厲鬼信仰》，頁15～16。

> 不能數得汝消息，吾亡後，兒孫乃爾許大。」良久，謂佗曰：「來春
> 大病，與此一丸藥，以塗門戶，則辟來年妖癘矣。」言訖忽去，竟
> 不得見其形。至來春，武陵果大病，白日皆見鬼。〔註81〕

故事中，劉伯文告訴兒子劉陀，明年春天武陵郡將會有一場大病流行。時間
一到，果然如其所言。而文中提到，之所以爆發大規模傳染病，是因爲「妖
厲」橫行，甚至「白日皆見鬼」。類似的故事，也出現在《風俗通義》一書
中：

> 夏侯弘忽行江陵，逢一大鬼，提弓戟急走，小鬼數百從之，弘畏懼，
> 下路避之，大鬼過後，抓一小鬼，問：「此是何物？」曰：「廣州大
> 殺。」弘曰：「以此矛戟何爲？」曰：「以此殺人，若中心腹者輒死，
> 中餘者不至於死。」弘曰：「治此病者有方不？」鬼曰：「殺烏雞薄
> 心即差。」弘曰：「今欲行何？」鬼曰：「當荊、揚二州。」爾時，
> 此二州皆行心腹病，略無不死者。〔註82〕

顯而易見，荊、揚二州之所以爆發大規模心腹病，是由於有一大鬼帶領數百
小鬼提弓戟急走。當矛戟刺入心腹時，即導致人的死亡。《太平經》亦說：「敬
其興凶事大過，反生凶殃，尸鬼大興，行病害人……。」〔註83〕當尸鬼在生
人世界大爲興盛之時，將導致疾病的流傳。由此可知，鬼的出現干擾，將導
致生人的地上世界產生脫序的現象。此種脫序現象多以水、旱之災以及大規
模傳染病出現。在時間與空間上，疫鬼的活動往往會受到侷限。空間差異在
於，致疫的鬼種類不同，各種鬼有其活動範圍。時間限制則因人們以陰氣與
陽氣的消長來解釋季節變化，而鬼屬陰性，故通常於一年之中陰寒之氣興盛
之時作祟人間。除此之外，東漢鄭玄更採用讖緯之說，認爲「大陵」、「積尸」
之星，主管死喪之事，當兩星之氣散逸而出，將導致厲鬼隨之而出作祟人間，
此時大約是春季三月之時。另外，冬季十二月時，當太陽經過危星附近的「墳
墓」四星，將會有「厲鬼隨強陰出害人」。〔註84〕

〔註81〕〔晉〕干寶，《搜神記》卷十五，頁113～114。

〔註82〕〔漢〕應劭撰，王利器校注，《風俗通義校注》卷八〈祀典〉注引《御覽》，
頁376。

〔註83〕王明編，《太平經合校》（北京：中華書局，1997年10月）卷三十六〈事死不
得過生法〉，頁51。

〔註84〕李建民，〈先秦兩漢病因觀及其變遷——以新出土文物爲中心〉，收入李建民
主編《從醫療看中國史》，頁51～52。

四、生理特徵的消失

如本章第一節所言，鬼可透過附身的手段控制生人的身體。當鬼附身於生人軀體時，生人部分的生理特徵將會暫時消失，取而代之的是鬼的生理特徵。此種暫時取代現象，以聲音的改變最為顯著。如《太平廣記》所引《列異傳》故事：

> 任城公孫達，甘露中，陳郡卒官，將斂，兒及郡吏數十人臨喪。達五歲兒，忽作靈語，音聲如父，呵眾人哭止，因呼諸子，以次教誡。兒等悲哀不能自勝，及慰勉之曰：「四時之運，猶有始終。人脩短殊，誰不致此。語千餘言，皆合文章。」兒又問曰：「人亡皆無所知，惟大人聰明殊特，有神靈耶。」答曰：「鬼神之事，非爾所知也。」因索紙筆作書，辭義滿紙。〔註85〕

此處所言人物「公孫達」，在四史之中並無其記載，僅能從書名《列異傳》以及時間「甘露中」來判斷。《太平廣記》所引這則故事是來自於《列異傳》一書。此書作者，《隋書》卷三十三〈經籍志〉所載為魏文帝曹丕所。〔註86〕但《舊唐書》卷四十六〈經籍志〉卻言「列異傳三卷張華撰」。〔註87〕《新唐書》卷五十九〈藝文志〉則說「張華博物志十卷，又列異傳一卷」。〔註88〕而歷史上使用「甘露」為年號者僅有五位，分別是：西漢宣帝劉詢、曹魏高貴鄉公曹髦、吳末帝孫浩、前秦符堅以及遼東丹王等五位。不論《列異傳》作者為東漢張華或者是魏文帝曹丕，此處所言之「甘露」，當在作者出現時間之前。符合此一條件者僅有西漢宣帝甘露元（西元前53）年至甘露四（西元前50）年。因此，可以斷定此一故事為發生在西漢宣帝甘露年間。

當公孫達死於陳郡，身體即將入殮之時，一旁五歲的兒子突然被公孫達附身，講話語氣「音聲如父」，甚至對一旁的諸子加以殷殷教誡，甚至「索紙筆作書，辭義滿紙」。可見，此時公孫達兒子的聲音與動作特徵暫時為公孫達所取代。

〔註85〕 〔宋〕李昉編，《太平廣記》（北京：中華書局，2010 年 2 月）卷三百一十六〈鬼一〉，頁 2499。

〔註86〕 〔唐〕魏徵等，《隋書》（台北：鼎文書局，1980 年）卷三十三〈經籍志〉，頁 980。

〔註87〕 〔後晉〕劉昫等，《舊唐書》（台北：鼎文書局，1992 年 7 月）卷四十六〈經籍志〉，頁 2004。

〔註88〕 〔宋〕歐陽修、宋祁，《新唐書》（台北：鼎文書局，1985 年 2 月）卷五十九〈藝文志〉，頁 1539。

五、財物損失

漢朝時期，當鬼介入生人生活時，不見得會造成健康或生命的傷害，有時僅造成財物的損失。對漢朝人而言，所謂的財物，包含日常生活所需的各項器物、牲畜、金錢以及各式各樣的貴重物品。如《睡虎地秦墓竹簡・日書甲種》〈詰〉篇所載：

> 人毋（無）故室皆傷，是粲迓之鬼處之。〔註89〕

由於露牙之鬼待在家中，導致屋內的各項器具無緣無故的損壞。同書亦說：

> 人之六畜毋（無）故而皆死，欯鬼之氣入焉。〔註90〕

> 鬼恒襄（攘）人之畜，是暴鬼。〔註91〕

由於欯鬼、暴鬼在家中作怪，導致家中牲畜無緣無故死亡或走失。從此三例即可看出，秦時鬼對於生人日常生活的干擾，不見得會導致身體健康的危害，有時亦會導致財物、牲畜之損失。除了鬼會造成財物損失外，由動物所變化具有生人特性者，亦會造成財物損失。如《風俗通義》中所載：

> 魯相右扶風臧仲英爲侍御史，家人作食，設按，欯有不清塵土投污
> 之；炊臨熟，不知釜處；兵弩自行，火從篋簏中起，衣物燒盡，而
> 簏故完；婦女婢使悉亡其鏡，數日堂下擲庭中，有人聲音：「汝鏡。」
> 〔註92〕

故事中，臧仲英家中的釜、鏡經常莫名其妙不見，不然就是衣物莫名其妙被燒。最後透過占卜，才知道原來是具有人聲的的老青狗在作怪。

六、戲弄、騷擾

鬼對於人的干擾，除直接對人產生性命或健康危害外，有時僅僅是開玩笑的捉弄性質或者是糾纏、騷擾生人。《睡虎地秦墓竹簡・日書甲種》〈詰〉篇：

> 人毋（無）故而鬼惑之，是擎鬼，善戲人。〔註93〕

> 鬼恒夜鼓人門，以歌若哭，人見之，是凶鬼。〔註94〕

〔註89〕睡虎地秦簡整理小組，《睡虎地秦墓竹簡・日書甲種》，頁214。
〔註90〕睡虎地秦簡整理小組，《睡虎地秦墓竹簡・日書甲種》，頁212。
〔註91〕睡虎地秦簡整理小組，《睡虎地秦墓竹簡・日書甲種》，頁215。
〔註92〕〔漢〕應劭撰，王利器校注，《風俗通義校注》卷九〈怪神〉，頁423。
〔註93〕睡虎地秦簡整理小組，《睡虎地秦墓竹簡・日書甲種》，頁212。
〔註94〕睡虎地秦簡整理小組，《睡虎地秦墓竹簡・日書甲種》，頁213。

在日書之中，誘鬼的出現除導致人無端被引誘外，也戲弄情況的出現。至於
凶鬼，對人雖無戲弄情形，但到夜晚，凶鬼就會伴隨著歌聲敲打人門。〈詰〉
篇用「恒夜」表示，說明凶鬼騷擾生人的時間並非短暫，可能是整夜或每天
晚上。《風俗通義》之中，鬼捉弄人的情景，更是描寫的活靈活現：

> 魯相右扶風臧仲英爲侍御史，家人作食，設灶，灶有不清塵土投污
> 之；炊臨熟，不知釜處，兵弩自行，火從灶中起，衣物燒盡，而籠
> 故完；婦女婢使悉亡其鏡，數日堂下擲庭中，有人聲音：「汝鏡。」
> 女孫年三四歲，亡之，求不能得，二三日乃清中糞下啼：若此非一。
> 汝南有許季山者，素善卜卦，言：「家當有老青狗物，內中婉御者益
> 喜與爲之。誠欲絕，殺此狗，遣益喜歸鄉里。」接如其言，因斷無
> 纖介，仲英遷太尉長史。〔註95〕

如同第二章所言，本論文所討論者爲廣義之鬼，凡是具有人性、人形特徵者，
均視爲鬼。事例中「老青狗物」不但能將塵土丟在食物之上，最重要的是他
具有人「說話」的特徵，故以鬼視之。事例之中，戲弄人的手段之多，包含：
把將熟的食物整鍋弄不見、兵弩自行射出、火從灶中竄出燒盡衣物、從堂下
擲人遺失之鏡於庭中、把孫女丟入糞池之中。以上這些戲弄的把戲還不是僅
出現一次而已，造成臧仲英全家生活相當不便。可見，鬼對人有時是出於戲
弄的心態干涉生人的日常生活。

七、抓　人

鬼有時也會直接把人抓走，例如《睡虎地秦墓竹簡・日書甲種》〈詰〉篇載：

> 人恒亡赤子，是水亡傷（殤）取之。〔註96〕

> 凡邦中之立叢，其鬼恒夜譁（呼）焉，是遽鬼執人以自伐（代）也。
> 〔註97〕

> 鬼恒召人出宮，是是遽鬼毋（無）所居。〔註98〕

這三例中，以第二較爲特殊。遽鬼抓人的目的是「以自代」。也就是說，當人
被遽鬼抓到時，此人將會代替原本的遽鬼成爲出沒於「邦中之立叢」新遽鬼。

〔註95〕〔漢〕應劭撰，王利器校注，《風俗通義校注》卷九〈怪神〉，頁423。
〔註96〕睡虎地秦簡整理小組，《睡虎地秦墓竹簡・日書甲種》，頁214。
〔註97〕睡虎地秦簡整理小組，《睡虎地秦墓竹簡・日書甲種》，頁214。
〔註98〕睡虎地秦簡整理小組，《睡虎地秦墓竹簡・日書甲種》，頁215。

只是，原本的邅鬼到哪去了，秦簡中並無明言。這樣的情況，類似現今台灣民間信仰中的「抓交替」。當人被鬼抓走時，可能出現的地點如《搜神記》卷十八載：

> 後漢建安中，沛國郡陳羨爲西海都尉，其部曲王靈孝，無故逃去。羨欲殺之。居無何，孝復逃走。羨久不見，因其婦，婦以實對。羨曰：「是必魅將去，當求之。」因將步騎數十，領獵犬，周旋於城外求索，果見孝於空冢中。〔註99〕

故事中，陳羨的部曲王靈孝被鬼魅將去，而無緣無故逃走，不知去向。陳羨只好在城外四周盤查，終於在一座空冢之中看見王靈孝。可見，鬼將人抓人是有可能放置於墳墓之中。

八、其　他

　　鬼對人的影響，最後一類爲「其他」。由於有許多鬼對生人的干涉作用甚多，有些在史料上僅有一、二條事例，若獨立爲一類，將顯過於龐雜；若捨棄又有遺珠之憾。因此，將無法列入上述七種分類者，全部歸入「其他」。

　　1、失　火

　　《睡虎地秦墓竹簡·日書乙種》〈失火〉認爲火災是具有預知未來的作用。根據〈失火〉全文，未來情況將隨著失火時間的差異有吉、凶之別。例如：「甲失火，去不羔（祥）」、「申失火，富」〔註100〕兩者所預見的結果均屬吉；而「巳失火，有死子」、「庚失火，君子兵死」〔註101〕兩者所預見者均爲凶。在〈失火〉篇中也提到，由於鬼作祟，也將導致失火。例如：

> 卯失火，不負失火，必有鬼。……癸失火，有（骨鬼）（鬼）。〔註102〕

可見，在漢朝時人觀念中，鬼的作祟將導致在特定時間點失火。

　　2、責　罵

　　鬼的出現，有時會對人責罵。例如《睡虎地秦墓竹簡·日書甲種》〈詰〉篇所載：「鬼恆責人，不可辭，是暴鬼。」〔註103〕從秦簡之中可以看見，由於

〔註99〕〔晉〕干寶，《搜神記》卷十八，頁142。
〔註100〕睡虎地秦簡整理小組，《睡虎地秦墓竹簡·日書乙種》，頁254。
〔註101〕睡虎地秦簡整理小組，《睡虎地秦墓竹簡·日書乙種》，頁254。
〔註102〕睡虎地秦簡整理小組，《睡虎地秦墓竹簡·日書乙種》，頁254。
〔註103〕睡虎地秦簡整理小組，《睡虎地秦墓竹簡·日書甲種》，頁213。

暴鬼的出現責罵,使人毫無招架之力而有「不可辭」的情況。

第三節　鬼介入生人生活之因

　　生活於地下世界的鬼可介入生人生活。所謂介入,意指鬼對人日常生活各種影響的作用,包含正面(如報恩)、負面(如使生病)以及中性的影響(如夢或對話)。根據本章第一、二節的探討,由於鬼介入而對人產生的影響有:直接對話、夢、降神、使生病、使人受傷疼痛、災疫(水、旱與疫疾)、生理特徵的消失、財物損失、戲弄、糾纏、驚嚇、騷擾以及抓人。在鬼介入行為的背後,其動機為何?將是本節探討重點。

一、需求的匱乏 [註104]

　　林富士在探討厲鬼時曾經提及:

> 所謂「厲」鬼,基本上是指冤死、橫死、不得善終的鬼魂,像因為戰爭、刀兵、刑罰、意外災害、瘟疫、夭殤這些因素而死的人,都可能變成「厲鬼」。另外,死後乏人埋葬、祭拜、奉祀的亡魂,也就是俗稱的「孤魂野鬼」,也會成為「厲鬼」。這種厲鬼,或是由於死狀悲慘,或是由於含冤而終,或是由於乏人供養而痛苦不堪,往往

[註104] 此標題主要是受到人本主義心理學創始人之一的馬斯洛(Abraham H. Maslow)的需求層次理論啟發。馬斯洛強調人類的動機是由多種不同性質需求所組成,而各需求之間,又有先後順序與高低層次之分。需求層次由低而高分為七層,分別是:
生理需求:維持生存延續種族的需求,諸如求食、求飲、睡眠、性慾。
安全需求:希求受保護與免於遭受威脅從而獲得安全感的需求。
隸屬與愛的需求:被人接納、關注、鼓勵與支持的需求。
自尊需求:獲取並維護個人自尊心的需求。
知的需求:個體對己對人對事物變化中所不能理解者希望理解的需求。
美的需求:對美好事物欣賞的需求。
自我實現需求:個人所有理想全部實現的需求。
此七種需求,馬斯洛又進一步分成兩大類,較低的前四層稱為基本需求,較高的後三層稱為成長需求。由於基本需求都是生理或心理上缺失所導致,故又稱為「缺失性需求」或「匱乏性需求」。且基本需求一旦獲得滿足,其需求強度就會降減。換言之,基本需求產生時,個體所追求的目的物是有限的。參見張春興,《教育心理學——三化取向的理論與實踐》(台北:東華書局股份有限公司,2004年3月),頁260、303～305。

會回到人間作怪，向人索求敬意和奉獻。〔註105〕
但會返回人間作怪索求敬意和奉獻者，不僅僅是厲鬼。只要當地下世界居民
處於需求匱乏的情況下，即有可能透過各種管道返回人間索求。如同第三章
所述，在漢朝時人的概念中，鬼是生活於地下世界的群體，爲地上世界生人
的複製。因此，人所具有的各種生理需求，都會在鬼身上重現。這些生理需
求中，以食、衣、住以及性需求最常出現於文獻資料中。當生活於地下世界
的鬼面臨需求匱乏時，即會向地上的生人反應。藉由各種干涉，達到需求的
滿足。

（一）食

人死後爲鬼，僅僅是生活空間由地上世界轉移至地下世界。其餘一切特
徵，將隨生活空間的轉換，由人身上轉移到鬼身上。因此，對漢朝之人而言，
鬼依舊有食的需求。《睡虎地秦墓竹簡・日書甲種》〈詰〉篇提到：

> 凡鬼恒執匴以入室，曰：「氣（饎）我食」云，是是餓鬼。〔註106〕

> 鬼嬰兒恒爲人號曰：「鼠（予）我食。」是哀乳之鬼。〔註107〕

餓鬼因乏食而飢餓，才會拿著淘米的竹器進入人屋向人乞食。在秦人的觀念
中，哀乳之鬼就是那些向人索食討乳以飽腹的嬰兒鬼。

西漢元帝在貢禹以及丞相玄成、御史大夫鄭弘、太子太傅嚴彭祖、少府
歐陽地餘、諫大夫尹更始等七十人建議下，不但各郡國的宗廟毀壞者不修，
更「罷昭靈后、武哀王、昭哀后、衛思后、戾太子、戾后園，皆不奉祠，裁
置吏卒守焉。」〔註108〕大臣們的建議，主要希望導正民風，節省祭祀、修繕
宗廟的開支。只是這樣的作法，一年多後引來地下世界居民的不滿：

> 後歲餘，玄成薨，匡衡爲丞相。上寢疾，夢祖宗譴罷郡國廟，上少
> 弟楚孝王亦夢焉。上詔問衡，議欲復之，衡深言不可。上疾久不平，
> 衡惶恐，禱高祖、孝文、孝武廟……。〔註109〕

漢元帝事例中，劉氏先祖爲對漢元帝採信貢禹、玄成等人「罷祭祀，裁置吏

〔註105〕林富士，《疾病終結者——中國早期的道教醫學》（台北：三民書局股份有限
　　　　公司，2003年6月），頁57～58。
〔註106〕睡虎地秦簡整理小組，《睡虎地秦墓竹簡・日書甲種》，頁214。
〔註107〕睡虎地秦簡整理小組，《睡虎地秦墓竹簡・日書甲種》，頁215。
〔註108〕《漢書》卷七十三〈韋賢傳〉，頁3117。
〔註109〕《漢書》卷七十三〈韋賢傳〉，頁3121。

卒守焉」的不滿，透過夢境向元帝與楚孝王劉囂表達不滿。當柔性介入（如夢境）無法獲得生人善意回應，地下居民只得採取更激烈之介入手段。該例中，即是透過作祟，使「上疾連年」。〔註110〕

在「事死如事生」的觀念下，生活於地下世界的居民如同地上生人一般有食物的需求。食物的唯一來源則是透過祭祀而得到。因此，當祭祀被停止或者根本乏人祭祀的情況下，食的需求無法被滿足，只好透過各種干擾生人的手段，達到取食的目的。

（二）衣、住

與生人相同，衣物對鬼而言具有保暖與蔽體的功用。當鬼衣著的需求無法滿足時，即向生人世界反應，藉由各項干涉生人生活以滿足自身衣、住的需求。在漢朝的觀念裡，一個人死後無人加以掩埋或祭祀的話，這些死者就會不斷干擾生人的正常生活。〔註111〕故在干寶《搜神記》中有此載：

> 漢南陽文穎，字叔長，建安中為甘陵府丞，過界止宿，夜三鼓時，夢見一人跪前曰：「昔我先人，葬我於此，水來湍墓，棺木溺，漬水處半，然無以自溫。聞君在此，故來相依，欲屈明日暫住須史，幸為相遷高燥處。」鬼披衣示穎，而皆沾濕。〔註112〕

此一事例中，此鬼由於墓塚為大水所毀，棺木積水無法居處，加上衣服盡濕無以自溫，因此夜半三鼓藉由夢境向文穎傳達自己需求。此外《太平廣記》引《拾遺記》載麋竺遇鬼故事：

> 麋竺用陶朱公計術，日益億萬之利，貨擬王家。有寶庫千間。竺性能振生死。家馬廄屋側，有古塚，中有伏尸。竺夜尋其泣聲，忽見一婦人，袒背而來，云：「昔漢末為赤眉所發，扣棺見剝，今袒肉在地，垂二百餘年。就將軍求更深埋，并乞弊衣自掩。」竺即令為石椁瓦棺。設祭既畢，以青布裙衫，置於塚上。〔註113〕

女鬼之所以現身與麋竺見面、對話，其主因在於女鬼的「衣」以及「住」兩方面的生理需求因外力破壞而無法滿足。因此女鬼才有「今就將軍乞深埋，

〔註110〕《漢書》卷七十三〈韋賢傳〉，頁3124。
〔註111〕李建民，〈屍體、骷髏與魂魄——傳統靈鬼觀新論〉，《當代》第90期（1993年10月），頁51。
〔註112〕〔晉〕干寶，《搜神記》卷十六，頁121。
〔註113〕〔宋〕李昉編，《太平廣記》卷三百一十七〈鬼二〉，頁2511。

并弊衣以掩形體」之語。深埋改善居住需求的匱乏，而弊衣則改變衣著需求不滿足的情況。此外，周暢於東漢安帝永初二（西元108）年就任河南尹：

〔周〕嘉從弟暢，字伯持，性仁慈，爲河南尹。永初二（西元108）年，夏旱，久禱無應，暢因收葬洛城傍客死骸骨凡萬餘人，應時澍雨，歲乃豐稔。〔註114〕

由於洛陽城旁客死他鄉之屍骨多達萬餘具之多，這些屍骨因爲乏人收葬而導致當地該年夏天大旱。只有等到周暢爲屍骨收葬、立冢，使客死他地之鬼有一棲身之所，大旱的情況才得到解除。

（三）性

如同第三章第二節所探討，漢朝時人觀念中，鬼是生活於地下世界的人。具有生人一般的特質，除了有食、衣、住等需求外，也有性的生理需求。例如《睡虎地秦墓竹簡‧日書甲種》的〈詰〉篇之中提到：

鬼恒胃（謂）人：「鼠（予）我而女。」不可辭。〔註115〕

此簡中，鬼直接要求人們將給女兒送給自己。只是鬼要女人作什麼呢？同批竹簡即有明確答案：

鬼恒從人女，與居，曰：「上帝子下游。」〔註116〕

也正因爲鬼具有性需求，也才有已經成精的動物，化爲人鬼樣貌，入屋調戲女子：

犬恒夜入人室，執丈夫，戲女子，不可得也，是神狗僞爲鬼。〔註117〕

更在一些事例中可見「人鬼共寢」的情況。如《太平廣記》中引《法苑珠林》提到：

漢諸暨縣吏吳祥者，憚役委頓，將投竄深山。行至一溪，日欲暮，見年少女子，綵衣甚美，云：「我一身獨居，又無鄉里，唯有一孤嫗，相去十餘步耳。」祥聞甚悅，便即隨去。行一里餘，即至女家，家甚貧陋。爲祥設食，至一更竟。聞一嫗喚云：「張姑子。」女應曰：「諾。」祥問是誰，答云：「向所道孤嫗也。」二人共寢至曉，雞鳴祥去。二情相戀，女以紫巾贈祥，祥以布手巾報。行至昨所遇處，

〔註114〕《後漢書》卷八十一〈獨行列傳〉，頁2676。
〔註115〕睡虎地秦簡整理小組，《睡虎地秦墓竹簡‧日書甲種》，頁215。
〔註116〕睡虎地秦簡整理小組，《睡虎地秦墓竹簡‧日書甲種》，頁215。
〔註117〕睡虎地秦簡整理小組，《睡虎地秦墓竹簡‧日書甲種》，頁212。

過溪，其夜水暴溢，深不可涉，乃迴向女家，都不見昨處，但有一
冢耳。〔註118〕

故事中，主角所遇女子最後證實是一女鬼。一人一鬼共寢至曉，一直等到雞
鳴後吳祥才離開。另外，《風俗通義》之中亦有類似故事：

汝南汝陽西門亭有鬼魅，賓客宿止，有死亡，其屬厭者，皆亡髮失
精，尋問其故，云：「先時頗已有怪物，其後，郡侍奉掾宜祿鄭奇來，
去亭六七里，有一端正婦人，乞得寄載，奇初難之，然後上車，入
亭，趨至樓下，吏卒檄白：『樓不可上。』奇曰：『我不惡也。』時
亦昏冥，遂上樓，與婦人棲宿，未明發去。亭卒上樓掃除，見死婦，
大驚，走白亭長。亭長擊鼓會諸廬吏，共集診之，乃亭西北八里吳
氏婦新亡，以夜臨殯，火滅，火至失之；家即持去。奇發行數里，
腹痛，到南頓利陽亭加劇，物故，樓遂無敢復上。」〔註119〕

鄭奇所遇並且與之樓宿的美婦，最後證實是西門亭西北八里外的吳氏新亡之
婦。藉由上述事例之探討可發現，鬼與人相同具有性需求。當其性需求無法
被滿足時，即會透過介入生人生活，企望與人發生性關係。

（四）心理需求不滿足

除了物質需求外，鬼亦有情感上的需求。若情感需求不滿足，鬼即透過介
入手段將情感需求向生人傳遞。東漢時期，范式與張劭為好友，某日范式重病：

後元伯寢疾篤，同郡郅君章、殷子徵晨夜省視之。元伯臨盡，嘆曰：
「恨不見吾死友！」子徵曰：「吾與君章盡心於子，是非死友，復欲
誰求？」元伯曰：「若二子者，吾生友耳。山陽范巨卿，所謂死友也。」
尋而卒。式忽夢見元伯玄冕垂纓屐履而呼曰：「巨卿，吾以某日死，
當以爾時葬，永歸黃泉。子未我忘，豈能相及？」式怳然覺寤，悲
歎泣下，具告太守，請往奔喪。太守雖心不信而重違其情，許之。
式便服朋友之服，投其葬日，馳往赴之。式未及到，而喪已發引，
既至壙，將窆，而柩不肯進。其母撫之曰：「元伯，豈有望邪？」遂
停柩移時，乃見有素車白馬，號哭而來。其母望之曰：「是必范巨卿
也。」巨卿既至……。〔註120〕

〔註118〕〔宋〕李昉編，《太平廣記》卷三百一十七〈鬼二〉，頁2505。
〔註119〕〔漢〕應劭撰，王利器校注，《風俗通義校注》卷九〈怪神〉，頁425。
〔註120〕《後漢書》卷八十一〈獨行列傳〉，頁2677。

此事例中，張劭未見好友范式最後一面即病逝，此爲情感上的不滿足。透過夢境，向范式傳達自己死訊，希望好友前來送自己最後一程。下葬當日，范式尚未到達，出現柩不肯進的奇異現象。

　　中國自從成爲一定居農業社會後，形成「安土重遷」的特性，若非天災人禍或人口增殖的自然壓力，通常都不會輕易離開土地。如果被迫離開家鄉，通常都希望有朝一日能夠重返故里。〔註121〕就算生時無法了卻心願，死後也都冀望可以落葉歸根，歸葬故里。就算貴爲天子的劉邦，亦是如此。《史記》卷八〈高祖本紀〉載：

> 高祖乃起舞，慷慨傷懷，泣數行下。謂沛父兄曰：「游子悲故鄉。吾雖都關中，萬歲後吾魂魄猶樂思沛。」〔註122〕

到了惠帝五（西元前190）年「思高祖之悲樂沛，以沛宮爲高祖原廟」，〔註123〕透過爲劉邦仿造沛宮建高祖原廟，滿足劉邦死後思鄉的心理需求。

　　一般黎民當然無法有類似劉邦的待遇，死後仿照家鄉建立宗廟。若死後無法回到故鄉，鬼即會透過介入生人的生活傳達自己心願。如《後漢書》卷八十一〈獨行列傳〉所載溫序故事：

> 溫序字次房，太原祁人也。……序受劍，銜鬚於口，顧左右曰：「既爲賊所迫殺，無令鬚污土。」遂伏劍而死。序主簿韓遵、從事王忠持屍歸斂。光武聞而憐之，命忠送喪到洛陽，賜城傍爲冢地，賻穀千斛，縑五百匹，除三子爲郎中。長子壽，服竟爲鄒平侯相。夢序告之曰：「久客思鄉里。」壽即弃官，上書乞骸骨歸葬。帝許之，乃反舊塋焉。〔註124〕

溫序死後，由於光武帝的命令，使得溫序屍體葬於洛陽城旁的冢地。因爲光武帝介入，不但死者擁有歸葬之冢地，三子均被拔擢爲郎中，其長子更於服喪完畢後，出任鄒平侯相。死後爲鬼的溫序，由於思念故鄉太原祁縣，透過夢將「久客思鄉」的心願告知長子溫壽。溫壽立即上書光武，辭官歸葬骸骨。特別需要注意，光武帝也答應了溫壽的要求。可見當時鬼思念故鄉，透過夢境傳遞訊息的概念爲在上位者所接受。

〔註121〕邢義田，〈從安土重遷論秦漢時代的徙民與遷徒刑〉，收入氏著《秦漢史論稿》（台北：東大圖書股份有限公司，1987年6月），頁412～413。
〔註122〕《史記》卷八〈高祖本紀〉，頁389。
〔註123〕《史記》卷八〈高祖本紀〉，頁393。
〔註124〕《後漢書》卷八十一〈獨行列傳〉，頁2672～2673。

二、暗示生人死亡、警訊

　　鬼介入生人生活，有時是爲了傳達某人將死之訊息。漢朝時人觀念中，認爲「人將死，鬼來。」〔註125〕且《論衡》其他篇章亦提及：

　　人病見鬼來，象其墓中死人來迎呼之者。〔註126〕

　　又見病且終者，墓中死人來與相見。〔註127〕

《論衡》之中的記載與《睡虎地秦墓竹簡·日書甲種》所載相符，〈詰〉篇說：

　　鬼恒召（詔）人曰：「璽（爾）必以葉（某）月日死，是祷鬼僞爲鼠。」
　　　　〔註128〕

人將死之時，除了見鬼來迎或傳達死期外，也可能僅是以夢境傳達將死訊息。《論衡》卷二十一〈死僞篇〉提到「人病，多或夢見先祖死人來立其側。」〔註129〕《後漢書》卷三十九〈劉趙淳于江劉周趙列傳〉記載周磐七十三歲那年：

　　歲朝會集諸生，講論終日，因令其二子曰：「吾日者夢見先師東里先
　　生，與我講於陰堂之奧。」既而長歎：「豈吾齒之盡乎！若命終之日，
　　桐棺足以周身，外椁足以周棺，斂形懸封，濯衣幅巾。編二尺四寸
　　簡，寫堯典一篇，并刀筆各一，以置棺前，示不忘聖道。」其月望
　　日，無病忽終，學者以爲知命焉。〔註130〕

《後漢書》李賢注則說：「東南隅謂之奧，陰堂幽暗之室。又入其奧，死之象也。」〔註131〕由此可知，在周磐所在時期，屋室的東南角落，由於背光，屬於最陰暗之處。周磐夢見先師對自己講學該處，象徵自己不久將與先師一樣，成爲地下世界居民的一份子。此外，霍光死後，其妻（顯）、子（禹）與兄孫（雲、山）因驕恣無度，引發被罷黜的危機。霍光即透過夢境給予警訊。《漢書》卷六十八〈霍光傳〉載：

　　顯夢第中井水溢流庭下，灶居樹上，又夢大將軍謂顯曰：「知捕兒不？
　　盂下捕之。」第中鼠暴多，與人相觸，以尾畫地。鴞數鳴殿前樹上。
　　第門自壞。雲尚冠里宅中門亦壞。巷端人共見有人居雲屋上，徹瓦

〔註125〕黃暉，《論衡校釋》卷二十二〈訂鬼篇〉，頁941。
〔註126〕黃暉，《論衡校釋》卷二十二〈訂鬼篇〉，頁935。
〔註127〕黃暉，《論衡校釋》卷二十三〈薄葬篇〉，頁961。
〔註128〕睡虎地秦簡整理小組，《睡虎地秦墓竹簡·日書甲種》，頁213。
〔註129〕黃暉，《論衡校釋》卷二十一〈死僞篇〉，頁904。
〔註130〕《後漢書》卷三十九〈劉趙淳于江劉周趙列傳〉，頁1311～1312。
〔註131〕《後漢書》卷三十九〈劉趙淳于江劉周趙列傳〉李賢注，頁1312。

投地，就視，亡有，大怪之。禹夢車騎聲正讙來捕禹，舉家憂愁。

〔註132〕

三、報　仇

　　當人死於不辜時，死後所形成的鬼將介入加害者的生活進行報復。這樣的事例從先秦一直到兩漢均非常顯著。譬如《墨子》當中除記載杜伯復仇外，另有莊子儀復仇的故事：

> 昔者，燕簡公殺其臣莊子儀而不辜，莊子儀曰：「吾君王殺我而不辜，死人毋知亦已，死人有知，不出三年，必使吾君知之。」期年，燕將馳祖，燕之有祖，當齊之社稷，宋之有桑林，楚之有雲夢也，此男女之所屬而觀也。日中，燕簡公方將馳於祖塗，莊子儀荷朱杖而擊之，殪之車上。〔註133〕

以及《左傳》魯莊公八（西元前686）年十二月彭生化爲大豕對齊侯報復。此外，最常爲學者引用者，莫如伯有復仇的故事了：

> 鄭人相驚以伯有，曰：「伯有至矣。」則皆走，不知所往。鑄刑書之歲二月。或夢伯有介而行，曰：「壬子，余將殺帶也。明年壬寅，余又將殺段也。」及壬子，駟帶卒，國人益懼。〔註134〕

從上述資料可知，在先秦時期鬼會因爲自認爲死於不辜而介入生人生活，向加害者進行報復，通常報復方法是將加害者殺害。

　　復仇在漢時是相當常見的，如《史記》卷一百二十四〈游俠列傳〉載：

> （郭）解爲人短小精悍，不飲酒。少時陰賊，慨不快意，身所殺甚眾。以軀借交報仇，藏命作姦剽攻，休乃鑄錢掘冢，固不可勝數。

〔註135〕

另外《漢書》卷九十二〈游俠傳〉亦載原涉爲季父報仇之事：

> 先是涉季父爲茂陵秦氏所殺，涉居谷口半歲所，自劾去官，欲報仇。

〔註136〕

研究指出，東漢復仇之風又遠比西漢強烈，部分原因是導源於「慕俠尚氣」

〔註132〕《漢書》卷六十八〈霍光傳〉，頁2955～2956。
〔註133〕〔清〕孫詒讓，《墨子閒詁》卷九〈明鬼〉，頁142。
〔註134〕《春秋左傳正義》，卷四十四〈昭公七年〉，頁1247。
〔註135〕《史記》卷一百二十四〈游俠列傳〉，頁3185。
〔註136〕《漢書》卷九十二〈游俠傳〉，頁3715。

的心理結構。〔註137〕

　　兩漢時期生人有報仇之風，而仿自生人世界的地下世界，亦有爲自己報仇雪恨的情況。與先秦相同，鬼通常報仇的對象是當初殺害自己的加害者。例如惠帝與呂后的故事：

> 高后八（前 180）年三月，祓霸上，還過枳道，見物如倉狗，撠高
> 后掖，忽而不見。卜之，趙王如意爲祟。遂病掖傷而崩。〔註138〕

劉如意於高祖九（西元前198）年被立爲趙隱王，四年後高祖駕崩由呂后當政，即引劉如意進入長安，以鴆殺害。到了高后八（西元前180）年的時候，高后就遇到劉如意前來復仇。景帝年間田蚡作〈飛揚〉毀謗竇嬰，最後毀謗之語傳入漢景帝耳中，導致竇嬰在十二月時棄市於渭城。隔年春天：

> 春，（田）蚡疾，一身盡痛，若有擊者，謼服謝罪。上使視鬼者瞻之，
> 曰：「魏其侯與灌夫共守，笞欲殺之。」竟死。〔註139〕

劉如意、竇嬰與灌夫，死後爲鬼而介入生人生活之因，在於生前被人殺害，死後現身地上世界向加害者復仇。不過，從故事中可發現，生前的受害者均是透過自己的力量，直接傷害加害者。另外一種情況，鬼向生人申訴，透過生人的力量達到報仇的目的：

> （王忳）仕郡功曹，州治中從事。舉茂才，除郿令。到官，至斄亭。
> 亭長曰：「亭有鬼，數殺過客，不可宿也。」忳曰：「仁勝凶邪，德除
> 不祥，何鬼之避！」即入亭止宿。夜中聞有女子稱冤之聲。忳呪曰：
> 「有何枉狀，可前求理乎？」女子曰：「無衣，不敢進。」忳便投衣
> 與之。女子乃前訴曰：「妾夫爲涪令，之官過宿此亭，亭長無狀，賊
> 殺妾家十餘口，埋在樓下，悉取財貨。」忳問亭長姓名。女子曰：「即
> 今門下游徼者也。」忳曰：「汝何故數殺過客？」對曰：「妾不得白日
> 自訴，每夜陳冤，客輒眠不見應，不勝感恚，故殺之。」〔註140〕

女鬼生前爲涪令之妻，上任途中過宿斄亭，亭長殺害其家十餘口並埋屍樓下。爲了報仇晚上即向過客陳冤，無奈過客往往熟睡而無回應，女鬼因而「不勝感恚」而將其殺害。最後女鬼向王忳申冤，爲自己報仇雪恨。《搜神記》亦有

〔註137〕蒐瑞松，〈「慕俠尚氣」的心理結構與兩漢復仇之關係探賾〉，《輔大中研所學刊》第十六期（2006 年 10 月），頁83。
〔註138〕《漢書》卷二十七〈五行志〉，頁1397。
〔註139〕《漢書》卷五十二〈竇田灌韓傳〉，頁2393。
〔註140〕《後漢書》卷八十一〈獨行列傳〉，頁2681。

類似事例：

> 漢九江何敞，爲交州刺史，行部到蒼梧郡高安縣，暮宿鵠奔亭，
> 夜猶未半，有一女從樓下出，呼曰：「妾姓蘇，名娥，字始珠，本
> 居廣信縣修里人。早失父母，又無兄弟，嫁與同縣施氏，薄命夫
> 死，有雜繒帛百二十疋，及婢一人，名致富，妾孤窮羸弱，不能
> 自振；欲之旁縣賣繒，從同縣男子王伯，賃牛車一乘，直錢萬二
> 千，載妾并繒，令致富執轡，乃以前年四月十日到此亭外。於時
> 日已向暮，行人斷絕，不敢復進，因即留止，致富暴得腹痛。妾
> 之亭長舍，乞漿取火，亭長龔壽，操戈持戟，來至車旁，問妾曰：
> 『夫人從何所來？車上所載何物？丈夫安在？何故獨行？』妾應
> 曰：『何勞問之？』壽因持妾臂曰：『少年愛有色，冀可樂也。』
> 妾懼怖不從。壽即持刀刺脅下一創，立死。又刺致富，亦死。壽
> 掘樓下，合埋妾在下，婢在上，取財物去。殺牛，燒車，車缸及
> 牛骨，貯亭東空井中。妾既冤死，痛感皇天，無所告訴，故來自
> 歸於明使君。」〔註141〕

女鬼蘇娥與婢致富駕著牛車前往鄰縣賣繒，行經鵠奔亭，亭長龔壽見色起意，
欲對蘇娥非禮。蘇娥不從，與致富雙雙爲龔壽以刀殺害，埋屍樓下。蘇娥之
所以介入何敞生活，主要是向其申訴，希望何敞能爲自己申冤報仇。至於西
漢景帝所立的廣川王劉去寵姬又是個明顯事例：

> （劉去）有幸姬王昭平、王地餘，許以爲后。去嘗疾，姬陽成昭信
> 侍視甚謹，更愛之。去與地餘戲，得襄中刀，笞問狀，服欲與昭平
> 共殺昭信。笞問昭平，不服，以鐵鍼鍼之，彊服。乃會諸姬，去以
> 劍自擊地餘，令昭信擊昭平，皆死。昭信曰：「兩姬婢且泄口。」復
> 絞殺從婢三人。後昭信病，夢見昭平等，以狀告去。〔註142〕

王昭平、王地餘以及從婢三人等由於生前爲劉去所殺，因此當昭信生病時才
會夢見等人「以狀告去」。

　　雖然鬼報仇手法不一，或親自殺害仇人，或向官吏申訴而將仇人繩之以
法。但鬼介入生人生活，以達到報仇雪恨的目的是相同的。也就是說，漢朝
時人認爲鬼的出現，其中一項原因是爲了替自己及家人報仇雪恨。

〔註141〕〔晉〕干寶，《搜神記》卷十六，頁122。

〔註142〕《漢書》卷五十三〈景十三王傳〉，頁2428。

四、誤判、冤獄

　　漢朝時人認為「極死則成冤鬼」。〔註143〕所謂「極死」，則是死於非常之狀態。因此，冤鬼也就是屬鬼的一種。當其心懷冤氣而亡，即有可能透過某些方式將其怨氣表達出來。如《後漢書》卷十〈皇后紀〉所載：

> （靈）帝後夢見桓帝怒曰：「宋皇后有何罪過，而聽用邪孽，使絕其命？勃海王悝既已自貶，又受誅斃。今宋氏及悝自訴於天，上帝震怒，罪在難救。」〔註144〕

桓帝透過夢境，將宋皇后以及東海王劉悝被冤殺後，自訴於天，而上帝震怒的消息，告知靈帝。該事例中，宋皇后與劉悝的冤情，並非現身地上世界，求助於人間的官吏。反而「自訴於天」，導致「上帝震怒」。作為天上、地上與地下世界最高統治者的天帝，擁有至高無上的權威。由於宋皇后等人為靈帝所殺，人間官吏的最高統治者，法律最後的依據為皇帝。〔註145〕宋后等人死後，若自訴於人間官吏，冀望沉冤得雪無疑是緣木求魚，因此只能「自訴於天」。

　　東漢時期遭受冤獄，被薛安幽囚於錢唐縣獄，嚴加考掠致五毒參至的戴就即說：

> 太守剖符大臣，當以死報國。卿雖銜命，固宜申斷冤毒，奈何誣枉忠良，強相掠理，令臣謗其君，子證其父！薛安庸駭，忸行無義，就考死之日，當白之於天，與群鬼殺汝於亭中。〔註146〕

從戴就之語很清楚看出，戴就認為自己若被嚴刑拷打致死，就會向上天稟告薛安所作所為，並且與群鬼合作，於亭中殺害薛安，達到復仇的目的。此外如《後漢書》卷七十六〈循吏列傳〉所載：

> 孟嘗字伯周，會稽上虞人也。其先三世為郡吏，並伏節死難。嘗少脩操行，仕郡為戶曹史。上虞有寡婦至孝養姑。姑年老壽終，夫女弟先懷嫌忌，乃誣婦厭苦供養，加鴆其母，列訟縣庭。郡不加尋察，

〔註143〕《後漢書》卷十六〈鄧寇列傳〉，頁630。
〔註144〕《後漢書》卷十〈皇后紀〉，頁448。
〔註145〕皇帝又稱為天子，代表其權力是上天所授予的。皇帝制度下的大小官吏，都是天子獲得〉天所授予的管理權後，再授予相當權力給予各級官員。也正因為天子本人是一切權力的基本來源，所以天子本身也是最高的立法者，以及各項紛爭的最後裁定者。參見勞榦，〈漢代政治組織的特質及其功能〉，收入氏著《勞榦學術論文集》（台北：藝文印書館，1974年），頁1244。
〔註146〕《後漢書》卷八十一〈獨行列傳〉，頁2691。

　　遂結竟其罪。嘗先知枉狀，備言之於太守，太守不爲理。嘗哀泣外
　　門，因謝病去，婦竟冤死。自是郡中連旱二年，禱請無所獲。後太
　　守殷丹到官，訪問其故，嘗詣府具陳寡婦冤誣之事。〔註147〕

上虞一地發生旱災的原因在於孝婦至孝養姑，卻被女弟誣告以鴆殺害婆婆。
縣府誤判郡太守又不理會，導致孝婦冤死，自此就引發該郡連續兩年的乾旱。
而孟嘗對太守殷丹所言的「東海孝婦」一事，當爲《搜神記》所載漢時東海
孝婦周青之事：

　　東海孝婦，養姑甚謹，姑曰：「婦養我勤苦，我已老，何惜於年，久
　　累年少。」遂自縊死。其女告官云：「婦殺我母。」官收繫之。拷掠
　　毒治，孝婦不堪苦楚，自誣服之。時于公爲獄吏，曰：「此婦養姑十
　　餘年，以孝聞徹，必不殺也。」太守不聽。于公爭不得理，抱其獄
　　詞，哭於府而去。自後郡中枯旱，三年不雨。……。長老傳云：「孝
　　婦名周青，青將死，車載十丈竹竿，以懸五旛，立誓於眾曰：『青若
　　有罪，願殺，血當順下；青若枉死，血當逆流。』既行刑已，其血
　　青黃，緣旛竹而上標，又緣旛而下云。」〔註148〕

東海孝婦周青被小姑誣告，在獄中受到嚴刑拷打，最後爲太守判處死刑。行
刑當天，周青當眾立誓，自己若含冤而死，血當逆流沿旛竹而上。正因周青
含冤而死，導致該郡三年不雨。因此，東漢桓帝時襄楷才說：

　　永平舊典，諸當重論皆須冬獄，先請後刑，所以重人命也。頃數十
　　歲以來，州郡翫習，又欲避請讞之煩，輒託疾病，多死牢獄。長吏
　　殺生自己，死者多非其罪，魂神冤結，無所歸訴，淫屬疾疫，自此
　　而起。〔註149〕

　　鬼介入生人生活，背後有動機所在。由於食、衣、住、性等生理需求的
匱乏或者是心理需求的不滿足，即會透過各種介入手段向生人傳遞需求之訊
息。然含冤而死，不論是被殺、爲官府誤判或冤獄，都將使人於死時懷有怨
恨之念，此怨念將驅使死者返回人間，報復生前的加害者。最後，鬼亦有可
能是基於向生人示警，或者傳達將死訊息，而介入生人的生活。

〔註147〕《後漢書》卷七十六〈循吏列傳〉，頁2472～2473。
〔註148〕〔晉〕干寶，《搜神記》卷十一，頁87～88。
〔註149〕《後漢書》卷三十〈郎顗襄楷列傳〉，頁1078。

第四節　人對鬼介入的回應

　　漢時雖然有「事死如事生」的概念，將鬼視爲生活於地下世界的人。畢竟人鬼殊途，當鬼介入生人生活時，漢朝時人將如何回應鬼的介入？此爲本節所欲探討的重點。漢朝時人對鬼的回應方式相當多樣，爲有系統呈現回應方式，特將所有情況分爲「滿足式回應」以及「非滿足式回應」兩大類，並且於兩大類架構下，進行細部之探討。

一、滿足式回應

　　本章第三節探討許多鬼介入生人生活的原因，其中「需求匱乏」是鬼出現非常重要的因素。當鬼在地下世界物質生活或者心理需求不能被滿足時，將透過各種介入方式將訊息傳達與人知曉。人透過滿足鬼的需求，讓鬼不再介入生人生活，即是「滿足式回應」。「滿足式回應」又可以再細分爲三種，分別爲：滿足鬼生理需求、滿足鬼心理需求與爲鬼申冤。

（一）滿足鬼生理需求

　　漢時認爲鬼是生活在地下世界的居民，與人相同，有各種物質上的生理需求。例如：食、衣、住等等。當鬼介入生人生活是因爲生理需求匱乏時，漢朝時人有時會透過滿足的方式，讓鬼離開。例如：

> 麋竺用陶朱公計術，日益億萬之利，貨擬王家。有寶庫千間。竺性能振生死。家馬廄屋側，有古塚，中有伏尸。竺夜尋其泣聲，忽見一婦人，袒背而來，云：「昔漢末爲赤眉所發，扣棺見剝，今袒肉在地，垂二百餘年。就將軍求更深埋，并乞弊衣自掩。」竺即命爲石椁瓦棺。設祭既畢，以青布裙衫，置於塚上。〔註150〕

故事中，麋竺所遇女鬼，於新莽末年爲赤眉兵發家，衣物被剝導致袒露軀體。所以，此一女鬼的生理需求匱乏有二，分別是：居住與衣物需求的匱乏。女鬼先是透過哭聲吸引麋竺注意，接著現身訴說自己需求。不論是哭聲或者直接現身與麋竺對話，女鬼均已介入生人之生活。對於女鬼居住需求的匱乏，麋竺透過「命爲石椁瓦棺」來滿足；衣物需求的匱乏，則以「青布裙衫，置於塚上」來實現。當女鬼需求被滿足之後，即不再介入麋竺的生活。

　　當鬼的需求沒有被滿足時，即會不間斷的介入，直到需求被滿足爲止。

〔註150〕〔宋〕李昉編，《太平廣記》卷三百一十七〈鬼二〉，頁2511

干寶《搜神記》中即有類似故事：

> 漢，南陽文穎，字叔長，建安中爲甘陵府丞，過界止宿，夜三鼓時，夢見一人跪前曰：「昔我先人，葬我於此，水來湍墓，棺木溺，漬水處半，然無以自溫。聞君在此，故來相依，欲屈明日暫住須臾，幸爲相遷高燥處。」鬼披衣示穎，而皆沾濕。穎心愴然，即寤。語諸左右，曰：「夢爲虛耳，亦何足怪。」穎乃還眠向寤處，夢見謂穎曰：「我以窮苦告君，奈何不相愍悼乎？」穎夢中問曰：「子爲誰？」對曰：「吾本趙人，今屬汪芒氏之神。」穎曰：「子棺今何在？」對曰：「近在君帳北十數步水側枯楊樹下，即是吾也。天將明，不復得見，君必念之。」穎答曰：「諾。」忽然便寤。天明，可發，穎曰：「雖曰夢不足怪，此何太適。」左右曰：「亦何惜須臾，不驗之耶？」穎即起，率十數人將導順水上，果得一枯楊，曰：「是矣。」掘其下，未幾，果得棺。棺甚朽壞，沒半水中。穎謂左右曰：「向聞於人，謂之虛矣；世俗所傳，不可無驗。」爲移其棺，葬之而去。〔註151〕

趙人死後因爲棺木爲大水所侵，導致身體衣物盡濕無以自溫，透過夢境求助於文穎。文穎將此事告訴左右屬下，左右以爲僅僅是夢不足爲怪，更無遷葬之舉。因此，趙鬼只好再次透過夢境，重申自己需由，請求協助。當文穎移其棺，趙鬼不再爲浸水所苦，也就不曾出現文穎夢中。

《後漢書》卷四十六〈郭陳列傳〉記載陳寵任廣漢太守時的故事：

> （陳寵）後轉廣漢太守。西州豪右并兼，吏多姦貪，訴訟日百數。寵到，顯用良吏王渙、鐔顯等，以爲腹心，訟者日減，郡中清肅。先是雒縣城南，每陰雨，常有哭聲聞於府中，積數十年。寵聞而疑其故，使吏案行。還言：「世衰亂時，此下多死亡者，而骸骨不得葬，儻在於是？」寵愴然矜歎，即勅縣盡收斂葬之。自是哭聲遂絕。〔註152〕

每次陰雨天的時候，即有哭聲出現在陳寵府中，情況持續數十年之久。透過訪查才知道，原來該地於天下大亂時，許多人死於該處，缺乏正當程序的埋葬，因此透過哭聲介入生人生活。而陳寵的作法則是，下令所屬各縣，將亡者屍骨收斂埋葬，使鬼在地下世界有個居處，從此哭聲成爲絕響。東漢周暢的故事也提到：

〔註151〕〔晉〕干寶，《搜神記》卷十六，頁121～122。

〔註152〕《後漢書》卷四十六〈郭陳列傳〉，頁1553。

> 嘉從弟暢，字伯持，性仁慈，爲河南尹。永初二（西元 108）年，
> 夏旱，久禱無應，暢因收葬洛城傍客死骸骨凡萬餘人，應時澍雨，
> 歲乃豐稔。〔註153〕

河南地區在永初二（西元 108）年夏天乾旱，當時解決方法是透過「久禱」，也就是長時間的祈禱，希望上天普降甘霖，但成效不彰。周暢到任後，收葬洛陽城旁客死當地的外鄉屍骨一萬多具。滿足那一萬多具屍骨的需求，使其居有定所，得以在地下世界安身立命，故上天「應時」下雨，使該年農產豐收。

（二）滿足鬼心理需求

如本章第三節所述，鬼會因爲心理需求的不滿足而介入生人生活。范式與張劭的故事即是顯例。而人如何回應這種情況？一般而言是滿足鬼的心理需求：

> 式忽夢見元伯玄冕垂纓屣履而呼曰：「巨卿，吾以某日死，當以爾
> 時葬，永歸黃泉。子未我忘，豈能相及？」式悵然覺寤，悲歎泣
> 下，具告太守，請往奔喪。太守雖心不信而重違其情，許之。式
> 便服朋友之服，投其葬日，馳往赴之。式未及到，而喪已發引，
> 既至壙，將窆，而柩不肯進。其母撫之曰：「元伯，豈有望邪？」
> 〔註154〕

張劭透過以夢境做爲媒介，將自己的死訊與葬期告知好友范式，望其前來送行，並以「柩不肯進」爲手段，介入母親等送葬者的既定行程。母親一句「元伯，豈有望邪？」點出張劭介入生人之由。靈柩不肯前進，送行者只能「停柩移時」。故事最後：

> 遂停柩移時，乃見有素車白馬，號哭而來。其母望之曰：「是必范巨
> 卿也。」巨卿既至，叩喪言曰：「行矣元伯！死生路異，永從此辭。」
> 會葬者千人，咸爲揮涕。式因執紼而引，柩於是乃前。〔註155〕

當范式號哭而來，並且對張劭之棺木叩喪而言後親自執紼引導，棺木才願意前進。張劭願意讓棺木繼續前進，表示他心理需求已被滿足，而不再介入生人之生活。

〔註153〕《後漢書》卷八十一〈獨行列傳〉，頁 2676。
〔註154〕《後漢書》卷八十一〈獨行列傳〉，頁 2677。
〔註155〕《後漢書》卷八十一〈獨行列傳〉，頁 2677。

（三）為鬼申冤

漢朝以來，時人認為天之星象等情況將影響人間之事。從董仲舒「天人感應」之說興盛後，漢人更認為人間之事亦會使上天感應，而產生自然之變化。故東漢桓帝時襄楷說：

> 頃數十歲以來，州郡翫習，又欲避請讞之煩，輒託疾病，多死牢獄。
>
> 長吏殺生自己，死者多非其罪，魂神冤結，無所歸訴，淫屬疾疫，
>
> 自此而起。〔註156〕

襄楷強調，人間冤獄過多，處死者多非其罪，因此導致魂神冤結，無所哭訴。如此一來，將導致天下災疫淫屬的興起。僅依靠祭祀、禱告是無法解除此種災疫的。只好透過滿足鬼的需求，為其申冤雪恨或使其享有祭祀，方得平息鬼之怨氣。如《後漢書》卷十六〈鄧寇列傳〉所載：

> 大司農朱寵痛（鄧）騭無罪遇禍，乃肉袒輿櫬，上疏追訟騭曰：「……
>
> 利口傾險，反亂國家，罪無申證，獄不訊鞠，遂令騭等罹此酷濫。
>
> 一門七人，並不以命，屍骸流離，怨魂不反，逆天感人，率土喪氣。
>
> 宜收還冢次，寵樹遺孤，奉承血祀，以謝亡靈。」〔註157〕

朱寵上書提到鄧騭一家七人無罪遇禍，屍骸流離不得安葬外，其怨氣逆天而上。而解決的辦法，就是透過司法還其清白，並且「收還冢次」，最後找到當事人遺孤，令其祭祀鄧騭。透過為鬼立祀，以平息冤死鬼之怨氣，朱寵並非第一人。春秋時期，鄭國子產及透過立公孫洩、良止的作法，以平撫子產冤魂。此種作法即是「鬼有所歸，乃不為厲」的體現。不僅春秋如此，漢朝更是如此，因此許慎《說文解字》中才以「人所歸」作為鬼的解釋。〔註158〕

中央政府透過申冤雪恨、立嗣作法平息鬼之怨氣，地方亦有此例。孟嘗故事即提到：

> 孟嘗字伯周，會稽上虞人也。其先三世為郡吏，並伏節死難。嘗少脩操行，仕郡為戶曹史。上虞有寡婦至孝養姑。姑年老壽終，夫女弟先懷嫌忌，乃誣婦厭苦供養，加鴆其母，列訟縣庭。郡不加尋察，遂結竟其罪。嘗先知枉狀，備言之於太守，太守不為理。嘗哀泣外

〔註156〕《後漢書》卷三十〈郎顗襄楷列傳〉，頁1078。

〔註157〕《後漢書》卷十六〈鄧寇列傳〉，頁617。

〔註158〕〔東漢〕許慎撰，〔清〕段玉裁注，魯實先正補，《說文解字注》（台北：黎明文化事業股份有限公司，2002年），頁434。

門，因謝病去，婦竟冤死。自是郡中連旱二年，禱請無所獲。後太
守殷丹到官，訪問其故，嘗詣府具陳寡婦冤誣之事。因曰：「昔東海
孝婦，感天致旱，于公一言，甘澤時降。宜戮訟者，以謝冤魂，庶
幽枉獲申，時雨可期。」丹從之，即刑訟女而祭婦墓，天應澍雨，
穀稼以登。〔註159〕

上虞寡婦爲女弟所誣告，受冤而死，因此該郡連續乾旱二年，而且禱請後也
不見改善。等到後任太守殷丹到任，爲上虞寡婦洗刷冤屈，刑訟女弟而祭祀
寡婦，才使得天降甘霖。

可見，當鬼介入生人生活的原因是出自於需求之匱乏時，一般的禱請是
無法解決的。只能夠過探究鬼出現的背後原因，對症下藥消滅需求的匱乏。
如此才能使鬼不再介入生人生活。

二、非滿足式回應

人對鬼的介入，除了滿足其需求外，亦會透過各種較爲強硬作法以與回
應。一般而言，此種回應統稱爲「厭勝」或「解除」。解除爲漢朝巫者從事的
職事之一，主要透過某種儀式排除或預防災禍。〔註160〕而龔韻蘅對厭勝、解
除作更爲詳細的說明：

> 所謂厭勝、解除法術，是生者在假想鬼神干擾侵害生者後，所作的
> 對應之道。人們利用各種鬼神畏惡的事物進行威嚇退阻，甚或發展
> 出咒語符令來壓抑控制邪靈，此時人鬼之間顯現出一種劍拔弩張的
> 氣氛，亡者只是種負面的存在。〔註161〕

在本文之中，爲使分類呈現對比性，故將「厭勝」或「解除」等不屬於「滿
足式回應」者，統稱爲「非滿足式回應」。而此類又可依照回應方式分爲兩類：
其一爲「消極性預防」，利用鬼靈懼怕的物質，在其介入生人生活前使用，目
的在避免鬼靈的干擾；其二爲「積極性驅趕」，利用鬼靈畏懼之物，於生人受
鬼靈干擾時，以與驅趕或斬除。〔註162〕

〔註159〕《後漢書》卷七十六〈循吏列傳〉，頁2472～2473。
〔註160〕林富士，《漢代的巫者》，頁56。
〔註161〕龔韻蘅，《兩漢靈冥世界觀探究》，頁193。
〔註162〕龔蘊蘅認爲：「漢代社會面對意圖不良的鬼靈，有消極性預防及積極性驅趕兩
　　　　種方式。前者……利用音義的聯想賦予特定物質驅趕避崇的力量，這種方式
　　　　出現得較早，大體上有撫慰鎮定人心的作用。後者則製作含有攻擊意味的器

（一）擊　傷

由於漢朝時人觀念中，鬼為生活在地下世界的居民，其一切特質仿照人間的地上世界。故此時民間信仰中的鬼靈尚未完全脫離形質，如《睡虎地秦墓竹簡·日書甲種》〈詰〉篇所說：

> 凡邦之中立叢，其鬼恒夜譚（呼）焉，是遽鬼執人，以自伐（代）
> 也。乃解衣弗衽，入而傅（搏）者之，可得也乃。〔註163〕

既然鬼可以被「入而傅（搏）者之」，可見與人相同具有形質，可透過物品的作用加以擊殺。一般而言，只要可以做為武器使用並且對人體造成傷害的物品，都可以用來當作擊殺鬼靈的武器。《睡虎地秦墓竹簡·日書甲種》〈詰〉篇：

> 人母（無）故鬼攻之不已，是是刺鬼。以桃為弓，杜棘為矢，羽之
> 雞毛，見而射之，則已矣。〔註164〕

> 人母（無）故而鬼惑之，是慶鬼，善戲人。以桑心為丈（杖），鬼來
> 而設（擊）之，畏死矣。〔註165〕

> 人（母）無故而鬼取為膠，是是哀鬼，母（無）家，與人為徒，令
> 人色柏（白）然母（無）氣，喜契（潔）清，不飲食。以棘椎桃秉
> （柄）毚（敲）其心，則不來。〔註166〕

> 鬼恒從男女，見它人而去，是神蟲偽為人，以良劍刺其頸則不來矣。
> 〔註167〕

> 鬼恒責人，不可辭，是暴（暴）鬼，以牡棘之劍之，則不來矣。
> 〔註168〕

> 大袜（魅）恒入室，不可止，以桃更（梗）設（擊）之，則止矣。
> 〔註169〕

　　具、不帶妥協地斬除鬼靈；這些物件往往納進了陰陽五行思想，為巫術、方術與原始道教思想結合的產物，同時也是厭勝解除的精髓所在。」參見 龔韻蘅，《兩漢靈冥世界觀探究》，頁194。

〔註163〕睡虎地秦簡整理小組，《睡虎地秦墓竹簡·日書甲種》，頁214。
〔註164〕睡虎地秦簡整理小組，《睡虎地秦墓竹簡·日書甲種》，頁212。
〔註165〕睡虎地秦簡整理小組，《睡虎地秦墓竹簡·日書甲種》，頁212。
〔註166〕睡虎地秦簡整理小組，《睡虎地秦墓竹簡·日書甲種》，頁212。
〔註167〕睡虎地秦簡整理小組，《睡虎地秦墓竹簡·日書甲種》，頁213。
〔註168〕睡虎地秦簡整理小組，《睡虎地秦墓竹簡·日書甲種》，頁213。
〔註169〕睡虎地秦簡整理小組，《睡虎地秦墓竹簡·日書甲種》，頁215。

> 鬼恒召出宮，是是遽鬼毋（無）所居，罔譁（呼）其召，以白石投
> 之，則止矣。〔註170〕

> 人臥而鬼夜屈其頭，以若（箬）便（鞭）毄（擊）之，則止矣。
>
> 〔註171〕

從秦簡中可看出，當時之人對付鬼的各種擊傷方式，有以桃木爲弓，搭上杜
棘所做的矢，並且加上雞毛，見鬼便射。杜棘除了可以作矢外，還可以做成
劍形，用以砍之。遠距離的攻擊武器，除了杜棘矢外，也可以白石丟之，甚
至可以用鞋子丟鬼。《睡虎地秦墓竹簡‧日書甲種》〈詰〉篇：

> 凡鬼恒執匿以入室，曰：「氣（餼）我食」云，是是餓鬼。以屨投之，
> 則止矣。〔註172〕

生活於東漢獻帝，與袁紹、曹操同時的鍾繇，在《搜神記》中有這樣的故事
記載：

> 潁川鍾繇，字元常，嘗數月不朝會，意性異常。或問其故，云：「常
> 有好婦來，美麗非凡。」問者曰：「必鬼物，可殺之。」婦人後往，
> 不即前，止戶外。繇問：「何以？」曰：「公有相殺意。」繇曰：「無
> 此。」勤勤呼之，乃入。繇意恨，有不忍之，然猶斫之。傷髀。婦
> 人即出，以新綿拭，血竟路。明日，使人尋跡之。至一大冢，木中
> 有好婦人，形體如生人，著白練衫，丹繡裲襠，傷左髀，以裲襠中
> 綿拭血。〔註173〕

問者一句「必鬼物，可殺之。」可見在當時之人概念中，鬼是可以殺害的。
鍾繇心中雖不忍砍殺女鬼，但還是聽從問者之言。「然猶之斫」後，造成女鬼
受傷流血，邊逃還邊以新綿拭血。隔天沿著血跡到達一大冢，冢內果然有女
屍，「傷左髀，以裲襠中綿拭血」。另外該書亦有鬼爲人擊傷之類似事例：

> 琅邪秦巨伯，年六十，嘗夜行飲酒，道經蓬山廟。忽見其兩孫迎之，
> 扶持百餘步，便捉伯頸著地，罵曰：「老奴，汝某日捶我，我今當殺
> 汝。」伯思，惟某時信捶此孫。伯乃佯死，乃置伯去。伯歸家，欲
> 治兩孫，兩孫驚惋，叩頭言：「爲子孫，寧可有此。恐是鬼魅，乞更

〔註170〕睡虎地秦簡整理小組，《睡虎地秦墓竹簡‧日書甲種》，頁215。
〔註171〕睡虎地秦簡整理小組，《睡虎地秦墓竹簡‧日書甲種》，頁215。
〔註172〕睡虎地秦簡整理小組，《睡虎地秦墓竹簡‧日書甲種》，頁214。
〔註173〕〔晉〕干寶，《搜神記》卷十六，頁130。

試之。」伯意悟，數日，乃詐醉，行此廟間。復見兩孫來，扶持伯。
伯乃急持，鬼動作不得；達家，乃是兩人也。伯著火炙之，腹背皆
焦坼，出著中庭。夜皆亡去。伯恨不得殺之，後月餘，又佯醉夜行，
懷刃以去。家不知也，夜極不還。其孫恐又為此鬼所困，乃俱往迎
伯，伯竟刺殺之。〔註174〕

兩鬼不但如同生人一般，為秦巨伯所擒持而動彈不得，還為火燒裂腹部、背
部。秦巨伯第二次要抓鬼時，乃「懷刃而去」，可見在當時人的認知中，火及
刀刃可對鬼造成傷害。

　　此種方法，不僅可以對付人鬼，亦可對付動物所裝變之鬼。動物所裝變
之鬼，本身原形即是實質，故可以對付動物的方式對付此種鬼魅。如《風俗
通義》中，扮演來季德的那條「里頭沽酒家狗」：

司空南陽來季德停喪在殯，忽然作祭坐上，顏色服飾，聲氣熟是也，
孫兒婦女，以次教誡，事有條貫，鞭撻奴婢，皆得其過，飲食飽滿，
辭訣而去，家人大哀剝斷絕，如此三四，家益厭苦。其後飲醉形壞，
但得老狗，便朴殺之，推問里頭沽酒家狗。〔註175〕

　　總之，不論是狹義的人鬼或者是廣義的鬼，均有可能對人產生干擾。為
此，人可能透過劍、杖、弓矢等外物擊殺的方式予以回應。

（二）符　咒

　　符，乃是書寫於長條黃紙之上一種似字非字之符號。龔韻蘅則認為：

所謂「符」，指的是天神授與人間用來召劾鬼神的傳令，其形制擬仿
於現實世界帝王發兵傳令的符節，當中的內容全用許多漢字拼合而
成的神秘符號構成。〔註176〕

在漢朝，符也確實有其實質的殺鬼作用。《後漢書》八十二〈方術列傳〉載：

又河南有麴聖卿，善為丹書符劾，厭殺鬼神而使命之。〔註177〕

《太平經》將此種神秘的符號稱為「丹書」、「天符」、「複字」或「複文」〔註178〕
（如【圖4-5】所示）。書中收錄四卷，據說這些「複文」具有興上除害〔註179〕、

〔註174〕〔晉〕干寶，《搜神記》卷十六，頁123～124。
〔註175〕〔漢〕應劭撰，王利器校注，《風俗通義校注》卷九〈怪神〉，頁416～417。
〔註176〕龔韻蘅，《兩漢靈冥世界觀探究》，頁196。
〔註177〕《後漢書》卷八十二〈方術列傳〉，頁2749。
〔註178〕林富士，《疾病終結者——中國早期的道教醫學》，頁88。
〔註179〕王明編，《太平經合校》卷一百四〈興上除害複文〉，頁473～482。

令尊者無憂邪自除〔註180〕、德行吉昌〔註181〕以及神祐〔註182〕等功能。符之所以具有驅趕鬼靈的功效，在於其乃是天刻之文字並且與神相應。如《太平經》所說：

> 丹明耀者，天刻之文字也，可以救非禦邪。十十相應愈者，天上文書，與眞神吏相應，故事效也；十九愈者地文書，與陰神相和；十八相應愈者，中和人文也。〔註183〕

隨著相對應之神的差異，符文的功能也有顯著區別。與天上文書眞神吏相應者，其功用最大，可以達到十十愈者；其次爲地文書，與陰神相應之符文。

圖 4-5　《太平經》複文〔註184〕

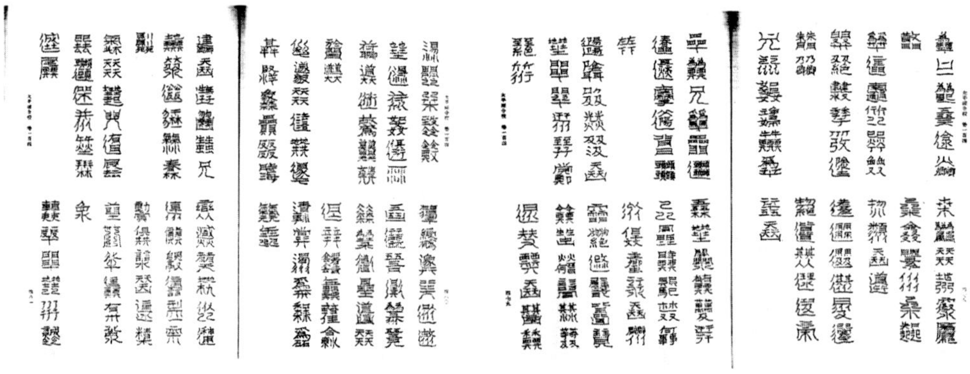

除透過書寫符號的符來逼退鬼靈之外，亦可以言語傳誦口訣以逼退、驅使鬼神以去除疾病。所傳誦口訣即是「咒」，又作「呪」或「祝」。在《太平經》中，咒語是由天上諸大神口宣之「神聖要訣」，故可役使鬼神，治病祈福。〔註185〕《太平經》載：

> 天上有常神聖要語，時下授人以言，用使神吏應氣而往來也。人民

〔註180〕 王明編，《太平經合校》卷一百五〈令尊者無憂複文〉，頁 483～491。
〔註181〕 王明編，《太平經合校》卷一百六〈德行吉昌複文〉，頁 492～500。
〔註182〕 王明編，《太平經合校》卷一百七〈神祐複文〉，頁 501～509。
〔註183〕 王明編，《太平經合校》卷五十〈丹明耀禦邪訣〉，頁 172。
〔註184〕 【圖 4-5】掃描自王明編，《太平經合校》卷一百四〈興上除害複文〉，頁 478 ～481。
〔註185〕 蕭登福，《道教星斗符印與佛教密宗》（台北：新文豐出版有限公司，1993 年 4 月），頁 182。

> 得之，謂爲神祝也。祝也祝百中百，祝十中十，祝是天上神本傳經
> 辭也。其祝有可使神伬爲除疾，皆聚十十中者，用之所向無不愈者
> 也。〔註186〕

這些言語乃天上神聖要語，透過「應氣」使神吏而來，爲生人除鬼去疾，故具有神聖之能力，爲漢朝時人深信不疑。在江蘇高郵漢墓之中，曾經出土一塊木牘，其上書有對付鬼靈之符籙咒語：

> 乙巳日死者，鬼名爲天光，天帝神師已知汝名，疾去三千里，汝不
> 即去，南山給□，令來食汝，急如律令。〔註187〕

此咒語透過以天帝神師之名恐嚇鬼靈，望其快速離開生人三千里之外的地方，不要再干涉生人之生活了。如不聽從，天帝神師將令南山之物前來吞食。可見，不論是符或是咒，都是以天神作爲手段，對鬼靈進行驅趕之行爲。木牘之上爲配合咒語，更畫有符，所謂的「符」是將文字屈曲作成篆籀星雷之形（如【圖4-6】）。道教以爲，「符」原是天上聖神使用的文字，後下漏於地。〔註188〕另外，出土於新疆之道教符籙亦具有此驅除鬼靈之功能（如【圖4-7】）。〔註189〕

圖4-6　新疆之道教符籙〔註190〕

〔註186〕王明編，《太平經合校》卷五十〈神祝文訣〉，頁181。

〔註187〕劉釗，〈江蘇高郵邵家溝漢代遺址出土木簡神名考釋〉，《東南文化》（2003年第1期），頁69～70。

〔註188〕蕭登福，《道教星斗符印與佛教密宗》，頁162～163。

〔註189〕馬嘯，〈土魯番59TAM303墓所出道教符籙考釋〉，《西域研究》（2004年第4期），頁64。

〔註190〕【圖4-6】掃描自劉釗，〈江蘇高郵邵家溝漢代遺址遺址出土木簡神名考釋〉，頁70。

圖 4-7　江蘇木牘〔註191〕

（三）對軀體的破壞

　　漢朝時人觀念中，鬼與自己屍首之間存有一聯動關係。當鬼本身有所改變時，屍體也將有隨之變化。如東漢末年為鍾繇砍傷左髀的女鬼，隔天於墳冢之中所發現屍體，受傷之處與鍾繇所砍之處如出一轍。相反的，屍體發生的變化也將如時實反映於鬼的身上。因遭赤眉「發冢、扣棺、見剝」後，屍體「袒肉在地」，導致麋竺所遇之鬼以「袒背而來」的姿態現身地上世界。

　　也正因為屍首與鬼之間存有聯動關係，人即有可能透過對屍體的破壞達到避免鬼介入生人生活的目的。西漢景帝所立之廣川王劉去與眾姬之間的故事，即是顯例：

> （劉去）有幸姬王昭平、王地餘，許以為后。去嘗疾，姬陽成昭信侍視甚謹，更愛之。去與地餘戲，褱得中刀，笞問狀，服欲與昭平共殺昭信。笞問昭平，不服，以鐵鍼鍼之，彊服。乃會諸姬，去以劍自擊地餘，令昭信擊昭平，皆死。昭信曰：「兩姬婢且泄口。」復絞殺從婢三人。後昭信病，夢見昭平等，以狀告去。去曰：「虜乃復見畏我！獨可燔燒耳。」掘出尸，皆燒為灰。〔註192〕

劉去與昭信殺害王昭平、王地餘以及從婢三人後，昭信得病。病中夢見昭平等人拿著訴狀控告劉去的罪行。不論是昭信得病夢見昭平等人，或者是以狀告去，都是鬼受冤死後介入生人生活的情形。為此，劉去將其屍體掘出，焚燒成灰，

〔註191〕【圖 4-7】掃描自馬嘯，〈土魯番 59TAM303 墓所出道教符籙考釋〉，頁 64。
〔註192〕《漢書》卷五十三〈景十三王傳〉，頁 2428。

將屍體徹底的破壞，才能使昭平等死者無法作祟，介入生人生活。〔註193〕

後來，昭平、地餘等人的慘劇又在其他女性身上重現。《漢書》卷五十三〈景十三王傳〉載：

> 後去立昭信爲后；幸姬陶望卿爲脩靡夫人，主繒帛；崔脩成爲明貞夫人，主永巷。昭信復譖望卿曰：「與我無禮，衣服常鮮於我，盡取善繒匃諸宮人。」去曰：「若數惡望卿，不能減我愛；設聞其淫，我亨之矣。」後昭信謂去曰：「前畫工畫望卿舍，望卿袒裼傅粉其傍。又數出入南戶窺郎吏，疑有姦。」去曰：「善司之。」以故益不愛望卿。後與昭信等飲，諸姬皆侍，去爲望卿作歌曰：「背尊章，嫖以忽，謀屈奇，起自絕。行周流，自生患，諒非望，今誰怨！」使美人相和歌之。去曰：「是中當有自知者。」昭信知去已怒，即誣言望卿歷指郎吏臥處，具知其主名，又言郎中令錦被，疑有姦。去即與昭信從諸姬至望卿所，贏其身，更擊之。令諸姬各持燒鐵共灼望卿。望卿走，自投井死。昭信出之，杅杙其陰中，割其鼻脣，斷其舌。謂去曰：「前殺昭平，反來畏我，今欲靡爛望卿，使不能神。」與去共支解，置大鑊中，取桃灰毒藥并煮之，召諸姬皆臨觀，連日夜靡盡。復共殺其女弟都。

> 後去數召姬榮愛與飲，昭信復譖之，曰：「榮姬視瞻，意態不善，疑有私。」時愛爲去刺方領繡，去取燒之。愛恐，自投井。出之未死，笞問愛，自誣與醫姦。去縛繫柱，燒刀灼潰兩目，生割兩股，銷鈆灌其口中，愛死，支解以棘埋之。諸幸於去者，昭信輒譖殺之，凡十四人，皆埋太后所居長壽宮中。宮人畏之，莫敢復迕。〔註194〕

文中所見，劉去與昭信對待屍體的作法，不論是以物品插入下體、割鼻、去脣，斷舌，甚至將屍體支解、丟入大鍋中，以桃灰、毒藥熬煮、燒刀灼潰兩眼、生割兩股、口中灌鉛，最終目是希望糜爛屍體，「使不能神」。所謂「神」，即活動、作祟的能力，屍體如果徹底被消滅，死者復仇的可能性就相對減低了。〔註195〕

在廣川王劉去的故事中，昭信是在夢見對待王昭平、王地餘等人「以狀

〔註193〕李建民，〈屍體、骷髏與魂魄——傳統靈鬼觀新論〉，頁49。
〔註194〕《漢書》卷五十三〈景十三王傳〉，頁2429～2430。
〔註195〕李建民，〈屍體、骷髏與魂魄——傳統靈鬼觀新論〉，頁50。

告去」後才採取掘尸、焚燒成灰的手段，故屬於「非滿足式回應」中的「積極性驅趕」。而昭信以殘酷手法加諸陶望卿與榮愛身上，均在兩人死後尚未現身介入昭信生活之前，因此屬「非滿足式回應」中的「消極性預防」。因此，相同的「非滿足式回應」，會因爲使用的的時機不同而出現「積極性驅趕」與「消極性預防」的差別。

（四）穢　物

　　除了擊打、符咒之外，骯髒之穢物在漢朝人看來，也足以令鬼感到害怕。站在生人的角度設想，「屎」等穢物眾人避之唯恐不及。加上秦漢人認爲，鬼是生人的複製，具有生人之個性，因此人所避之唯恐不及的穢物，自然也成爲作爲驅趕鬼靈的物品。《睡虎地秦墓竹簡·日書甲種》〈詰〉提到：

> 竈毋（無）故不可以孰（熟）食，陽鬼取其氣。燔豕矢室中。則止
> 矣。〔註196〕

如果家中煮飯燒水之竈無緣無故無法煮熟食物，那肯定是陽鬼把熱氣都吸走了。只要在廚房內焚燒豬屎，這樣的情況立即改善。在此例當中，透過在室內焚燒豬屎，即可驅除陽鬼。陽鬼離開，自然熱氣就不會被吸走，食物自然可以煮熟。除了焚燒穢物外，亦可直接將屎揉成丸狀：

> 大神其所不可曷（過）也，善害人，以犬矢爲完（丸），操以曷（過）
> 之，見其神以投之，不害人矣。〔註197〕

> 人毋（無）故而鬼祠（伺）其宮，不可去。是祖□游，以犬矢投之，
> 不來矣。〔註198〕

不論是焚燒豬屎或是投以犬屎，都是屬於人對鬼「非滿足式回應」當中的「積極性驅趕」。屎的功用不僅於用於鬼身，亦可使用在自己身上：

> 鬼恒從人女，與居，曰：「上帝子下游。」欲去，自浴以犬矢，毄（繫）
> 以葦，則死矣。〔註199〕

如此不僅可使鬼離開女子，更造成鬼的死亡。若不如此，鬼前來五次，女子將性命難保。〔註200〕

〔註196〕睡虎地秦簡整理小組，《睡虎地秦墓竹簡·日書甲種》，頁212。
〔註197〕睡虎地秦簡整理小組，《睡虎地秦墓竹簡·日書甲種》，頁213。
〔註198〕睡虎地秦簡整理小組，《睡虎地秦墓竹簡·日書甲種》，頁214。
〔註199〕睡虎地秦簡整理小組，《睡虎地秦墓竹簡·日書甲種》，頁215。
〔註200〕「五來，女子死矣。」參見 睡虎地秦簡整理小組，《睡虎地秦墓竹簡·日書

（五）大　儺

　　楊景鸘根據《周禮》〈夏官〉有關方相氏職掌的記載認爲：方相氏的主要任務是驅除一切不祥之物，大儺時驅疫，大喪時驅方良。〔註201〕而被視爲傳播疾病、瘟疫的鬼，當然也在方相氏的驅除之列。除疫的時間、地點以及過程可以從司馬彪《續漢書》志第五〈儀禮中〉窺得。《後漢書》志第五〈儀禮中〉：

> 先臘一日，大儺謂之除疫。其儀：選中黃門子弟年十歲以上，十二以下，百二十人爲侲子。皆赤幘皁製，執大。方相氏黃金四目，蒙熊皮，玄衣朱裳，執戈揚盾。十二獸有衣毛角。中黃門行之，冗從僕射將之，以逐惡鬼于禁中。夜漏上水，朝臣會，侍中、尚書、御史、謁者、虎賁、羽林郎將執事，皆赤幘陛衛。乘輿御前殿。黃門令奏曰：「侲子備，請逐疫。」於是中黃門倡，侲子和，曰：「甲作食凶，肺胃食虎，雄伯食魅，騰簡食不祥，攬諸食咎，伯奇食夢，強梁、祖明共食磔死寄生，委隨食觀，錯斷食巨，窮奇、騰根共食蠱。凡使十二神追惡凶，赫女軀，拉女幹，節解女肉，抽女肺腸。女不急去，後者爲糧！」因作方相與十二獸儺。嚾呼，周遍前後省三過，持炬火，送疫出端門；門外騶騎傳炬出宮，司馬闕門門外五營騎士傳火棄雒水中。百官官府各以木面獸能爲儺人師訖，設桃梗、鬱櫑、葦茭畢，執事陛者罷。葦戟、桃杖以賜公、卿、將軍、特侯、諸侯云。〔註202〕

儺的作用主要在驅鬼避邪一般而言，由於大儺過程過於繁雜，動員的人力、物力過於龐大，並非一般庶民之家所能負擔的。但在 2001 年陝西扶風縣官務漢墓出土的一座朱雀燈座貼塑上，曾經有儺舞形象（【圖 4-8】）：

> 1 號爲一張口呲牙吐舌形象凶惡的獸頭。……2、8 號爲一模所製的持弓騎馬武士。頭戴平頂冠，手平持弓於胸前，馬作奔跑狀。……3 號爲一張口呲牙瞪眼形象十分凶惡的怪獸，當爲人戴面具舞蹈形象。……4 號亦爲一張口呲牙、瞪眼、吐舌、大耳，兩獠牙特別突出的怪獸形象，亦爲人戴面具舞蹈。……5 號爲一騎羊仙人。6 號爲少見的用概括化、抽象化的手法創作的合唱隊員形象。……7 號爲一胡

甲種》，頁 215。

〔註201〕楊景鸘，〈方相氏與大儺〉，《中央研究院歷史語言研究所集刊》第三十一本（1960 年），頁 123。

〔註202〕〔晉〕司馬彪，《續漢書》（北京：中華書局，2006 年 3 月）志第五〈儀禮中〉，頁 3127～3128。

人吹簫形象。……9 號爲一張口臥虎。……10、14 號爲一模所製的胡人騎馬武士，頭戴尖頂胡帽，手斜持大弓。……11、12、18 號爲一模所製臥鹿。……13 號爲一後腿上舉，臀部著地，鼻子上捲的大象。象背馱一動物，都是由戴怪獸面具，身著獸皮而作舞蹈動作的人裝扮而成。……15 號爲三個人面獸身的怪獸拉雷車飛跑得形象。……17 號爲五個騎馬仙人。……19、25 號爲一模所製的跑虎。……20、28 號爲一騎馬文吏，頭戴平頂冠，端坐在絡頭、鞍具齊全的馬上，神態安詳。22 號爲一面目似人非人、似虎非虎的怪獸。23、24 號爲一模所製之走龍，張口瞪目，尾巴向上彎曲，前腿根部生翼。〔註203〕

圖 4-8　儺形象圖〔註204〕

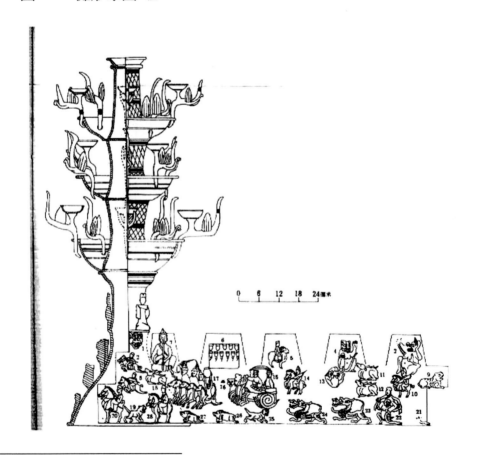

〔註203〕周原博物館，〈陝西扶風縣官務漢墓清理發掘簡報〉，《考古與文物》（2001年第5期），頁23～24。

〔註204〕【圖4-8】掃描自周原博物館，〈陝西扶風縣官務漢墓清理發掘簡報〉，頁25。

（六）門神／避鬼之物

中國門神信仰起源於「掛雞於戶」或「殺雞著門戶」，學者認爲與當今中國大陸西南少數民族將羊角和雞毛掛於門上的原始門神崇拜相似。中國之所以用雞做爲護衛，主要基於「雞，陽鳥。」的概念。到了漢朝，「畫虎於門」已經普遍形成。〔註205〕應劭《風俗通義》記載：

> 謹按：黃帝書：「上古之時，有荼與鬱壘昆弟二人，性能執鬼，度朔
> 山上立桃樹下，簡閱百鬼，無道理，妄爲人禍害，荼與鬱壘縛以葦
> 索，執以食虎。」於是縣官常以臘除夕，飾桃人，垂葦茭，畫虎於
> 門，皆追效於前事，冀以衛凶也。……故用葦者，欲人子孫蕃殖，
> 不失其類，有如舊葦。茭者，交易，陰陽代興也。虎者，陽物也，
> 百獸之長也，能執搏錯銳，噬食鬼魅，令人卒得惡悟，燒虎皮飲之，
> 繫其爪，亦能辟惡，此其驗也。〔註206〕

漢朝時人相信，上古時期有荼與鬱壘兄弟二人，在度朔山上的桃樹下管理眾鬼，加上本身即有執鬼的能力，而被視爲鬼的剋星。爲了防止鬼介入生人生活，因此秦漢之人在門上畫有荼與鬱壘之畫像，希望藉此嚇阻鬼的干擾。至於桃、葦茭與虎也因爲此則傳說，被漢朝時人深信具有剋鬼功效。

鬼出現的時間通常以夜間爲主，主要在於鬼懼「光亮」。曾經有鬼被燭光依照，馬上原形畢露：

> 漢，談生者，年四十，無婦，常感激讀詩經，夜半，有女子，年可
> 十五六，姿顏服飾，天下無雙，來就生爲夫婦之言，曰：「我與人不
> 同，勿以火照我也，三年之後，方可照耳。」與其爲夫婦，生一兒，
> 二歲，不能忍，夜，伺其寢後，盜照視之。其腰已上生肉，如人；
> 腰已下，但有枯骨。〔註207〕

僅僅燭光即可另美貌無雙的女鬼變成枯骨，那鬼懼怕陽光是可理解的。代表光明再度出現，太陽再度上升的雄雞鳴啼，自然被漢朝時人視爲可剋鬼之物。《風俗通義》載：

> 今人卒得鬼刺痱，悟，殺雄雞以傅其心上，病賊風者，作雞散，東

〔註205〕王子今，《門祭與門神崇拜——「門」的民俗文化透視》（西安：陝西人民出
　　　　版社，2006 年 4 月），頁 126～131。
〔註206〕〔漢〕應劭撰，王利器校注，《風俗通義校注》卷八〈祀典〉，頁 367～368。
〔註207〕〔晉〕干寶，《搜神記》卷十六，頁 127。

門雞頭：可以治蠱。由此言之：雞主以禦死辟惡也。〔註208〕

漢朝時人認為，當人為鬼所傷，只要將雄雞之心敷在傷口之上，即可痊癒。
除了雞心外，雞散可治賊風，雞頭可以治蠱。《風俗通義》注引《御覽》卷八
八四〈志怪〉：

> （夏侯）弘忽行江陵，見一大鬼，提弓戟，有隨從小鬼數百人。弘
> 畏懼，下路避之。大鬼過後，抓得一小鬼，問：「此何物？」曰：「殺
> 人以此矛戟，若中心腹者，無不輒死。」弘曰：「治此病有方否？」
> 鬼曰：「殺烏雞薄之，即差。」弘曰：「今欲何行？」鬼曰：「當至荊、
> 揚二州爾。」時比日行心腹病，無有不死者，弘乃教人殺烏雞以薄
> 之，十不失八九。今治中惡輒用烏雞薄之者，弘之由也。〔註209〕

夏侯弘教人殺烏雞薄之，即可治癒為鬼所傷而得到的心腹病。除了烏雞可以
治癒鬼所傳播之病外，另外「方相腦」亦有類似功效：

> 良久，謂佗曰：「來春大病，與此一丸藥，以塗門戶，則辟來年妖癘
> 矣。」言訖，忽去，竟不得見其形。至來春，武陵果大病，白日皆
> 見鬼，惟伯文之家，鬼不敢向。費長房視藥丸，曰：「此『方相』腦
> 也。」〔註210〕

　　雖然鬼是死後之人，漢朝觀念中鬼的世界更是生人世界的翻版。但人鬼
殊途，生人對鬼多少存有警戒之心。因此，當鬼介入生人生活時，人將採取
各種方法以與回應。回應的目的在使人與鬼的生活再次分離，互不干擾。回
應的方法，有「滿足式回應」以及「非滿足式回應」。而「非滿足式回應」又
可在細分為「消極性的預防」與「積極性的驅趕」。但在探討過程中發現，這
樣的分類並非依照方法，而是依照使用之時機加以區別。在鬼介入生活之前
的作為，均可歸入「消極性的預防」；當鬼已經介入生人生活，必須加以驅趕
而使用之手段，則屬「積極性的驅趕」。

〔註208〕〔漢〕應劭撰，王利器校注，《風俗通義校注》卷九〈祀典〉，頁375。
〔註209〕〔漢〕應劭撰，王利器校注《風俗通義校注》卷八〈祀典〉注五，頁 376～
　　　　377。
〔註210〕〔晉〕干寶，《搜神記》卷十五，頁114。

第五章 結 論

　　基督教、回教乃至於於佛教，本身都有一套屬於自己的死後世界的概念。當佛教傳入中國後，中國死後世界與鬼的概念即有明顯的改變。十八層地獄、刀山油鍋、十殿閻王以及輪迴轉世等成為中國廣為接受的主要概念。但是，在佛教傳入中國之前，中國依舊有死人，死後依舊有鬼的出現。此即本論文所欲探討之重點。佛教傳入之前，中國經歷夏、商、周、秦、漢等時期。限於筆者之能力，故將時間限制於秦漢時期。漢時，許多概念多少源自於先秦，故於探討之時或多或少會有上溯先秦之情況。

　　從甲骨、金文乃至於先秦時期，「鬼」字具有多樣化之意義。甲骨文時期，「鬼」字除具有「人死後所變者」之意義外，也同時作為「族名」、「國名」、「人名」、「鬼方之人民」等名詞使用，甚至有作為形容詞「惡劣」、「不吉」看待以及作為動詞「畏」的假借字。金文中，「鬼」字意義僅「鬼方之人民」與「惡劣」、「惡劣」兩者消失，其餘意義均為甲骨文之延續。「鬼」字意義有重大轉變，應為東周時期。東周時期「鬼」字意義僅有「死後所變者」與「族名」、「方國名」為甲骨、金文之延續。此時「鬼」字多出「星宿名」的鬼宿。至於漢朝，「鬼」字用法更趨於多元，除了延續於甲骨、金文與東周者外，更出現「刑罰」、「姓」、「瘟疫」、「為動物所裝變」以及「遠方」等意義。

　　漢朝時人認為，人的生與死決定要素可以分為兩大類。其一，以知識份子為主的上層社會認為，人的生與死決定於「氣」的聚散。散逸於自然之間的「氣」分為陰陽，陽氣透過父親，陰氣透過母親，兩者於母親子宮之內聚合，人因此而生。誕生之後，依然透過某些手段吸取自然之中的陰陽之氣。

人透過呼吸，不斷汲取自然之中的陽氣，形成魂（精神）的部分。透過食物的攝取，將自然之中陰氣的部分納入體內，形成魄（軀體）的部分。人死而氣散之時，陰陽之氣回歸自然，故有「魂氣歸于天，形魄歸于地」之語。

相對於知識份子等上層社會，一般的庶民階層認知中，生與死決定於神靈。認爲天地之間總有負責管理人生與死之神祇，不論是司命、泰山府君、甚至於地下府君等地下官吏。何時生、何時死、年壽多少均有一本簿籍記載。這樣的概念，當佛教進入之後，慢慢成爲佛教死後管理架構中的閻王、判官等陰吏。

在漢朝時人認知中，鬼生活的地下空間是一個相對於人地上空間的世界。人死僅僅由地上世界的生活空間，轉移至地下世界繼續生活。而「生人屬西長安，死人屬（東）太山。」或「生屬長安，死屬大（太）山」之語，可以作爲漢朝時人死後觀念的證據。在其認知中，人生時散居於中國各地，由位於長安的漢朝皇帝透過各級地方官吏管轄。人死爲鬼，亦居住於生人所營造之墳冢之中，由泰山府君所節制之各級地下官吏所管理。地下官吏的管理模式，模仿於漢朝的行政管理制度。人間有戶籍制度、皇帝、使者、郡太守、二千石、游擊、亭長；地下有記載人生死的簿籍、泰山府君、天帝使者、地下二千石、魂門亭長、塚中游擊。鬼於地下世界的生活，亦如同人於地上世界的生活。因此，鬼依舊有食、衣、住、性等需求。甚至人在地上世界所應盡之納稅、服役之義務，死後於地下世界亦是無可以避免。

漢朝時人觀念中，鬼的形象不外乎兩大類：一爲人形之鬼；一爲動物形之鬼。其中人形之鬼又可以分成三小類，分別是有著衣物的人形之鬼、赤身裸體的人形之鬼以及恐怖的人形之鬼。在第一類的人形鬼中的三小類是可以互相轉換或重疊的。所謂的重疊就是一個鬼可能同時具有兩種形象，轉換則是鬼可能因爲某些因素，使得其外形有所改變。除外貌外，鬼亦如同人可以哭泣更可言語交談。交談的對象可能是人也可能是鬼。鬼爲人死後所變者，具有人生前的各項特性。這些特性除了食、衣、住、行以及性的生理需外，個人之性格、喜愛、興趣等也隨著人死後由地上世界轉入地下世界而得以延續。

人與鬼是分屬兩個不同且隔閡的生活空間，人屬地上世界，鬼歸地下世界。但是居於某些原因，人與鬼有溝通上的需求。如何突破空間限制使人與鬼溝通？當人與鬼處於同一空間時，兩者即可面對面的交談。此暫存空間不必然是地上世界，亦可爲地下世界。若分處兩空間，則可以透過巫者、道士

之協助使人下降至地下世界，或者使鬼上升到地上世界，如此人與鬼暫時處於同一空間即有對話之可能。又或者鬼可以透過夢境、附身等手段使人瞭解其意向。

　　當鬼介入生人生活之時，對人會產生某些影響，這樣的影響可能是正面，也有可能是負面，但是以負面較為常見。由於鬼介入生人生活可能對人產生疾病、創傷、疼痛、災疫、生理特徵消失、財物損失、戲弄、騷擾、抓人、失火與責罵之影響。而鬼之所以介入生人生活，其背後原因在於需求的匱乏、暗示生人死訊、給予生人警惕、報仇、無罪被殺等原因。而人也透過某些手段對鬼的介入以予回應。回應的方式包含兩大類：其一、滿足式的回應，透過滿足的各項需求以換取鬼的離開；其二、非滿足式回應，透過擊傷、符咒、穢物、門神、避鬼之物等鬼所厭惡、害怕之物以與驅除或消滅。此處必須說明的是，「非滿足式回應」雖又可在細分為「消極性的預防」與「積極性的驅趕」。但探討過程中發現，這樣的分類並非依照方法，而是依照使用之時機加以區別。在鬼介入生活之前的作為，均可歸入「消極性的預防」；當鬼已經介入生人生活，必須加以驅趕而使用之手段，則屬「積極性的驅趕」。

　　死亡，對漢朝時人而言，僅僅是生活空間由地上世界轉移致地下世界，生活、習性、特質、與需求亦與人相同。但人鬼殊途，人對鬼總是多份戒心。正常情況，人鬼互不往來亦無接觸，因此鬼介入生人生活，將被視為「非常」（不正常）。為此，人將透過各種手段將人與鬼的關係由「非常」導向「正常」。人死後為鬼，而鬼為人所想像、建構出來。人透過生活經驗的取得，投射於死後世界，因此透過對鬼的研究，可以瞭解漢朝時人的另外一個側面。藉由以上研究成果，筆者希望能夠透過另一面向觀察漢朝社會，以此為漢史研究貢獻微薄之心力。無可否認，本論文的撰寫必定尚有許多不完善之處，除了期待日後有機會可以在另行研究補充外，也希望學界的前輩、師友能夠對本論文的錯誤不吝給予批評指教。

徵引文獻

一、史料與各類文獻（十三經與正史置前，餘者依姓氏筆畫排列）

1. 〔周〕左丘明傳，〔晉〕杜預注，〔唐〕孔穎達正義，《春秋左傳正義》，《春秋左傳正義》（北京：北京大學出版社，1999 年）。

2. 〔漢〕鄭元注，〔唐〕唐賈公彥疏《禮記注疏》（台北：新文豐圖書出版公司，2001 年）。

3. 〔漢〕鄭玄注，〔唐〕孔穎達疏，《禮記正義》（北京：北京大學出版社，2000 年 12 月）。

4. 〔晉〕郭璞注，〔宋〕邢昺疏，《爾雅注疏》（北京：北京大學出版社，2000 年 12 月）。

5. 〔魏〕何晏注，〔宋〕邢昺疏，《論語注疏》（北京：北京大學出版社，2000 年 12 月）。

6. 司馬遷撰，裴駰集解，司馬貞索隱，張守節正義，《史記》（北京：中華書局，1997 年 9 月）。

7. 班固，《漢書》（北京：中華書局，2006 年 1 月）。

8. 范曄，《後漢書》（北京：中華書局，2006 年 3 月）。

9. 陳壽，《三國志》（北京：中華書局，2006 年 6 月）。

10. 魏徵等，《隋書》（台北：鼎文書局，1980 年）。

11. 劉昫等，《舊唐書》（台北：鼎文書局，1992 年 7 月）

12. 歐陽修、宋祁，《新唐書》（台北：鼎文書局，1985 年 2 月）。

13. 干寶，《搜神記》（台北：世界書局，2003 年 1 月）。

14. 中國文物研究所、湖北省文物考古研究所編，《龍崗秦簡》（北京：中華書局，2001 年 8 月）。

15. 王仁俊撰，《管子集注》（上海：上海古籍出版社，2002 年）。

16. 王先謙，《莊子集解》（北京：中華書局，2006 年 1 月）。

17. 瀧川龜太郎，《史記會注考證》（台北：萬卷樓圖書有限公司，2002 年 1 月）。

18. 王利器校注，《鹽鐵論校注》（北京：中華書局，1996 年 9 月）。

19. 王明，《抱朴子內篇校釋》（北京：中華書局，1988 年 7 月）。

20. 王明編，《太平經合校》（北京：中華書局，1997 年 10 月）。

21. 王符著，汪繼培箋，《潛夫論箋校正》（北京：中華書局，1997 年 10 月）。

22. 王逸，《楚辭章句》（台北：藝文印書館，1974 年 4 月）。

23. 司馬彪，《續漢書》（北京：中華書局，2006 年 3 月）。

24. 安居香山、中村璋八輯，《緯書集成》（石家莊：河北人民出版社，1994 年 12 月）。

25. 李昉編，《太平廣記》（台北：文史哲出版社，1987 年 5 月）。

26. 孫詒讓，《墨子閒詁》（台北：世界書局，1992 年 4 月）。

27. 徐幹，《中論》（台北：世界書局，1975 年 11 月）。

28. 袁枚，《子不語》（台北：星光出版社，1989 年 4 月）。

29. 高文，《漢碑集釋》（開封：河南大學出版社，1985 年 8 月）。

30. 高明，《大戴禮記今注今譯》（台北：臺灣商務印書館，1984 年 3 月）

31. 張清常、王延棟，《戰國策箋注》（天津：南開大學出版社，1993 年 3 月）

32. 崔寔撰，唐鴻學輯，《四民月令》（台北：藝文印書館，1970 年）。

33. 張華撰，張寧校證，《博物志校注》（台北：明文書局，1984 年 7 月）。

34. 張隱菴集注，《黃帝內經素問集注》（台南：王家出版有限公司，1993 年 4 月）。

35. 許慎撰，段玉裁注，魯實先正補，《說文解字注》（台北：黎明文化事業股份有限公司，2002 年）。

36. 陳奇猷，《韓非子集釋》（高雄：復文圖書出版社，1991 年 7 月）。

37. 陳奇猷校釋，《呂氏春秋校釋》（台北：華正書局有限公司，1989 年）。

38. 黃暉，《論衡校釋》（北京：中華書局，1990 年 12 月）。

39. 楊伯峻，《列子集釋》（台北：華正書局有限公司，1990 年 9 月）。

40. 睡虎地秦墓竹簡整理小組，《睡虎地秦墓竹簡》（北京：文物出版社，2001 年 12 月）。

41. 劉文典，《淮南鴻烈集解》（北京：中華書局，1989 年 5 月）。

42. 鄭成海，《老子河上公注斠理》（台北：臺灣中華書局，1971 年 5 月）。

43. 應劭撰，王利器校注，《風俗通義校注》（台北：明文書局，1982 年 3 月）。

44. 韓嬰著，周廷寀校注，《韓詩外傳》（北京：中華書局，1985 年）。

45. 瀧川龜太郎，《史記會注考證》（台北：萬卷樓圖書有限公司，2002 年 1 月）。

46. 酈道元注，楊守敬、熊會貞疏，段熙仲點校，陳橋驛復校，《水經注疏》（南京：江蘇古籍出版社，1998 年 8 月）。

二、中文研究著作

（一）專　書

1. 于省吾主編，《甲骨文字詁林》（北京：中華書局，1999 年 12 月）。

2. 中國社會科學院考古所，《滿城漢墓發掘報告》（北京：文物出版社，1980 年）上冊，40～41 頁。

3. 中國社會科學院考古研究所，《殷周金文集成釋文》第三卷（香港：中文大學中國文化研究所，2001 年 10 月）。

4. 中國社會科學院考古研究所編，《殷周金文集成釋文》第二卷（香港：中文大學中國文化研究所，2001 年 1 月）。

5. 中國社會科學院考古研究所編，《殷周金文集成釋文》第五卷（香港：中文大學中國文化研究所，2001 年 10 月）。

6. 中國社會科學院考古研究所編輯，《廣州漢墓》（北京：文物出版社，1981 年 12 月）。

7. 王子今，《門祭與門神崇拜——「門」的民俗文化透視》（西安：陝西人民出版社，2006 年 4 月）。

8. 王文濤，《秦漢社會保障研究——以災害救助爲中心的考察》（北京：中華書局，2007 年 6 月）。

9. 石育良，《怪異世界的建構》（台北：文津出版社有限公司，1996 年 6 月）。

10. 田昌五、安作璋、孟祥才，《中國歷代經濟史·先秦兩漢卷》（台北：文津出版社有限公司，1998 年 1 月）。

11. 朱岐祥，《甲骨文字學》（台北：里仁書局，2002 年 9 月）。

12. 朱岐祥，《周原甲骨研究》（台北：臺灣學生書局，1997 年 7 月）。

13. 江志宏，《臺灣傳統常民社會的明幽二元思維——普渡、祭厲與善書》（台北：稻鄉出版社，2005 年 5 月）。

14. 西嶋定生著，武尚清譯，《中國古代帝國的形成與結構——二十等爵制研究》（北京：中華書局，2004 年 10 月）。

15. 余英時著，郭旭東等譯，《東漢生死觀》（上海：上海古籍出版社，2005

年 9 月）。

16. 吳小強，《秦簡日書集釋》（長沙：岳麓書社，2000 年 7 月）。

17. 宋公文、張君，《楚國風俗志》（武漢：湖北教育出版社，1995 年 7 月）。

18. 杜正勝，《從眉壽到長生──中國古代生命觀的轉變》（台北：三民書局股份有限公司，2005 年 4 月）。

19. 杜正勝，《編戶齊民──傳統政治社會結構之形成》（台北：聯經出版事業公司，1990 年 3 月）。

20. 李如森，《漢代喪葬禮俗》（瀋陽：瀋陽出版社，2003 年 6 月）。

21. 李孝定，《甲骨文字集釋》（台北：中央研究院歷史語言研究所，1991 年 3 月）。

22. 李孝定，《金文詁林讀後記》（台北：中央研究院歷史語言研究所，1992 年 12 月）。

23. 沈宗憲，《宋代的鬼與死後世界傳說》，（台北：國立臺灣大學歷史研究所碩士論文，1991 年 10 月）。

24. 具聖姬，《漢代人的死亡觀》（北京：民族出版社，2005 年 1 月）。

25. 周到等，《河南漢代畫像磚》（台北：丹青圖書有限公司，1986 年）。

26. 周法高，《金文詁林補》（台北：中央研究院歷史語言研究所，1997 年 5 月）。

27. 林富士，《孤魂與鬼雄的世界──北臺灣的厲鬼信仰》（台北：台北縣立文化中心，1995 年 6 月）。

28. 林富士，《疾病終結者──中國早期的道教醫學》（台北：三民書局股份有限公司，2003 年 6 月）。

29. 林富士，《漢代的巫者》（台北：稻鄉出版社，2004 年 7 月）。

30. 林劍鳴，《新編秦漢史》（台北：五南圖書出版股份有限公司，2003 年 2 月）。

31. 林劍鳴等，《秦漢社會文明》（西安：西北大學出版社，1985 年 9 月）。

32. 姜守城，《太平經研究》（北京：社會科學文獻出版社，2007 年 10 月）。

33. 姚孝遂、肖丁，《小屯南地甲骨考釋》（北京：中華書局，1985 年 8 月）。

34. 唐善純，《中國神秘文化》（南京：河海大學出版社，1992 年 10 月）。

35. 容庚編著，張振林、馬國權摹補，《金文編》（北京：中華書局，1985 年 7 月）。

36. 徐中舒，《甲骨文字典》（成都：四川辭書出版社，1998 年 10 月）。

37. 徐華龍，《中國鬼文化》（上海：上海文藝出版社，1991 年 9 月）。

38. 馬先醒編纂，《漢居延志長編》（台北：國立編譯館，2001 年 10 月）。

39. 馬薇廎，《增訂薇廎甲骨文原》（台北：馬薇廎，1991 年 4 月）。

40. 堀毅著，林劍鳴譯，《秦漢法制史論考》（北京：法律出版社，1988 年 8 月）。

41. 張世超、孫凌安、金國泰、馬如森，《金文形義通解》（京都：中文出版社，1996 年 3 月）。

42. 張再興，《西周金文文字系統論》（上海：華東師範大學出版社，2004 年 1 月）。

43. 張秉權，《甲骨文與甲骨學》（台北：國立編譯館，1988 年 9 月）。

44. 張春興，《教育心理學——三化取向的理論與實踐》（台北：東華書局股份有限公司，2004 年 3 月）。

45. 張寅成，《中國古代禁忌》（台北：稻鄉出版社，2000 年 7 月）。

46. 崔瑞德、魯惟一編，楊品泉等譯，《劍橋中國秦漢史》（北京：中國社會科學出版社，2006 年 12 月）。

47. 康韻梅，《中國古代死亡觀之探究》（台北：國立臺灣大學出版委員會，1994 年 6 月）。

48. 章炳麟，《小學答問》（台北：廣文書局，1970 年 10 月）。

49. 陳明遠、汪宗虎，《中國姓氏大全》（北京：北京出版社，1987 年 7 月）。

50. 陳華文，《喪葬史》（上海：上海文藝出版社，1999 年 11 月）。

51. 陳業新，《災害與兩漢社會研究》（上海：上海人民出版社，2004 年 4 月）。

52. 彭衛、楊振紅，《中國風俗通史·秦漢卷》（上海：上海文藝出版社，2003 年 3 月）。

53. 馮友蘭，《中國哲學史新編》第三冊（台北：藍燈文化事業股份有限公司，1991 年 12 月）。

54. 黃佩賢，《漢代墓室壁畫研究》（北京：文物出版社，2008 年 11 月）

55. 楊樹達，《漢代婚喪禮俗考》（上海：上海古籍出版社，2007 年 4 月）。

56. 詹鄞鑫，《神靈與祭祀——中國傳統宗教綜論》（南京：江蘇古籍出版社，2000 年 1 月）。

57. 廖伯源，《使者與官制演變——秦漢皇帝使者考論》（台北：文津出版社有限公司，2006 年 8 月）。

58. 蒲慕州《追尋一己之福——中國古代的信仰世界》（台北：麥田出版社，2004 年 10 月）。

59. 蒲慕州，《墓葬與生死——中國古代宗教之省思》（台北：聯經出版事業公司，1993 年 6 月）。

60. 趙誠編著，《甲骨文簡明辭典——卜辭分類讀本》（北京：中華書局，1999 年）。

61. 鄭學檬主編,《中國賦役制度史》(上海:上海人民出版社,2000 年 9 月)。

62. 蕭登福,《先秦兩漢冥界及神仙思想探原》(台北:文津出版社有限公司,2001 年元月)。

63. 蕭登福,《列子探微》(台北:文津出版社有限公司,1990 年 3 月)。

64. 蕭登福,《道教星斗符印與佛教密宗》(台北:新文豐出版股份有限公司,1993 年 4 月)。

65. 戴家祥等,《金文大字典》(上海:學林,1999 年 5 月)。

66. 韓復智、葉達雄、邵台新、陳文豪 編著,《秦漢史》(台北:里仁出版社,2007 年元月)。

67. 嚴耕望,《中國地方制度史甲部——秦漢地方行政制度》(台北:中央研究院歷史語言研究所,1990 年 5 月)。

68. 龔韻蘅,《兩漢靈冥世界觀探究》(台北:文津出版社有限公司,2006 年 4 月)。

(二)論　文

1. 王健文,〈「死亡」與「不朽」:古典中國關於「死亡」的概念〉,《成功大學歷史學報》第廿二號(1996 年 12 月),頁 163～207。

2. 王學典,〈新史學和新漢學:中國現代史學的兩種型態及其起伏〉,《史學月刊》2008 年第 6 期(2008 年 6 月),頁 5～25。

3. 余英時,〈中國古代死後世界觀的演變〉,收入氏著《中國思想傳統的現代詮釋》(台北:聯經出版事業公司,1989 年 3 月,),頁 123～143。

4. 吳蕙芳,〈新社會史研究:民間日用類書的應用與展望〉,《政大史粹》第二期(2000 年 6 月),頁 1～16。

5. 杜正勝,〈形體、精氣與魂魄——中國傳統對「人」認識的形成〉,《新史學》第二卷第三期(1991 年 9 月),頁 1～66。

6. 杜正勝,〈從眉生到長壽——中國古代生命觀的轉變〉,《中央研究院歷史語言研究所集刊》第六十六本第二分(1995 年 6 月),頁 383～487。

7. 杜正勝,〈新史學之路——兼論臺灣史學發展五十年〉,《新史學》第十三卷第三期(2002 年 9 月),頁 21～42。

8. 李孝定,〈再論史前陶文和漢字起源問題〉,《中央研究院歷史語言研究所集刊》第五十期第三分(1979 年 9 月),頁 431～483。

9. 李建民,〈先秦兩漢病因觀及其變遷——以新出土文物為中心〉,收入李建民主編《從醫療看中國史》(台北:聯經出版事業股份有限公司,2008 年 10 月),頁 45～75。

10. 李建民,〈屍體、骷髏與魂魄——傳統靈鬼觀新論〉,《當代》第 90 期(1993 年 10 月),頁 48～65。

11. 李豐楙，〈行瘟與送瘟──道教與民眾瘟疫觀的交流與分歧〉，收入漢學中心編，《民間信仰與中國文化國際研討會論文集》（台北：漢學研究中心，1994 年 4 月），頁 373～422。

12. 沈兼士，〈鬼字原始意義之試探〉，收入氏著《沈兼士學術論文集》（北京：中華書局，1986 年 12 月），頁 186～202。

13. 邢義田，〈從安土重遷論秦漢時代的徙民與遷徙刑〉，收入氏著《秦漢史論稿》（台北：東大圖書股份有限公司，1987 年 6 月），頁 411～448。

14. 邢義田，〈試釋漢代的關東、關西與山東、山西〉，收入氏著《秦漢史論稿》（台北：東大圖書公司，1987 年 6 月），頁 85～120。

15. 林富士，〈試論《太平經》的性質與旨趣〉，《中央研究院歷史語言研究所集刊》第六十九本第二分（1998 年 6 月），頁 205～244。

16. 林富士，〈釋「魅」〉，收入蒲慕州編，《鬼魅神魔──中國通俗文化側寫》（台北：麥田出版社，2005 年 6 月），頁 109～134。

17. 許雅惠，〈漢代的地下世界與隨葬品〉，收入高雄市立美術館編，《漢代陶器特展》（高雄：高雄市立美術館，2000 年 8 月），頁 24～45。

18. 郭沫若，〈周彝中之傳統思想考〉，收入《郭沫若全集·考古編》第五卷（北京：科學出版社，2002 年 10 月），頁 25～80。

19. 陳槃，〈泰山主生亦主死說〉，《中央研究院歷史語言研究所集刊》第五十一本第三分（1980 年 9 月），頁 407～412。

20. 勞幹，〈漢代政治組織的特質及其功能〉，收入氏著《勞幹學術論文集》（台北：藝文印書館，1974 年），頁 1239～1257。

21. 程邦雄，〈「鬼」字形義淺探〉，《華中理工大學學報》（1997 年第 3 期），頁 102～104。

22. 萇瑞松，〈「慕俠尚氣」的心理結構與兩漢復仇之關係探賾〉，《輔大中研所學刊》第十六期（2006 年 10 月），頁 65～86。

23. 馮家昇，〈匈奴民族及其文化〉，《禹貢》第 7 卷第 5 期（1937 年）頁 21～34。

24. 黃清連，〈享鬼與祀神──紙錢和唐人的信仰〉，收入蒲慕州編，《鬼魅神魔──中國通俗文化側寫》（台北：麥田出版社，2005 年 6 月），頁 175～220。

25. 黃盛璋，〈雲夢龍崗六號秦墓木牘與告地策〉，收入中國文物研究所、湖北省文物考古研究所，編《龍崗秦簡》（北京：中華書局，2001 年 8 月），頁 152～155。

26. 楊景鸘，〈方相氏與大儺〉，《中央研究院歷史語言研究所集刊》第三十一本（1960 年），頁 123～166。

27. 蒲慕州，〈中國古代鬼論述的形成（先秦至漢代）〉，收入蒲慕州編《鬼魅

神魔——中國通俗文化側寫》（台北：麥田出版社，2005 年 6 月），頁 19
～40。

28. 蒲慕州，〈漢代薄葬論的歷史背景及其意義〉，《中央研究院歷史語言研究
所集刊》第六十一本第三份（1992 年 3 月），頁 533～573。

29. 鄭宇，〈釋「鬼」〉，《晉中學院學報》第 24 卷第 1 期（2007 年 2 月），頁
12～15。

30. 鄭燦山，〈《河上公注》成書時代及其思想史、道教史之意義〉，《漢學研究》
第 18 卷第 2 期（2000 年 12 月），頁 85～112。

31. 錢穆，〈中國民族之宗教信仰〉，收入氏著《靈魂與心》（台北：聯經出版
事業公司 1976 年 2 月），頁 33～51。

32. 錢穆，〈中國思想史中之鬼神觀〉，收入氏著《靈魂與心》，頁 59～110。

33. 瞿兌之，〈釋巫〉，收入杜正勝《中國上古史論文選集》（台北：華世出版
社，1979 年 11 月），頁 991～1010。

34. 嚴一萍，〈中國醫學之起源考略（上）〉，《大陸雜誌》第 2 卷第 8 期（1951
年），頁 20～22。

35. 嚴一萍，〈中國醫學之起源考略（下）〉，《大陸雜誌》第 2 卷第 9 期（1951
年），頁 14～17。

（三）考古報告

1. 中國科學院考古研究所洛陽工作隊，〈東漢洛陽城南郊的刑徒墓地〉，收入
洛陽師範學院河洛文化國際研究中心編《洛陽考古集成・秦漢魏晉南北朝
卷》（北京：北京圖書館出版社，2007 年 3 月），頁 595～611。

2. 周原博物館，〈陝西扶風縣官務漢墓清理發掘簡報〉，《考古與文物》（2001
年第 5 期），頁 17～29。

3. 河南省文化局文物工作隊，〈河南心安鐵門鎮西漢墓葬發掘報告〉，收入洛
陽師範學院河洛文化國際研究中心編《洛陽考古集成・秦漢魏晉南北朝卷》
（北京：北京圖書館出版社，2007 年 3 月），頁 251～269。

4. 河南省文物考古研究所、沁陽縣文物保管所，〈河南省沁陽新客站漢墓群
發掘簡報〉，《華夏考古》（1994 年第 3 期），頁 15～28。

5. 南陽市文物考古研究所，〈河南南陽市安居新村漢畫像石墓〉，《考古》（2005
年第 8 期），頁 27～33。

6. 南陽市文物研究所，〈南陽市教師新村 10 號漢墓〉，《中原文物》（1997 年
第 4 期），頁 24～29。

7. 津市市文物管理所，〈湖南津市花山寺戰國西漢墓整理簡報〉，《江漢考古》
（2006 年第 1 期），頁 21～25。

8. 洛陽文物工作隊，〈洛陽金谷園車站 11 號漢墓發掘簡報〉，收入洛陽師範

學院河洛文化國際研究中心編《洛陽考古集成·秦漢魏晉南北朝卷》（北京：北京圖書館出版社，2007 年 3 月），頁 656～670。

9. 洛陽市第二文物工作隊，〈洛陽五女冢 267 號新莽墓葬發掘簡報〉，收入洛陽師範學院河洛文化國際研究中心編《洛陽考古集成·秦漢魏晉南北朝卷》（北京：北京圖書館出版社，2007 年 3 月），頁 536～547。

10. 洛陽市第二文物工作隊，〈洛陽偃師縣新莽壁畫墓清理簡報〉，收入洛陽師範學院河洛文化國際研究中心編《洛陽考古集成·秦漢魏晉南北朝卷》（北京：北京圖書館出版社，2007 年 3 月），頁 526～535。

11. 洛陽市第二文物工作隊，〈洛陽郵電局 372 號西漢墓〉，《文物》（1994 年第 7 期），頁 22～33。

12. 洛陽第二文物工作隊，〈洛陽西漢張就墓發掘簡報〉，《文物》（2005 年第 12 期），頁 31～40。

13. 洛陽第二文物工作隊，〈洛陽苗南新村 528 號漢墓發掘簡報〉，《文物》（1994 年第 7 期），頁 36～43。

14. 洛陽博物館，〈洛陽東漢光和二年王當墓發掘簡報〉《文物》（1980 年第 6 期），頁 52～55。

15. 洛陽博物館，〈洛陽金谷園新莽時期壁畫墓〉，收入洛陽師範學院河洛文化國際研究中心編《洛陽考古集成·秦漢魏晉南北朝卷》（北京：北京圖書館出版社，2007 年 3 月），頁 516～525。

16. 馬嘯，〈土魯番 59TAM303 墓所出道教符籙考釋〉，《西域研究》（2004 年第 4 期），頁 58～64。

17. 湖北省荊州地區博物館，〈江陵高臺十八號漢墓發掘簡報〉，《文物》（1993 年第 8 期），頁 12～20。

18. 鳳凰山 167 號漢墓發掘整理小組，〈江陵鳳凰山一六七號漢墓發掘簡報〉，《文物》（1976 年第 10 期），頁 31～37。

19. 劉釗，〈江蘇高郵邵家溝漢代遺址出土木簡神名考釋〉，《東南文化》（2003 年第 1 期），頁 69～70。

20. 劉習祥，〈新鄉鳳凰山戰國兩漢墓地研究〉，《中原文物》（2007 年第 6 期），頁 46～49。。

21. 廣西壯族自治區文物工作隊，〈廣西貴縣羅泊灣一號墓發掘簡報〉，《文物》（1978 年第 9 期），頁 25～44。

22. 鄭州大學歷史學院、洛陽市文物工作隊，〈洛陽吉利區漢墓（C9M2441）發掘簡報〉，《文物》（2008 年第 4 期），頁 33～41。

23. 顧承銀、卓先勝、李登科，〈山東金鄉魚山發現兩座漢墓〉，《考古》（1995 年第 5 期），頁 385～389。

三、日文著作

（一）專　書

1. 林巳奈夫，《漢代の神神》（東京：臨川書店，1989 年）。

（二）論　文

1. 池田末利，〈中國における祖神崇拜の原初型態——「鬼」の的本義〉，收入氏著《中國古代宗教史研究——制度と思想》（東京：東海大學出版會，1989 年 8 月），頁 155～198。

2. 池田末利，〈古代中國における靈鬼觀念の成立〉，收入氏著《中國古代宗教史研究——制度と思想》（東京：東海大學出版會，1989 年 8 月），頁 216～237。

3. 池田末利，〈古代中國における靈鬼觀念の成立——文字學的考察を主として〉，收入氏著《中國古代宗教史研究——制度と思想》（東京：東海大學出版會，1989 年 8 月），頁 238～289。

4. 池田末利，〈魂魄考——思想の起源と發展〉，收入氏著《中國古代宗教史研究——制度と思想》（東京：東海大學出版會，1989 年 8 月），頁 199～215。

5. 池田溫，〈中國歷代葬墓略考〉，《東洋文化研究所紀要》第 86 冊（1981 年），頁 193～278。

6. 林巳奈夫，〈門番と門を守る神〉，收入氏著《石に刻まれと世界——畫像石が語る古代中國の生活と思想》（東京：株式會社東方書店，1992 年 1 月），頁 36～49。